Stefan Kühl

Coaching und Supervision

Stefan Kühl

Coaching und Supervision

Zur personenorientierten Beratung in Organisationen

VS VERLAG FÜR SOZIALWISSENSCHAFTEN

Bibliografische Information der Deutschen Nationalbibliothek
Die Deutsche Nationalbibliothek verzeichnet diese Publikation in der Deutschen Nationalbibliografie; detaillierte bibliografische Daten sind im Internet über http://dnb.d-nb.de abrufbar.

1. Auflage 2008

Lektorat: Kea Brahms

VS Verlag für Sozialwissenschaften ist Teil der Fachverlagsgruppe
Springer Science+Business Media.
www.vs-verlag.de

Umschlaggestaltung: KünkelLopka Medienentwicklung, Heidelberg
Druck und buchbinderische Verarbeitung: Krips b.v., Meppel
Gedruckt auf säurefreiem und chlorfrei gebleichtem Papier
Printed in the Netherlands

ISBN 978-3-531-16092-4

Inhaltsverzeichnis

Anstelle eines Vorworts – ein Warnhinweis für Praktiker

Dieses Buch ist von jemandem geschrieben worden, der selbst nie ein Coaching oder eine Supervision als Dienstleistung angeboten hat und – darüberhinaus – bisher noch nicht einmal ein Coaching oder eine Supervision genossen hat. Die kritische Frage „Haben Sie denn schon überhaupt einmal selbst als personenorientierter Berater gearbeitet?" mag einigen Praktikern beim Lesen dieses Buches auf der Zunge liegen. Für die Wissenschaft aber ist – und das muss an dieser Stelle ausdrücklich betont werden – die fehlende Praxis der Normalfall. Wissenschaftler beforschen Sekten, ohne selbst einmal eine betrieben oder wenigstens einer angehört zu haben. Sie untersuchen Völker, zu denen sie nicht gehören und die sie häufig nur aus empirischen Beobachtungen kennen. Sie trauen sich Aussagen über so unterschiedliche Organisationstypen wie Kindergärten, Kirchen, Revolutionsarmeen oder Konzentrationslager zu, ohne selbst praktische Erfahrungen mit diesen Organisationen gemacht zu haben.

Es ist nicht der Anspruch dieses Buches, konkrete Rezepte für eine andere oder gar bessere Praxis zu geben. Das Buch ist in dem Sinne unpraktisch, dass kein „how to do" geliefert wird. Das alles können die Praktiker, die tagtäglich als Coach oder Supervisor arbeiten, besser und überzeugender. Unter dem Label Coaching erscheinen zurzeit jeden Monat allein im deutschsprachigen Raum fünf neue Ratgeber, die erklären wollen, wie personenorientierte Beratung in Organisationen richtig gemacht werden soll, und es ist in keiner Weise das Ziel dieses Buches, diesen teilweise recht guten Praktiker-Büchern ein weiteres hinzuzufügen.

Das Ziel dieses Buches ist es vielmehr, eine wissenschaftlich abgesicherte Beschreibung über die personenorientierte Beratung in Organisationen zu liefern. Dabei gibt es gerade in den Sozialwissenschaften nie „die" verbindliche Beschreibung eines sozialen Phänomens. Sozialwissenschaftliche Beschreibungen unterscheiden sich je nachdem, ob der Gegenstand eher aus einer psychologischen, betriebswirtschaftlichen oder soziologischen Perspektive dargestellt wird. Ein Thema kann ganz unterschiedlich interpretiert werden, je nachdem, ob man eine marxistische, institutionenökonomische oder systemtheoretische Perspektive einnimmt.[1]

Die soziologische Herangehensweise hat dabei aber – in ihren ganz verschiedenen theoretischen Ausprägungen – immer ein Merkmal: Distanz. Es geht Soziologen vorrangig darum, ein Phänomen genau zu beschreiben, ohne dabei sofort eine (positiv oder negativ) wertende Position einzunehmen. Es geht um distanzierte Beschreibungen, ohne sich, wie bei den eher anwendungsorientierten Disziplinen wie der Pädagogik, Teilen der Psychologie oder der Betriebswirtschaftslehre, dem Druck auszusetzen, sagen zu wollen, wie man es besser machen kann.[2]

Aus dieser Perspektive ergeben sich Konsequenzen für das Leseerlebnis von Praktikern: Die Frustration von Praktikern mit soziologischen Wissenschaftlern ist, dass diese sich durch die Praktikerstimmen allein nicht überzeugen lassen, funktioniert die Soziologie ja gerade nicht als simpler Lautverstärker der Selbstbeschreibungen aus der Praxis. Die Soziologie gibt nicht einfach die Ergebnisse von Interviews wieder und lässt diese dann als „die Wahrheit" stehen. Soziologen zählen zwar manchmal, wie häufig eine bestimmte inhaltliche Position vertreten wird – wie viele für die Todesstrafe sind oder welche Bevölkerungsgruppen die Bundeskanzlerin gut finden –, aber für sie können diese Ergebnisse dann gerade nicht als akzeptierte soziale Tatsache gewertet werden. Selbst wenn herauskommt, dass 99,5 Prozent aller Personalentwickler Coaching und Supervision wichtig finden, würde diese Selbstbeschreibung allein den Soziologen nicht überzeugen.[3]

Aber das macht das Erheben von Zahlen, das Gespräch mit Praktikern, die Beobachtungen von Praktiken oder die Lektüre von Texten – die berühmte Empirie – nicht unnötig. Im Gegenteil: Interviews, Beobachtungen und die Lektüre der Schriftstücke von Praktikern sind für Soziologen nötig, um überhaupt eigensinnige Beschreibungen anfertigen zu können. Manchmal braucht man diese eigene Empirieerhebung nicht, weil man bereits genug Beschreibungen durch die Soziologie oder durch andere Disziplinen hat, um ein Feld einschätzen zu können. Aber gerade bei neuartigen Phänomenen ist es notwendig, empirisch tief in das Feld einzudringen, um diese eigensinnigen Beschreibungen überhaupt selbst anfertigen zu können.

Bei aller Distanz haben Soziologen zu den von ihnen beobachteten sozialen Phänomenen eine Einstellung, die sich mit Rückgriff auf die Sprache der Jugendkultur mit einem Wort zusammenfassen lässt: Respekt. Die Soziologen schmunzeln als eine der ganz wenigen Disziplinen nicht über die Regenmacher-Tänze afrikanischer Stämme. Nicht weil sie glauben, dass durch die Tänze Regen produziert wird, sondern weil sie sehen, welch zentrale Funktion diese Tänze für den Zusammenhalt eines Dorfes haben. Im Gegensatz zu fast allen anderen wissenschaftlichen Disziplinen verstehen Soziologen ihre Disziplin nicht als Gegenprogramm zur Religion, sondern erkennen an, dass die Religion auch in der modernen Gesellschaft zentrale Funktionen erfüllt. Und mit einem ähnlichen Respekt begegnen Soziologen auch Entwicklungen in der Personalarbeit in Organisationen.

Aber schon allein wegen dieses Blickes auf die häufig eher versteckten, nicht sofort sichtbaren Funktionen dieser sozialen Phänomene wird die Soziologie von Praktikern manchmal als Provokation erlebt. Wenn Soziologen behaupten, dass die Personalentwicklung und damit auch Coaching und Supervision häufig nur schwer zu kommunizierende Funktionen in Organisationen erfüllt – die Schaffung von „Eingewöhnungszeiten für Neuankömmlinge", die „Auskühlung für Versager oder für die Opfer von Stellenkürzungen" oder die Einrichtung von „Ersatzbefriedigungen für Personen ohne Aussicht auf ein Weiterkommen" – dann wird dies von Praktikern nicht als Respekt gegenüber ihren Tätigkeiten gesehen, sondern als Provokation.

Diese Provokation mag dann personal zugerechnet werden. Man kann eine vermeintliche „Freude an der Provokation" feststellen und fragen, welche Anreizstruktur einen Wissenschaftler zu solch einem Verhalten geführt hat, und ihm gegebenenfalls ein Coaching empfehlen. Oder man kann den Vertreter einer soziologischen These als „Provokateur" bezeichnen und darin dann, je nach Geschmack, einen sinnvollen oder einen eher störenden Beitrag für die Praxis sehen. Aber die Provokation für den Praktiker liegt nicht in den Darstellungsvorlieben einzelner Wissenschaftler, sondern ergibt sich mehr oder minder automatisch aus der Distanz zur Praxis, die jeder guten soziologischen Beschreibung innewohnt.

Vielleicht, weil sich Soziologen ihrem ungewollten Provokationsgehalt für Praktiker zunehmend bewusst geworden sind, verstecken sie ihre Fremdbeschreibungen im Kontakt mit Praktikern manchmal hinter einer ausgefeilten Theorieästhetik: Vor lauter Selbst- und Fremdreferenzen, autopoietischen Prozessen, Form-Medien-Unterscheidungen und Reentrys, über deren Darstellungen sich überraschenderweise auch einige Praktiker freuen, ist dann häufig gar nicht mehr zu erkennen, dass die soziologischen Positionen in der Regel der Alltagswahrnehmung entgegenlaufen. Wenn Soziologen in dieser theoretisch anspruchsvollen Sprache miteinander reden, verstehen sie sich – jedenfalls meistens.[4] Aber wenn der Soziologe so auch mit Praktikern spricht, dann eigentlich nur aus Höflichkeit. Der Soziologe spricht in einem Abstraktionsgrad, der das Publikum bestenfalls ehrfürchtig erstarren lassen kann (oder sich angewidert abwenden lässt). Alles klingt gebildet, man erhält einige neue interessante Denkfiguren, und der Praktiker geht mit dem Gefühl nach Hause, dass man doch eigentlich mit dem Herrn oder der Frau Professor einer Meinung ist. Der Soziologe mag zwar vielleicht kurz zögern angesichts des überraschenden Beifalls von einer Seite, von der man ihn nicht erwartet hat – aber wenn alle zufrieden sind… Das Honorar stimmte ja.

Durch diese Bequemlichkeit – einerseits bei der Zuspitzung der Gedanken durch die Soziologen oder andererseits bei der Lektüre soziologischer Texte durch die Praktiker – ist vielfach eine angenehme Wohligkeit entstanden. Regelmäßig finden sich in der Praktikerliteratur die Referenzen auf Luhmanns „Soziale Systeme", ohne die Widersprüche zur eigenen Praxis wahrnehmen zu wollen. Oder Luhmanns organisationstheoretisches Spätwerk „Organisation und Entscheidung" wird zur Adelung von Praktikerrezepten hergenommen, ohne wahrzunehmen, dass dieses Buch auf fast jeder Seite ein Infragestellen gängiger Management- und Beratungspraktiken ist. Aber in dieser Wohligkeit geht das verloren, was die Soziologie der Praxis als Leistung bieten kann und was auch der Anspruch dieses Buches ist: Überraschende Beschreibungen eigentlich vertrauter Phänomene.

Personenorientierte Beratung in Organisationen – Eine einleitende Hinführung zu einem sperrigen Begriff

Die Begriffe Coaching und Supervision klingen sicherlich peppiger als „personenorientierte Beratung in Organisationen". Durch die Anleihe aus dem Englischen scheinen Begriffe wie Coaching und Supervision besser zu den von den Beratern gepriesenen – und von Flexibilität und Dynamik geprägten – „Dynaxity-Welten" zu passen (vgl. Rau/Trauth 2002: 15; siehe auch Birgmeier 2006: 11).[5]

Aber der modische Anschein hat dazu geführt, dass gerade der Begriff des Coachings jede Präzision zu verlieren droht. Das Wort Coaching weist inzwischen eine so „hohe semantische Elastizität" auf, dass unter diesem Begriff fast jede Leistung gefasst wird, die in irgendeiner Form beratend an einer Person erbracht wird: IT-Coaching, Astro-Coaching und Coaching für Eltern gehören zu Standardangeboten im Internet. Inzwischen kann man für Leistungen im „Zen-Coaching", „Entspannungs-Coaching", „Flirt-Coaching" oder – wenn das Flirt-Coaching Erfolge gezeigt hat – auch für „Sex-Coaching" oder gleich für „SM-Coaching" problemlos einen Berater oder eine Beraterin finden.

Viele altbekannte, an Personen erbrachten Dienstleistungen kommen heutzutage im Gewand des Coachings oder der Supervision daher: Die altbewährte Nachhilfelehrerin wandelt sich zum Abi-Coach. Die Eheberatung wird semantisch zum Paar-Coaching aufgepeppt, und die Fahrstunden drohen wir von einem Driving-Coach zu bekommen. Selbst Tiere sind inzwischen als Zielgruppe für Coaching entdeckt worden, und sowohl Kampfhunde als auch Araberhengste werden zusammen mit ihrem Herrchen oder Frauchen durch spezielle Coaching-Angebote bedient (vgl. die Auflistungen bei Looss 1999: 105; Böning/Fritschle 2005: 18ff.; Strikker 2007: 12; siehe sehr früh Kritik schon von Sattelberger 1990: 367).

Man kann sich über diese verbalen Expansionen unter dem Label von Coaching und mit Abstrichen auch von Supervision amüsiert zeigen. Aber es befreit einen nicht davon klarzustellen, mit welchem Phänomen man es zu tun hat, wenn man sich als Wissenschaftler, Journalist oder Berater mit Coaching oder Supervision beschäftigt. Mit der Bezeichnung „personenorientierte Beratung in Organisationen“ wähle ich im Folgenden sicherlich einen eher sperrigen Begriff, der aber genauer bezeichnet, worum es in dem Buch geht: um Beratungen, die in Organisationen stattfinden und die als Ansatzpunkt nicht vorrangig die Organisation als Ganzes wählen, sondern sich an einzelne Personen richten, die in der Organisation beschäftigt sind.[6]

Drei Komponenten spielen dabei eine zentrale Rolle. Erstens geht es um Beratung *in Organisationen.* Damit fällt jede Form von Beratung heraus, die nicht in Bezug auf Organisationen erbracht wird – zum Beispiel allgemeine Lebensberatung, spirituelle Beratung oder Therapie. Supervision sei „nicht Seelsorge und nicht Psychotherapie“, so schon in den fünfziger Jahren des vorigen Jahrhunderts Eduard Hapke, „so dicht oft die Nachbarschaft auch sein mag“ (vgl. Belardi 2002b: 135). Coaching, das sich zeitlich später ausbildete, übernahm diese Abgrenzung und betont die Differenzen zur Lebensberatung und Psychotherapie (vgl. Rauen 2003b: 289ff.). Soziologisch bedeutet dies, dass es bei der personenorientierten Beratung in Organisationen nicht um die Beratung der ganzen Person, sondern lediglich um die Beratung der Person in ihrer Rolle als Organisationsmitglied geht.[7] Bei der Betrachtung eines Menschen in einer Organisations- oder Berufsrolle mögen andere Rollen – als Familienmitglied, als Liebhaber oder als politisch Engagierter – mit einbezogen werden, diese anderen Rollen interessieren aber nur als Hintergrundinformation zur Organisationsrolle.[8]

Zweitens geht es um *Beratung* in Organisationen. Beratung unterscheidet sich von anderen Tätigkeiten, die in Organisationen stattfinden: zum Beispiel Produzieren, Verkaufen oder Führen. Zwar präsentieren sich Produzenten, Verkäufer und Führer manchmal als Berater, aber nur, weil sie den Begriff der Beratung als verhüllende Umschreibung für die eigentliche Tätigkeit nutzen wollen (Beispiele für die breite Verwendung des Coachingbegriffs sind Whitmore 1994; Hargrove 1995). Ein Verkäufer mag es attraktiv finden, als Produktberater aufzutreten, und die Anweisung einer Vorgesetzten lässt sich unter dem Begriff der Beratung vielleicht besser verkaufen als unter dem des Befehls oder der Anweisung, aber Beratung unterscheidet sich grundlegend von einer Vielzahl anderer Tätigkeiten, die in Organisationen ausgeübt werden. Berater hinterlassen am Ende kein Produkt und verkaufen nichts anderes als ihre Zeit. Sie verfügen nicht über die Möglichkeit, Personen dazu zu verpflichten, etwas zu tun. Sie können sich die Personen nicht aussuchen, die in einer Organisation tätig sein sollen, und sie können Personen nicht aus Organisationen entfernen lassen.[9]

Drittens geht es um *personenorientierte* Beratung in Organisationen. Die Beratung mag in Vier-Augen-Gesprächen, in Sitzungen eines alltäglich zusammenarbeitenden Teams oder in Gruppentreffen von Personen aus unterschiedlichen Arbeitszusammenhängen stattfinden – immer geht es um die Beratung einer einzelnen Person. Damit besteht eine Differenz zu der auf die Optimierung von

Programmen und Kommunikationswegen der Organisation konzentrierte Expertenberatung von Beratungsfirmen wie McKinsey, Boston Consulting oder Roland Berger oder der eher auf Prozessberatung ausgelegten Organisationsentwicklung, bei der die gesamte Organisation der Bezugspunkt ist.

Zum Unterschied von Coaching und Supervision

In diesem Buch wird vorrangig der generische Oberbegriff der personenorientierten Beratung in Organisationen gewählt. Damit sollen die Unterschiede zwischen Supervision und Coaching jedoch nicht außer Acht gelassen werden. In der Literatur wurde in den letzten Jahren ein erhebliches Maß an Energie in Versuche investiert, die beiden Begriffe voneinander abzugrenzen. Es wurde versucht herauszustellen, dass die Supervision eher auf die operativen Arbeiten in Organisationen ausgerichtet sei – zum Beispiel die Aktivitäten von Psychotherapeuten, von Sozialarbeitern oder von Krankenschwestern in Kliniken – während das Coaching eher für das Personal mit Management- und Steuerungsfunktionen – die Führungskräfte – verantwortlich sei. Bei der Supervision, so ein anderer Vorschlag, gehe es eher um eine Veränderung „von unten“, also eine Einbeziehung „einfacher Mitarbeiter“, während beim Coaching versucht werde, Veränderungen „von oben“ anzustoßen. Eine weitere Idee besteht darin, Supervision und Coaching darüber zu unterscheiden, ob eher die Person oder die Organisation im Mittelpunkt steht. Während es bei der Supervision mit dem Begriff der „Personenentwicklung“ eher um die Entfaltung individueller menschlicher Potenziale gehe, werde im Coaching mit dem Begriff der „Personalentwicklung“ eher die Verbesserung der Funktion des Personalkörpers für die Organisation betont (noch am interessantesten sicherlich Schreyögg 2003: 217ff.; siehe auch Gaertner 2004).

Hinter diesen Definitionsversuchen stecken häufig nicht nur Versuche der konzeptionellen Klärung, sondern auch Bestrebungen, Begriffe auf dem Beratungsmarkt zu etablieren und gegenüber anderen abzugrenzen. Coaching liefere, so beispielsweise die Position Christopher Rauens, zusätzlich zum Standardrepertoire der Supervision auch noch eine „Verbesserung von fachlichen Managementkompetenzen“. Das Verfolgen „wirtschaftlicher Leistungsziele“ oder die „Aufarbeitung fachlicher Defizite“ gehe „über die Konzepte der klassischen Supervision hinaus“ (Rauen 2002: 20). Coaching, so die konkurrierende Darstellung Ferdinand Buers, sei lediglich ein Teilgebiet der viel umfassenderen „Profession Supervision“ und werde von Supervisoren ganz selbstverständlich als eine von verschiedenen Beratungsmethoden eingesetzt (vgl. Buer 2002: 20).

Bei dieser Kontroverse geht es auch um die Frage, welche Funktion die personenorientierte Beratung für die Gesellschaft spielen soll. Die Supervision präsentiert sich tendenziell – so eine Beobachtung Rolf Haubls und Bettina Dasers – als „reflexives“ und „emanzipatives“ berufsbezogenes Beratungsformat. Coaching werde häufig dagegen als „reflexionsfeindlich“, „kontra-emanzipativ“, „anti-demokratisch“ und „entprofessionalisierend“ dargestellt. Als geheimer „Sinn und Zweck von Coaching“ werde letztlich die „reelle Subsumtion von Arbeitnehmern unter die Verwertungsinteressen des Kapitals“ gesehen, durch die Arbeitskräfte dazu gebracht werden sollen, „freiwillig“ mehr Arbeitsleistungen zu erbringen. Die Gegenposition des Coachings ist dann häufig nur noch eine trotzige Spiegelung dieser Position. Man hält der Supervision ein romantisierendes Gesellschaftsverständnis vor und unterstellt ihr ein fehlendes Verständnis für die Prozesse der kapitalistischen Wirtschaft (vgl. Haubl/Dauser 2008: 140; für eine detaillierte Rekonstruktion der Debatte im deutsprachigen Raum siehe Galdynski 2008).

Ob es in der Praxis einen Unterschied macht, ob die personenorientierte Beratung unter dem Label von Supervision oder von Coaching angeboten wird, ist bisher kaum untersucht worden (vgl. Buer 2005: 280ff.). Die Ähnlichkeit des Settings, in dem Coaching und Supervision stattfinden, und die geringe Standardisierung der Vorgehensweise sowohl von Supervisoren als auch von Coachs sprechen dafür, dass man in den konkreten Beratungsgesprächen ein weit höheres Maß an Übereinstimmung zwischen Supervision und Coaching feststellen kann, als man angesichts der Kontroversen vermuten mag (vgl. Buchinger 2002: 47). Diese Ähnlichkeit in der konkreten Beratungspraxis darf jedoch nicht zu einer völligen Verwischung der Grenzen zwischen Supervision und Coaching führen. Gerade wenn es um die Entstehungsgeschichte, die Versuche zur Professionsbildung oder die Präsentationsformen in der Öffentlichkeit geht, erhält man zusätzliche Einsichten, wenn man die unterschiedlichen Vorgehensweisen unter den Begriffen Coaching und Supervision ins Blickfeld nimmt.

Zur Entstehung personenorientierter Beratung in Organisationen

Bei der unter den Etiketten Supervision und Coaching angebotenen personenorientierten Beratung in Organisationen handelt es sich um ein relativ neues Phänomen, das es besonders in der Form der Beratung „unter vier Augen“ vor einigen Jahrzehnten noch nicht gegeben hat. Sicherlich: In Organisationen fand immer schon personenbezogene Beratung statt. Man lästerte beim Mittagessen mit Kollegen über den Vorgesetzten und rutschte dadurch manchmal ungewollt in einen gegenseitigen Beratungsprozess. Oder man holte sich Hilfestellung beim

Vorgesetzten, wenn man mit einer Aufgabenstellung oder einer Situation nicht zurechtkam.

Diese sich eher zufällig ergebenden Beratungssituationen können dadurch gekennzeichnet sein, dass es sich um eine gleichrangige, symmetrische Gesprächssituation handelt. Man schildert seinem Kollegen ein Problem, aber im Prinzip kann das Gespräch jederzeit vom eigenen Problem zu einem Thema des Kollegen wechseln. Man tauscht sich mit einem Freund oder Bekannten, den man in der Organisation kennen gelernt hat, darüber aus, wie man mit einer schwierigen beruflichen Situation umzugehen hat. In diesen Fällen führen schon die Zwänge geselliger Interaktion, in die solche Beratungen häufig integriert sind, dazu, dass in den Gesprächen ein Rollenwechsel zwischen Beratenen und Beratenden stattfindet. Findet dieser Rollenwechsel nicht statt, wird das Verhältnis – ähnlich wie in einer Liebesbeziehung, in der immer nur der eine dem anderen rät – als „einseitig“ oder gar „pathologisch“ beschrieben.

Ein anderer Teil dieser unstrukturierten Beratungssituationen ist durch eine asymmetrische Beziehung zwischen Berater und Beratenem geprägt. Schon in der frühen Neuzeit gab es bei Handwerkern und Kaufleuten eine vorrangig durch erfahrene Zunftangehörige praktizierte Beratung beruflicher Neulinge. In Kirchen bildete sich häufig informell die Rolle des „Spiritus Rector“ aus, der als Ansprechpartner für Mitarbeiter der Kirche diente. Häufig übernimmt auch der Vorgesetzte im Rahmen seiner Führungstätigkeit Beratungsaufgaben gegenüber den Mitarbeitern. Aber in all diesen Fällen ist die personenorientierte Beratung lediglich ein Segment in einem wesentlichen umfassenderen Rollenzuschnitt – schließlich hat ein erfahrener Praxisanleiter, ein „lenkender Geist“ in einer Kirche oder der Vorgesetzte außer der Beratung von Personen noch eine Vielzahl von anderen Rollenanforderungen in seiner Organisation zu erfüllen.

Das Besondere bei Supervisoren und Coachs ist, dass sie die Rolle des Beraters exklusiv einnehmen – also nicht noch mit anderen Rollensegmenten in einer Organisation kombinieren.[10] Zwar sind eine Vielzahl von Supervisoren und Coachs nur „Teilzeitberater“: Für sie ist die personenorientierte Beratung nur ein Betätigungsfeld neben beispielsweise Training, Weiterbildung oder Therapie oder eine nebenberufliche Tätigkeit in einer eigenen Praxis bei hauptberuflicher Beschäftigung als Pflegestationsleiter oder Personalentwickler in einer Organisation (vgl. Buer 2004: 169). Das Besondere ist aber, dass sie dem Beratenen immer exklusiv in ihrer Rolle als Berater begegnen und Kontakte in anderen Rollen außerhalb der Beratung weitgehend ausgeschlossen werden.

Durch die Exklusivität dieser Beratungsrolle werden teilweise Themen ansprechbar, die in den sich zufällig ergebenden Beratungssituationen nicht immer zugänglich waren. Schließlich sind die sich häufig spontan ergebenden Beratungen durch Vorgesetzte oder Kollegen immer dadurch gekennzeichnet, dass die

Beratung mit anderen Rollenanforderungen in dieser Beziehung kollidieren kann. Von einer Vorgesetzten kann man sich schlecht beraten lassen, ob man eine Organisation verlassen soll, weil allein durch das Erwähnen dieses Themas sofort auch jenseits der Beratung Effekte entstehen. Es kann schwierig sein, mit Kollegen ein „Beratungsgespräch" über Karriereoptionen zu führen, weil solche Ausbruchsversuche nach oben häufig von Gleichrangigen kritisch beäugt werden.

Bei der unter „Coaching und Supervision" firmierenden Beratung handelt es sich immer um eine asymmetrische Beziehung. Dabei wird die Rolle des Beraters nicht – wie beim Spiritus Rector – informell kraft Erfahrung gebildet und entsteht auch nicht – wie beim Beratungsgespräch mit dem Personalchef – mehr oder minder zufällig, sondern die Rolle des Beraters wird durch einen sowohl von Beratern und Beratenen als „Beratung" bezeichneten Prozess mit einer eindeutigen Rollenbeschreibung des Leistungsanbieters gebildet. Diese Asymmetrie muss in der Beratungssituation aufrecht erhalten werden. Ein Supervisor, der in einem Beratungsgespräch ausführlich seine eigenen beruflichen Probleme beispielsweise in seiner Praxis schildert, würde einen professionellen Fehler begehen. Ein Coach, der als Reaktion auf eine Krise seines Klienten ausführlich aus seiner eigenen Vergangenheit als Führungskraft berichtet und eventuell so eine symmetrische Beratungssituation aufbaut, löst im Prinzip eine professionelle Beratungssituation auf (vgl. zur Bedeutung der Asymmetrie für Beratungsgespräche Scherr 2004: 100).[11]

Die Entwicklung der Rolle des personenorientierten Beraters wird dadurch gestützt, dass sich sowohl Supervision als auch Coaching nicht als eine neue Methode oder ein neues Verfahren, sondern als ein neues Berufsfeld präsentieren.[12] Es findet sich zwar immer wieder vereinzelt die These, dass es sich bei Coaching und Supervision lediglich um ein neues Verfahren im Werkzeugkoffer eines Beraters handelt, Coaching somit lediglich als eine weitere Methode neben Neurolinguistischem Programmieren, Psychodrama, Szenario-Technik oder Planspiel in Erscheinung tritt (vgl. z.B. früh Doppler/Lauterburg 1997). Aber es spricht vieles dafür, dass sich Supervision und Coaching als eigene Berufsrollen ausbilden, die in ihrer Tätigkeit auf unterschiedliche Verfahren der systemischen Beratung, der Psychoanalyse, der Gruppendynamik, des Psychodramas, der Gestalttherapie, des Neurolinguistischen Programmierens oder der themenzentrierten Interaktion zurückgreifen.[13]

Wie kommt es, dass Supervision und Coaching so populär geworden sind?

Zur Popularität von Coaching und Supervision in Organisationen

Bei der Begründung für den allgemein konstatierten wachsenden Bedarf nach Coaching und Supervision stößt man in der Regel auf die „üblichen Verdächtigen“: Globalisierung, Internationalisierung, verstärkter Einsatz von Informations- und Kommunikationstechnologien, Wettbewerbsdruck oder die Virtualisierung der Arbeitsbeziehungen (vgl. z.B. Buchinger 2002: 49; Thommen 2005: 64). Die Entstehung eines neuartigen Beratungsformats wird kausal auf die Veränderungen einer als „komplex“, „reflexiv“ oder „postmodern“ bezeichneten Gesellschaft zurückgeführt. Die Kontextbedingungen von Organisationen in der Wirtschaft, in der Politik, im Bildungs- und im Gesundheits- und Sozialwesen hätten sich verändert, und deswegen bildeten sich, so die Argumentation, neue Erwartungen an Selbstkontrolle, Selbstökonomisierung und Selbstrationalisierung der Beschäftigten in Organisationen (vgl. Belardi 2002a: 11). Die verstärkte selbstständige Planung, Steuerung und Überwachung der eigenen Tätigkeiten, die zunehmend geforderte „Produktion“ und „Vermarktung“ der eigenen Fähigkeiten und Leistungen und die mit der Auflösung der Trennung von Berufs- und Privatleben einhergehende „Verbetrieblichung der Lebensführung“ stellten jedoch neue, nur schwer zu bewältigende Anforderungen an die Beschäftigten dar, weil sich nicht nur ihre Handlungs- und Gestaltungsspielräume erhöhten, sondern auch der Leistungsdruck stark zunehme (vgl. Pongratz 2004: 20). Dadurch entstehe, so die Schlussfolgerung, ein „neuartiger Bedarf“ an personenorientierter Beratung, der durch die Angebote von Supervisoren und Coachs befriedigt werde (vgl. Siller/Buer 2004: 10).[14]

Diese Argumentation hat ihre Plausibilität, lässt jedoch eine zentrale Frage offen. Zwar ist es im Moment auch in der Soziologie en vogue, in den letzten zwei Jahrzehnten eine durch Globalisierung bedingte „Subjektivierung der Arbeit“ (vgl. Moldaschl 2005) oder die Entstehung von „Arbeitskraftunternehmern“ (vgl. Voß/Pongratz 1988) zu beobachten, aber solche dramatisierten Beschreibungen von Veränderungen der Arbeitswelt existieren seit über 150 Jahren – also seitdem Organisationen sich als ein zentrales Strukturierungsprinzip in der modernen Gesellschaft durchgesetzt haben. Schon die Durchsetzung des Lohnarbeitsprinzips, so beispielsweise Karl Marx, habe dazu geführt, dass Arbeiter als „Unternehmer ihrer selbst“ gezwungen waren, ihre Arbeitskraft auf einem freien Markt anzubieten (vgl. Marx 1962: 190ff.). Kaum eine Zeit, so Niklas Luhmann, habe so viele Veränderungen wie die letzten 150 Jahre gesehen, so dass sich für Organisationsmitglieder die Grenzen „der ablehnbaren Zumutungen“ immer mehr ausgedehnt hätten und die Sicherheit, die darin lag, dass man wusste, welche Minimalbedingungen man als Organisationsmitglied zu erfüllen hatte, sich verflüchtigt habe (vgl. Luhmann 1964: 148ff.).

Wenn diese Entwicklung bereits seit 150 Jahren so prominent ist, wie lässt sich dann erklären, dass die personenorientierte Beratung in Organisationen erst in den letzten zwanzig Jahren eine solche Popularität erlangt hat?

Eine wichtige Rolle für die Popularität von Coaching und Supervision spielt die Ausbildung einer Vielzahl von Personaldiagnostikinstrumenten (siehe dazu Boltanski/Chiapello 2003: 89ff.). Bei Instrumenten wie Führungskräfte-Evaluationen, Mitarbeitergesprächen, Management-Audits, Potenzialanalysen, 360-Grad-Feedbacks oder Nachwuchs-Assessment-Centers geht es darum, die Stärken und Schwächen von bereits in der Organisation tätigen Mitarbeitern einzuschätzen. Ziel ist es dabei nicht vorrangig, die Eignung der Getesteten für ihre momentane Position zu überprüfen, sondern Informationen darüber zu sammeln, ob sie für hierarchisch höher gestellte Posten geeignet sind.

Bei dieser Personaldiagnostik kommt es in der Regel zu einer irgendwie gearteten Defizitbestimmung: Die Führungskraft mag beim 360-Grad-Feedback – der anonymisierten Beurteilung durch Untergebene, Kollegen, Vorgesetzte und manchmal auch Kunden – überall gute Werte erreichen, aber in der Arbeit mit Organisationsexternen noch Schwächen zeigen. Das Assessment-Center zeigt, dass der Mitarbeiter seiner jetzigen Aufgabe voll und ganz gewachsen ist, aber in vielen Bereichen noch nicht den Anforderungen der nächsten Führungsposition genügt. Beim Management-Audit werden Schwächen im Ausbalancieren von Arbeitsanforderungen und Privatleben festgestellt.

Aus diesen Defizitbestimmungen der Personalentwicklung entsteht sehr häufig die Nachfrage nach Personalentwicklungsmaßnahmen, mit denen diese Defizite reduziert werden können. Als Reaktion auf die Defizitwahrnehmungen in der Personaldiagnostik liefert die Personalentwicklung Angebote in „Paketform“: Inhouse-Seminare, offene Einschreibungen in Business Schools, Mentoring mit Top-Management, kollegiale Beratung oder eben Coaching und Supervision (vgl. beispielhaft Luthans/Peterson 2003; Smither et al. 2003).

Es scheint in einer Reihe von Unternehmen, Verwaltungen und halbstaatlichen Organisationen eine enge Korrelation, also einen engen Zusammenhang, zwischen der Etablierung von Managementdiagnostik und der zurzeit populären personenorientierten Beratung zu geben. Bis in die neunziger Jahre des letzten Jahrhunderts gab es keine starke Korrelation von Diagnostik einerseits und Coaching und Supervision andererseits. Jetzt deutet sich diese aber immer stärker an. Es gibt zunehmend die Situation, dass aus der Orientierungsklausur, in der das zukünftige Management ausgewählt wird, die Empfehlung kommt, „machen Sie doch mal ein Coaching“, „das ist alles noch nicht so ganz rund“ (vgl. ausführlich Kühl 2008b).

Abgerundet wird die Verknüpfung von Managementdiagnostik und Intervention mit einer Messung des Erfolges (oder Misserfolges) der Intervention. Es wird festgestellt, ob sich die Leistung eines Teams aufgrund einer Maßnahme verbessert hat. Die Leistungssteigerung eines Außendienstmitarbeiters, der ein Coaching erhalten oder ein Training besucht hat, wird erhoben. Oder das 360-Grad-Feedback einer Führungskraft wird nach einer Reihe von Coachingsitzungen wiederholt, um Fortschritte in der Mitarbeiterbeurteilung zu erheben.

Der komplette Prozess aus „Diagnostik – Planung von Interventionen – Intervention – Fortschrittsevaluation mit erneuter Diagnostik" lässt sich als „Personalentwicklungszyklus" bezeichnen (vgl. Kühl 2008b). Mit dem Begriff des Zyklus wird beschrieben, dass die verschiedenen Diagnostik-, Interventions- und Evaluierungsinstrumente kreisförmig angeordnet werden und die Führungskräfte nach dem Durchlaufen des Zyklus mehr oder minder automatisch wieder in den nächsten Zyklusdurchlauf eingespeist werden. Der Manager gerät, salopp ausgedrückt, in eine ähnliche Zyklussituation wie neuerdings die Spieler der deutschen Fußballnationalmannschaft. Auch diese werden zuerst auf Schwachstellen getestet, dann durch ein vorrangig individualbezogenes Fitnessprogramm geschickt, und anschließend werden ihre Fortschritte gemessen und evaluiert.[15]

Durch die schrittweise Etablierung des Personalentwicklungszyklus verändert sich der Status der Personalentwicklung. Die Führungskräfte fragen die Leistungen der Personalentwicklung nicht mehr nur punktuell nach – hier ein bisschen Diagnostik, da ein bisschen Coaching oder Supervision –, sondern die Führungskräfte werden in der fortgeschrittenen Variante in ein systematisches Betreuungsverhältnis durch die Personalentwicklung aufgenommen. Die Personalentwicklung ist aus dieser Perspektive dann nicht mehr nur ein Leistungsanbieter, bei dem sich eine Führungskraft in einer Art „Boxenstopp" kurzfristig Hilfestellungen holt, sondern sie wandelt sich zur Rundumbegleitung der Führungskraft während ihrer Tätigkeit in einer Organisation.

Zur Beschäftigung mit Coaching und Supervision

Einem Coach oder einer Supervisorin braucht man nicht zu begründen, weswegen das Thema „personenorientierte Beratung in Organisationen" interessant sein sollte. Von ihnen wird Coaching nicht selten als zentraler Baustein einer „effizienten Unternehmensstrategie" verstanden (vgl. dazu Natale/Diamante 2005). Von der Supervision versprechen sich die Leistungserbringer manchmal sogar die Möglichkeit, vermeintlich widersprüchliche Ziele wie Effizienzausrichtung der Organisation und Menschheitsbeglückung zu erreichen (vgl. dazu Kampa-Kokesch/Anderson 2001).

Aber es gehört zur Pathologie einer jeden Berufsgruppe, ihr eigenes Wirkungsfeld zu überschätzen: Bei Wirtschaftswissenschaftlern kann man beobachten, dass das Wohlergehen der ganzen Gesellschaft auf das Funktionieren von Märkten zurückgeführt wird. Politiker suggerieren, dass es von ihrem Regierungsgeschick abhängt, ob eine Gesellschaft gedeiht oder nicht. Bei Soziologen herrscht nicht selten der naive Glaube vor, dass sich aus einer Wissenschaft der Gesellschaft vielleicht doch Ansätze für eine Verbesserung der Gesellschaft ergeben könnten.[16]

Supervisoren und Coachs befinden sich also in guter Gesellschaft, wenn sie das Thema ihrer professionellen Beschäftigung zentral finden, und ihnen muss vermutlich deswegen nicht erklärt werden, weswegen ein Buch über Coaching und Supervision Sinn macht. Aber anderen – zum Beispiel „normalen" in Organisationen arbeitenden Menschen oder nur generell an der Funktionsweise von Unternehmen, Verwaltungen, Kirchen, Universitäten oder Einrichtungen sozialer Hilfe interessierten Wissenschaftlern – muss begründet werden, was man durch die Beschäftigung mit dem Thema der personenorientierten Beratung in Organisationen lernen kann.

Zugestanden: Von einer übergreifenden, vorrangig auf die umfassende Funktionsweise von Organisationen gerichteten Perspektive aus gibt es wenige Gründe dafür, sich ausgerechnet mit der personenorientierten Beratung in Organisationen auseinander zu setzen. Man würde als Organisationswissenschaftler vermutlich Amüsement hervorrufen, wenn man die These aufstellte, dass das Überleben einer Organisation von der Qualität ihrer externen Coachs oder Supervisoren abhängen würde. Selbst in Organisationen der sozialen Hilfe, in Krankenhäusern oder in psychiatrischen Anstalten, in denen die Supervision der Mitarbeiter bewährte Routine ist, kann man wenige Indizien dafür finden, dass die Organisationen auf diese Beratungspraxis im Notfall nicht auch verzichten könnten.[17]

Aber gerade in der soziologischen Forschung hat es immer wieder Arbeiten gegeben, in denen man anhand kleiner, auf den ersten Blick nicht zentral erscheinender Phänomene viel über das große Ganze lernen konnte. Überspitzt ausgedrückt: Das Waschen „schmutziger Wäsche" ist sicherlich nicht die Tätigkeit, an der sich der Erfolg oder Misserfolg einer Beziehung entscheidet, man kann aber bei der gemeinsamen Anschaffung einer Waschmaschine einiges über die Konstitution einer Liebesbeziehung lernen (vgl. Kaufmann 1992). Vermutlich gehört Sadomasochismus – auch wenn es ja jetzt die entsprechenden Coaching-Angebote gibt – nicht gerade zur bevorzugten Sexualpraxis europäischer Paare, aber über die „Wahl der Qual" erhält man illustrative Einblicke in die erotischen Lebenswelten westlicher Kulturkreise (vgl. Hitzler 1994). Die in den Betriebspausen benutzten Kaffeetassen sind sicherlich nicht das zentrale Merkmal, das einem bei der ersten Betrachtung einer Organisation auffällt, man kann aber, wie eine interessante organisationssoziologische Studie zeigt, anhand der Kaffeetassen viel über die Kultur einer Organisation erfahren (vgl. Wittel 1997).

Aus meiner Sicht ermöglicht die Beschäftigung mit personenorientierter Beratung drei interessante Zugänge:

Erstens kann man über das Thema der personenorientierten Beratung in Organisationen lernen, wie die für das Personal von Organisationen relevanten Themen behandelt werden: Wie wird das Personal an neue Positionen in Organisationen herangeführt? Wie erbringen Personen an den Grenzstellen der Organisationen ihre Leistungen für und am Klienten? Wie äußern sich Konflikte in Organisationen, und wie werden sie verarbeitet? Wie wird Personal, das von der Organisation nicht mehr benötigt wird, so aus der Organisation entfernt, dass die Entlassungen keine direkten Rückwirkungen auf die Organisation haben? Mit diesem Fokus allein bekommt man noch kein umfassendes Bild der Organisation, aber doch einen Eindruck von einer Reihe personenbezogener Prozesse, die in Unternehmen, Verwaltungen, Krankenhäusern, Universitäten oder Organisationen der sozialen Hilfe eine wichtige Rolle spielen.

Zweitens kann man bei der Untersuchung von Supervision und Coaching etwas über Berufe lernen, die als personenorientierte Dienstleister für Organisationsmitglieder auftreten. Diese Dienstleistungsberufe sind besonders interessant im Vergleich zu Berufen, die ihre Leistungen in der Regel nicht vorrangig für Personen in ihrer Rolle als Organisationsmitglieder erbringen: Therapeuten oder Friseure, Ärzte oder Prostituierte.[18] Aus der Einbindung der Klientel von Coachs und Supervisoren in die Organisationen ergeben sich eine Reihe von Fragen, die es sich lohnt näher in den Augeschein zu nehmen: Welche Spannungen ergeben sich daraus, wenn die Beratung zwar durch die Organisation beauftragt und bezahlt wird, dann aber in geschütztem Rahmen zwischen Organisationsmitglied und Berater stattfindet? Welche Funktion erfüllt die durch die Organisation bezahlte personenorientierte Beratung für die Organisation?

Drittens lässt sich am Fall des Coachings und der Supervision das Verhältnis von Profession und Organisation näher bestimmen. Aus einer soziologischen Perspektive fällt auf, dass sich mit Ausnahme von Intimbeziehungen in allen gesellschaftlichen Teilbereichen Organisationen etabliert haben – Unternehmen in der Wirtschaft, Verwaltungen und Parteien in der Politik, Krankenhäuser im Feld der Gesundheit, Schulen im Bereich der Erziehung oder Universitäten im Feld der Wissenschaft. Eine Professionsbildung im engeren Sinne kann man jedoch nur in denjenigen gesellschaftlichen Teilbereichen beobachten, in denen der Mensch sein Verhältnis zu Gott (Religion), zu anderen Menschen (Recht), zu seinem Körper oder seiner Psyche (Krankenbehandlung) oder zu seinen eigenen kognitiven Fähigkeiten (Erziehung) entwickelte. Interessant ist es jetzt, zu sehen, wie es sich mit den Professionalisierungsversuchen derjenigen Berufe verhält, die sich als Beratungsspezialisten für Organisationsmitglieder – also die personale Umwelt der Organisation – verstehen. Deuten sich hier in Organisationen Professionalisierungsentwicklungen an, die wir aus anderen Feldern der Organisation nicht kennen? Was sind treibende Kräfte, die eine Professionsbildung hier behindern oder befördern? Wie unterscheiden sich die Professionsbildungsversuche von Supervisoren und Coachs?

Ziel und Aufbau des Buches

Thematisch ist das Ziel dieses Buches mit seiner Fokussierung auf personenorientierte Beratung in Organisationen ein vergleichsweise bescheidenes. Die großen gesellschaftlichen Fragen werden ausgeblendet. Ob Coaching und Supervision „eine Reaktion auf zunehmende Individualisierungstendenzen und Orientierungslosigkeit" sind, ob sich in Coaching und Supervision der Ausdruck einer „postmodernen Dienstleistungsgesellschaft" widerspiegelt, ob sich über die personenorientierte Beratung eine „Pädagogisierung des Alltagslebens" andeutet oder ob diese Beratungsansätze der Reflex auf die wirtschaftliche Leitidee „Jeder ist seines Glückes Schmied" ist, wird hier nicht beantwortet werden (vgl. dazu Strikker 2007: 11).[19] Es soll auch nicht Aufgabe sein, die Frage zu klären, ob die Gesellschaft durch eine Mischung aus „Coaching", „Kollegialität", „professioneller Orientierung" „kritischer Selbstbefragung" und „Wissensbasierung" – im Rahmen einer „Supervision des Staates" – gerettet werden kann (vgl. Willke 1997: 346; siehe auch schon Willke 1992: 336).[20] Ziel ist es „nur", Coaching und Supervision im Hinblick auf ihre Funktion in Organisationen zu bestimmen und anhand dieses Beratungsansatzes einiges über die Funktionsweise von Organisationen zu lernen.

Im folgenden ersten Kapitel wird ein Überblick über Coaching und Supervision gegeben, indem die zentralen Themen personenorientierter Beratung dargestellt werden: Probleme bei der Arbeit an den Grenzstellen der Organisation, bei der Einnahme neuer Positionen innerhalb der Organisation, bei Konflikten und bei Entlassungen. Daran anschließend wird im zweiten Kapitel aufgezeigt, wie sich die unterschiedlichen Rahmungen – Beratung „unter vier Augen", Beratung in Gruppen von Personen aus unterschiedlichen Organisationen und Beratung in Teams – auf den Beratungsprozess auswirken und in welche Zielkonflikte personenorientierte Berater in diesen unterschiedlichen Rahmungen geraten. Das dritte Kapitel behandelt die Evaluation von Coaching- und Supervisionsmaßnahmen. Es wird dabei aufzeigt, dass sich die Evaluation von Beratungsmaßnahmen immer in einem unauflösbaren Spannungsfeld von Lern- und Legitimationsfunktion bewegt und unter anderem daraus die bisher unbefriedigenden Evaluationsversuche von Coaching und Supervision zu erklären sind. Das vierte Kapitel behandelt unter dem Begriff des Scharlatanerieproblems den Umgang mit Qualitätsdefiziten in der personenorientierten Beratung. Es wird argumentiert, dass mit Professionsbildung, Marktselektion und hierarchischer Kontrolle konkurrierende Mechanismen existieren, um Qualitätsdefizite zu behandeln. Im fünften Kapitel wird die Auswirkung einer nur sehr begrenzt erfolgreichen Professionsbildung auf die Interaktionen zwischen Leistungsanbietern und Klienten untersucht. Der Aufbau von Kompetenzdarstellungskompetenz wird als Versuch beschrieben, fehlende Stützungen durch eine Profession zu kompensieren. Diese Versuche der Kompetenzdarstellungen kollidieren jedoch mit der für Interaktionen typischen Ächtung des Eigenlobs und können deswegen Irritationen bei Klienten auslösen. Im sechsten Kapitel wird argumentiert, dass die personenorientierte Beratung ein schwacher Hebel zur Veränderung von Organisationen ist, dass diese aber über die Personalisierung organisatorischer Probleme eine wichtige Entlastungsfunktion für die Organisation erfüllt.

Die Argumentationen in den sechs Kapiteln nehmen aufeinander Bezug. Die Kapitel können jedoch auch einzeln und in beliebiger Reihenfolge gelesen werden. Um die Lektüre von nur einzelnen Kapiteln zu erleichtern, werden zentrale soziologische Konzepte und Kategorien, die in mehreren Kapiteln vorkommen, in jedem Kapitel jeweils noch einmal kurz erläutert. Die recht ausführlichen Endnoten dienen dazu, die Herkunft einzelner Argumente genauer nachzuweisen oder Anregungen für mögliche Differenzierungen der Argumente zu liefern. Für das Verständnis der Gesamtargumentation eines Kapitels ist ihre Lektüre aber nicht nötig.

1 Zum Aufgabenspektrum personenorientierter Beratung: Die zentralen Themenfelder von Supervisoren und Coachs

Was machen überhaupt Coachs und Supervisoren? In einer Kurzformel kann man sagen, dass Coachs und Supervisoren im Spannungsfeld von Organisation und Person operieren. Sie werden gerufen, wenn man sicherstellen will, dass der Konflikt einer Managerin mit ihrem Gegenpart in einer anderen Abteilung die Organisation nicht völlig blockiert. Sie werden beauftragt, wenn die persönlich belastenden Erfahrungen in der Arbeit mit schwer erziehbaren, todkranken oder psychisch auffälligen Personen so reflektiert werden sollen, dass die Dienstleister ihre Leistungen verbessern können. Personenorientierte Beratung kommt zum Einsatz, wenn ein Mitarbeiter eine neue Aufgabe in der Organisation übernimmt und das „Einleben" weder ihn noch die Organisation blockieren soll oder wenn ein Mitarbeiter so aus der Organisation entfernt werden muss, dass diese Entlassung für die Organisation nicht zu einer Belastung wird (siehe zum Zugang über Spannungsfelder Fengler 2001: 40; Reiners 2004: 24).

Dahinter steckt eine Erfahrung, die bildhaft von Horst Bosetzky und Peter Heinrich herausgearbeitet wurde: Organisationen seien, so die beiden Organisationsforscher, mehr als die Ablauf- und Aufbauorganisation, die Standardabläufe und Prozesshandbücher, mehr als die Organigramme und Stellenbesetzungspläne. Das „geistige Band der Organisationswirklichkeit", so Bosetzky und Heinrich etwas pathetisch, seien „die Tränen und das Lachen in unseren Büros", die „Träume und Ängste", die „Sprachfetzen voller Witz und Schlagfertigkeit", die „Müdigkeit nach dem Mittagessen und das ‚Mahlzeit!' davor auf dem Wege zur Kantine", das seien die „Feiern, Jubiläen, Beförderungen, Geburtstage und der Alkohol", und „das Sisyphosgefühl bei der täglichen Arbeit, endlos und ohne bleibende Spuren". Das seien die „Betriebsausflüge und Beerdigungen", die „Intrigen und der Krieg aller gegen alle und der Ärger mit dem Publikum", aber auch „Kooperation und Erfolgserlebnisse, ja Freundschaften, die weit über das Büro hinausreichen, und öfter das, was man Liebe nennt" (vgl. Bosetzky/Heinrich 1980: v).[21]

Auch wenn die beiden Organisationsforscher sich mit ihrem Blick auf das tobende Leben in Organisationen vielleicht etwas hinreißen lassen, so treffen sie doch einen wichtigen Punkt: Den „Organization Man", der sich wie ein Rädchen in die Maschinerie einer Verwaltung, eines Unternehmens oder eines Krankenhauses einfügt (vgl. Whyte 1956), hat es nie gegeben und wird es allen Steuerungs- und Rationalisierungsphantasien des Managements zum Trotz auch nie geben. Schon die im Film „Moderne Zeiten" mit kritischem Blick entwickelte Vorstellung von Organisationen, in denen Arbeitern am Ende jede Form von Individualität und Kreativität geraubt wird, war letztlich nur eine geniale Karikatur Charlie Chaplins, die allein schon durch sein Verhalten als „Tramp in der Fabrik" ad absurdum geführt wurde (vgl. Chaplin 1936).

„Kein Mensch" könne, so eine frühe Formulierung Luhmanns, in Organisationen handeln, „ohne selbst dabei zu sein." Er bringe immer „sich selbst, seine Persönlichkeit, mit an die Arbeitstelle." Die Organisation fordere ihm jedoch immer nur spezifische Leistungen ab. Seine Selbstdarstellungsinteressen und Gefühle, so Luhmann, würden dabei aber in der Regel nur wenig beansprucht. Sie lungerten „während der Arbeit funktionslos herum" und stifteten „Schaden, wenn sie nicht unter Kontrolle gehalten werden." Weil die Arbeit selbst rational organisiert ist, bleibt der Arbeitende, so Luhmann weiter, „mit dem, was er gerne möchte, oft ungehört; in dem, worin er sein Eigenstes darstellt, ungesehen." (Luhmann 1965: 163).[22]

Viele dieser Spannungen zwischen Organisation und Person werden in Organisationen routinemäßig abgefedert: Dadurch, dass man bei der Einstellung von Personal darauf achtet, dass deren Motivlage mit der der Organisation wenigstens teilweise kompatibel ist, durch eine generalisierte Motivation der Mitarbeiter über regelmäßige Geldzahlungen oder über das In-Aussicht-Stellen von Aufstiegsmöglichkeiten innerhalb der Organisation. Oder es wird spekuliert, dass sich das Erwartungsniveau von Organisationsmitgliedern relativ schnell dem Möglichen anpasst und man irgendwann der anfangs noch als stupide empfundenen Fließbandarbeit im Callcenter etwas abgewinnen kann.[23]

Damit aber werden die Spannungen zwischen Organisationen und den Personen mit ihren Zweifeln, Verwicklungen und Selbstdarstellungsansprüchen nur abgemildert, nicht jedoch aus der Welt geschaffen. In Organisationen findet eine permanente Suche nach Ventilen für diese Spannungen statt – sei es in Form von kollegialem Klatsch, von kleinen Scherzen auf Kosten der Klienten, von gemeinsamen Mittagessen zwischen Führungskräften und Untergebenen, von mehr oder minder strukturierten Meckerecken, von betriebsinternen Sozialberatungsstellen oder eben in Form von personenorientierter Beratung in Organisationen.

Zwar gehören in einigen Organisationen Supervision und Coaching zur regelmäßigen „Organisationshygiene" – in vielen Krankenhäusern, Hospizen und Einrichtungen der sozialen Hilfe zählt die Supervision der Mitarbeiter zum Regelangebot – häufig aber sind erst mehr oder minder große Krisen von Organisationsmitgliedern der Anlass für personenorientierte Beratung.[24] Manchmal ist es ein Organisationsmitglied selbst, das Beratung in einer von ihm als schwierig wahrgenommenen Situation sucht. Manchmal sind es Vorgesetzte, die Krisen feststellen und Beratung empfehlen. Nicht selten gibt es jedoch auch Organisationen, die anlässlich einer alle Mitglieder erfassenden organisatorischen Krise – zum Beispiel einer Restrukturierung oder einer Fusion – personenorientierte Beratung gleich für eine ganze Reihe von Mitarbeitern empfehlen.

Im Folgenden wird die personenorientierte Beratung anhand von vier typischen Einsatzfeldern vorgestellt: Die Beratung der „Grenzstellenarbeiter" von Organisationen, die Beratung von Personen bei Konflikten in Organisationen, die Beratung zur Erleichterung der Einsozialisation in neue Positionen und die Beratung bei der Entlassung aus einer Organisation. Diese vier typischen Themenfelder, mit denen sich personenorientierte Berater in einer Vielzahl ihrer Beratungsfälle beschäftigen, werden unter Rückgriff auf die systemtheoretische Organisationssoziologie präsentiert. Der enge Bezug zur Systemtheorie wird nicht nur deswegen gewählt, weil zu allen vier für Coaching und Supervision relevanten Themenfeldern gute systemtheoretische Vorlagen existieren, sondern auch deswegen, weil sich der auf die Systemtheorie beziehende systemische Beratungsansatz in Coaching und Supervision bisher eher auf die abstrakten Konzepte von Autopoiesis, System-Umweltbeziehungen oder Selbst- und Fremdreferenz bezog. Die nahe liegenden systemtheoretischen Ausarbeitungen zu den konkreten Themen, mit denen sich Coachs und Supervisoren vorrangig beschäftigen, wurden bisher – für die Soziologie überraschend – kaum zur Kenntnis genommen.[25]

1.1 Personenorientierte Beratung an den Grenzstellen der Organisation

Man kann die personenorientierte Beratung in Organisationen danach unterscheiden, für welche Stellen die Beratung erbracht wird. Mit Hilfe der Organisationssoziologie lassen sich dabei idealtypisch zwei für die personenorientierte Beratung relevante Typen von Stellen benennen: Stellen, die vorrangig nach innen wirken – dies sind besonders Stellen mit formal zugewiesener Führungsverantwortung – und Stellen, die sich an den Kontaktfeldern der Organisation mit ihrer Umwelt befinden – so genannte Grenzstellen (vgl. dazu grundlegend Luhmann 1964: 220ff.; Tacke 1997: 21ff.; Luhmann 2000: 210ff.).

Eine ganze Reihe von Grenzstellen ebenso wie viele nach innen gerichtete Stellen der Organisation sind dadurch gekennzeichnet, dass für sie keine erfolgssichere Technologie existiert. Es ist kein hundertprozentigen Erfolg garantierendes Rezept vorhanden, wie ein Sozialarbeiter einen Obdachlosen wieder in die

„Gesellschaft“ integrieren kann, wie ein Lehrer seine Schüler zum Lernen lateinischer Konjugationen bringt oder ein Vorgesetzter einen Mitarbeiter zur Erbringung von Sonderleistungen motiviert. Weil es diese erfolgssichere Kausalverbindung zwischen einer als problematisch eingeschätzten Ausgangssituation (Obdachloser, lernunwillige Schüler, unmotivierte Mitarbeiter) und einem gewünschten Ist-Zustand (integrierter Ex-Obdachloser, lernwillige Schüler, motivierte Mitarbeiter) nicht gibt, bildet sich überhaupt erst ein Bedarf aus, die Überführung vom Ist- zum Soll-Zustand in Beratungen zu reflektieren (vgl. Luhmann/Schorr 1979a; Luhmann/Schorr 1979b).

Auch wenn heute in der konkreten Beratungspraxis nur noch wenige Unterschiede zwischen Supervision und Coaching bestehen mögen, kann man doch beobachten, dass sich – historisch gesehen – Supervision und Coaching auf unterschiedliche Stellentypen bezogen haben. Die Supervision entwickelte sich ab Ende des neunzehnten Jahrhunderts ursprünglich als ein Beratungsformat für Grenzstellenarbeiter in Einrichtungen der sozialen Hilfe und später dann auch in Krankenhäusern, Kirchen und Hospizen. Coaching, das sich als Beratungsformat deutlich später ausbildete, war dagegen ursprünglich viel stärker als die Supervision auf nach innen wirkende Stellen ausgerichtet. Mit dem Begriff der „Beratung für Führungskräfte“ markierten Coachs, dass sie sich vorrangig für Probleme von Organisationsmitgliedern interessierten, die sich aufgrund einer Spitzenstellung oder einer Zwischenstellung innerhalb einer organisatorischen Hierarchie ergeben (vgl. beispielsweise Huck 1989; Böning 2002).[26]

	Vorrangig „nach außen“ gerichtete Tätigkeiten (Grenzstellen)	Vorrangig „nach innen“ gerichtete Tätigkeiten
Tätigkeiten mit hohem Standardisierungsgrad	*z.B. Serviceleistungen bei Schnellrestaurants, Arbeit in Callcentern* (wird nicht als vorrangige Zielgruppe für personenorientierte Beratung betrachtet)	*z.B. Fließbandarbeit, Hausmeistertätigkeit, Reinigungstätigkeiten* (wird nicht als vorrangige Zielgruppe für personenorientierte Beratung betrachtet)
Tätigkeiten mit niedrigem Standardisierungsgrad und fehlenden Erfolg garantierenden Rezepten	*z.B. medizinische Leistungen, seelsorgerische und therapeutische Tätigkeiten* (hier wurde ursprünglich der Ansatzpunkt der Supervision gesehen)	*z.B. Tätigkeiten des mittleren Managements* (hier wurde ursprünglich der Ansatzpunkt des Coachings gesehen)

Was kennzeichnet die Beratungsarbeit an Grenzstellen im Vergleich zur Beratungsarbeit an nach innen wirkenden Stellen? Wie lässt sich – unter Berücksichtigung der Ausrichtung der beiden Konzepte – der Professionalisierungsvorsprung der Supervision gegenüber dem Coaching erklären? Und welche Funktion erfüllt die Beratung an den Grenzstellen einer Organisation?

Merkmale und Besonderheiten von Grenzstellen in Organisationen

Auf vielen Stellen in Organisationen wird erwartet, dass sowohl nach innen gewirkt wird, als auch, dass der Kontakt nach außen gesucht wird. Der Leiter einer Verkaufsabteilung besitzt Führungsverantwortung gegenüber seinen Mitarbeitern, nimmt aber häufig gleichzeitig eine Grenzstelle gegenüber wichtigen Kunden ein. Die Leiterin einer Pressestelle führt ihre Mitarbeiter, gleichzeitig aber ist sie es, die bei Krisen den direkten Kontakt zu den Medien sucht. Auch in der Rolle des Topmanagements fallen die Stellen mit Führungsaufgaben nach innen und die Grenzstellen nach außen zusammen. Eine Vorstandsvorsitzende oder ein Geschäftsführer sind in der Regel gleichzeitig „oberste Vorgesetzte" und „höchster Repräsentant nach außen".

Für viele Stellen in Organisationen lassen sich jedoch Schwerpunktsetzungen entweder in dem einen oder in dem anderen Bereich feststellen. Ein Sozialarbeiter, der in einem dauernden Kontakt zu seinen Klienten steht, hat ebenso wie eine Verkäuferin eine vorrangige Ausrichtung als Grenzstelle, auch wenn es immer wieder interne Abstimmungsnotwendigkeiten geben mag. Eine Fließbandarbeiterin oder auch ein Controller sind dagegen viel stärker durch eine Innenorientierung geprägt, selbst wenn sie vereinzelt Kontakte zu Zulieferern oder Kunden herstellen müssen.

Spezialisierte Grenzstellen bilden sich immer dann aus, wenn eine Organisation intern so stark arbeitsteilig organisiert ist, dass nicht alle ihre Mitglieder gleichermaßen mit Außenstehenden in Kontakt treten können. Zu solchen Grenzstellen gehören die Geschäftsführung einer Nichtregierungsorganisation mit ihren vielfältigen Kontakten zu Politikern, die Presseabteilung mit ihrem Auftrag, in den Massenmedien ein möglichst positives Bild ihrer Organisation zu zeichnen, die Einkaufsabteilung mit ihren privilegierten Kontakten zu Lieferanten, die Altenpfleger im Seniorenheim, die freundlichen Mitarbeiter der GEZ auf ihrer Suche nach unangemeldeten Fernsehern oder die Personalabteilung, die die Organisation gegenüber den (zukünftigen) Mitarbeitern vertritt.

Was ist nun die Besonderheit der Tätigkeit von Personen, die an den Grenzstellen der Organisation wirken?

Personen, die auf Grenzstellen sitzen, können in ihren Kontakten zur Umwelt auf die „geballte Macht der Organisation" zurückgreifen. Ein Polizist legt seinem Klienten die Handschellen nicht als Privatperson an. Eine Krankenschwester setzt eine Spritze im Auftrag des Krankenhauses, und wenn dabei etwas schief geht, steht das Krankenhaus dafür ein. Wenn ein Bankangestellter seiner Kundin ein Geldanlageangebot macht, dann kann diese davon ausgehen, dass die Vergabe dieser Geldanlage auch von Mitarbeitern einer anderen Filiale als real existierend anerkannt wird und sie Rückzahlungen von der „ganzen Bank" und ihren Repräsentanten verlangen kann. Das Handeln einer Person auf einer Grenzstelle gilt, so Luhmann, als „Handeln aller Mitglieder" einer Organisation. Schließlich wurde sie von einem Unternehmen, einer Verwaltung oder einem Krankenhaus dazu bestimmt, in ihrem Namen zu wirken (vgl. Luhmann 1964: 221).

Das Spannungsfeld, in dem sich Personen auf Grenzstellen bewegen, besteht darin, dass sie auf der einen Seite verpflichtet sind, für eine gute Außenwirkung der Organisation zu sorgen, auf der anderen Seite aber durch ihre Arbeit auch Loyalitäten zur Welt außerhalb der Organisation herstellen (vgl. Luhmann 1964: 227). Eine Ärztin ist Repräsentantin des Krankenhauses, das sie beschäftigt, baut aber häufig starke Sympathien zu ihren Patienten auf, was teilweise dazu führen kann, dass sie sich mit ihnen gegenüber ihrer eigenen Organisation verbündet. Der Außendienstrepräsentant für IT-Dienstleistungen verkauft Dienstleistungen im Namen und Auftrag seines Unternehmens, aber häufig kann man feststellen, dass ihn gerade die Kontakte zu wichtigen Schlüsselkunden in Loyalitätskonflikte mit seinem Unternehmen bringen (vgl. zur ambivalenten Ausrichtung von Grenzstellen Tacke 1997: 17).

Bedeutung von Grenzstellen für unterschiedliche Organisationstypen

Anhand von Grenzstellen kann man vereinfachend zwei Typen von Organisationen unterscheiden. Einen ersten Typus stellen Organisation dar, die in starkem Maße ihren Kontakt zur Umwelt bei einigen wenigen Grenzstellen monopolisieren. Unternehmen und Verwaltungen sind beispielsweise in der Regel dadurch gekennzeichnet, dass nur vergleichsweise wenige Stellen als Kontaktpunkte zur Umwelt ausgewiesen werden. So haben sich in den meisten Unternehmen mit den Bereichen Einkauf, Marketing und Verkauf spezialisierte Abteilungen von Grenzstellenmitarbeitern ausgebildet.[27] Den zweiten Typus stellen die Organisationen dar, die ihre Leistungen vorrangig an den Grenzstellen erbringen. Besonders Kirchen, Krankenhäuser, Altenpflegeheime, Organisationen der sozialen Hilfe, psychiatrische Einrichtungen und Gefängnisse sind dadurch gekennzeichnet, dass die eigentliche Leistungserbringung über die Grenzstellen – nämlich in der Form der Arbeit am Klienten – stattfindet. Es sind die Ärzte und Krankenpfleger, die Sozialpädagogen und Altenpfleger, die Therapeuten und Wärter, die den operativen Kern eines Krankenhauses, einer Sozialstation oder eines Gefängnisses ausmachen.[28]

Bei diesem zweiten Typus von Organisationen erfolgt der zentrale Prozess der Leistungserbringung über die Grenzstellen. Die Arbeit am seelischen, körperlichen oder psychischen Wohl des Klienten ist – um die Begriffe James Thompsons und Henry Mintzbergs zu verwenden – der „operative" und „technische Kern" der Organisation (vgl. Thompson 1967; Mintzberg 1979). Im Selbstverständnis von Organisationen, die in den Feldern der Sozialen Hilfe, des Gesundheitswesens, der Erziehung oder der religiösen Seelsorge tätig sind, ist also die Arbeit, die die Sozialarbeiter, Ärzte, Lehrer, Erzieher oder Seelsorger an ihren Klienten erbringen, von ähnlicher Zentralität wie der Fertigungs- und Montageprozess in einer Automobilwerkstatt oder die Abwicklung von Verwaltungsprozessen in einer großen Behörde.

Diese Differenz kann an der Unterscheidung von Kunden und Klienten verdeutlicht werden. In den Organisationen des ersten Typus, zum Beispiel Autounternehmen, Logistikdienstleistern und Baubehörden, besteht der „operative" oder „technische Kern" aus der organisationsinternen Erbringung von Leistungen *für* Kunden. Statt wie im zweiten Typus *am* Klienten zu arbeiten, ihn von einem Zustand in einen anderen zu transformieren, wird ein Auto *für* einen Kunden hergestellt, ein Paket *für* einen Kunden transportiert oder eine Baugenehmigung *für* einen Bauherren ausgestellt.[29]

Weil in einigen Organisationstypen wie Einrichtungen der sozialen Hilfe, Krankenhäusern und Kirchen die Arbeit am Klienten die zentrale Rolle spielte, fand in diesen Organisationstypen, so die These, sehr früh eine Sensibilisierung für die Notwendigkeit von personenorientierter Beratung der Organisationsmitglieder statt. Die nach innen gerichtete personenorientierte Beratung besonders in Unternehmen und Verwaltungen etablierte sich dagegen deutlich später, auch deswegen, weil es nicht um die Beratung der zentralen Stellen der Leistungserbringung, sondern „nur" um die Beratung von Vorgesetztenstellen geht. Das Einwirken auf die eigenen Mitarbeiter durch Manager war (und ist) nicht Selbstzweck der Unternehmung oder der Verwaltung, sondern die Transformation von Personen von einem Zustand in einen anderen spielte nur insofern eine Rolle, als es um die Veränderung des eigenen (!) Personals geht, damit es nach innen bessere Leistungen erbringen kann. Kurz: Die Transformation von Personen war hier nicht selbst zentraler Zweck der Organisation, sondern nur ein Mittel, um die Leistungsfähigkeit der Organisation zu erhöhen.

Das mag der zentrale Grund gewesen sein, weswegen sich die personenorientierte Beratung und damit auch ein Großteil der zurzeit herrschenden professionellen Standards als Dienstleistung für Organisationsmitglieder des zweiten Typus ausbildete – als Angebot für die Mitarbeiter, die komplexere Leistungen an der Klientel der Organisation zu erbringen hatten. Unter dem Begriff der Supervision entwickelte sich – so die inzwischen breit akzeptierte historische Beschreibung – die personenorientierte Beratung zuerst als Dienstleistung für Armenbesucher, Armenfürsorger und Sozialarbeiter. In der Supervision, die sich ab Ende des neunzehnten Jahrhunderts in den USA entwickelt hatte, wurden dabei anfangs helfende und kontrollierende Aspekte der „Berater" kombiniert. Supervisoren (die damals häufig Supervisorinnen waren) fungierten als hauptberufliche Administratoren, deren Aufgabe darin bestand, die vorrangig ehrenamtlichen Helferinnen anzuleiten und gleichzeitig die administrative Kontrolle über deren Tätigkeiten auszuüben. Bei den bezahlten Fürsorgerinnen und Sozialarbeiterinnen übernahmen die Supervisoren im Rahmen einer „Vorgesetztensupervision" gleichzeitig anleitende, beratende und kontrollierende Funktionen (vgl. Belardi 2000: 275; siehe ausführlicher auch Belardi 1992).

Bei der Beratung von Grenzstellen durch Supervisoren bezog sich die Beratung schon damals immer auf den „abwesenden Dritten", also den Klienten der Armenfürsorgerin, des Sozialarbeiters oder des Erziehers, und auch die Form, in der Supervision für Grenzstellen heute immer noch angeboten wird, bildete sich schon damals in ihren Grundzügen aus (vgl. Gaertner 2004: 86).[30] Nach einer Phase im Beratungsgespräch, in der ausgehandelt wird, welcher Fall behandelt wird, bringt einer der Teilnehmer des Beratungsgesprächs „seinen Fall" ein. Der Supervisor und gegebenenfalls andere anwesende Mitglieder einer Supervisionsgruppe halten sich in dieser Darstellungsphase zurück. Fragen des Supervisors oder gegebenenfalls der anderen Supervisionsteilnehmer dienen in dieser Phase lediglich dazu, das Geschehen näher zu klären. Nach der Falleinbringung wird dieser durch den Supervisor – gegebenenfalls zusammen mit anderen Supervisanden – in der Sitzung bearbeitet. Auf diese Bearbeitung reagiert der Falleinbringer mit Rückmeldungen, Assoziationen und Kommentaren (vgl. nur beispielhaft die Darstellungen bei Giesecke/Rappe-Giesecke 1997: 74).

Der kontrollierende Aspekt in der Supervision hat schon in der ersten Hälfte des zwanzigsten Jahrhunderts zunehmend an Bedeutung verloren. Die Beratung wurde verstärkt durch Berater erbracht, die nicht in einem hierarchischen Verhältnis zu den Klienten standen. Die Berater der Grenzstellenarbeiter waren entweder externe Supervisoren, die freiberuflich tätig waren und Klienten in verschiedenen Organisationen betreuten, oder interne Supervisoren, die bei einer Organisation angestellt waren und in dieser Funktion die Beratung von Mitgliedern dieser Organisation übernahmen, denen sie hierarchisch nicht vorgesetzt waren.

Dass sich Supervision bei Sozialarbeitern, Krankenpflegern oder Altenpflegern und nicht bei anderen Grenzstellen wie Ärzten, Theologen oder Lehrern ausbildete, hing damit zusammen, dass die Supervision auch ein Aufstiegsprojekt für Sozialarbeiter und Sozialpädagogen war, die nicht mehr ausschließlich direkt mit Klienten der Organisation arbeiten wollten. In den bestenfalls semiprofessionalisierten Berufsfeldern der Organisationen der sozialen Hilfe, der Krankenhäuser und Altenheime war der Widerstand gegen die Beratung durch fortgebildete Sozialarbeiter geringer als in Professionen. Angehörige ausdifferenzierter Professionen wie Ärzte, Geistliche, Juristen oder (Hochschul-)Lehrer lassen sich dagegen, darin sind sich die meisten professionssoziologischen Ansätze einig, eher ungern durch professionsexterne Spezialisten beraten. Die personenorientierte Beratung wird in diesen professionalisierten Feldern – wenn überhaupt – durch Mitglieder der eigenen Profession akzeptiert.[31] Die Beratung ist dann Teil einer professionellen Selbstvergewisserung, indem beispielsweise Ärzte auf den Ratschlag erfahrener Kollegen hören oder Priester und Pfarrer sich den Rat theologischer Spezialisten holen.

Die Funktion von Coaching und Supervision bei der Beratung von Grenzstellen

Die Grenzstellen haben für Organisationen eine zentrale Bedeutung. Sie sind die wichtigste und häufig sogar einzige Quelle, aus der sich ein Unternehmen, eine Verwaltung oder ein Krankenhaus mit Informationen über seine Umwelt – seine Kunden, seine Zulieferer, seine Konkurrenten – versorgen kann. Umgekehrt sind die Grenzstellen für viele Kunden, Zulieferer und Konkurrenten die einzige Kontaktfläche zur Organisation (vgl. Adams 1980: 337ff.). Aus dieser doppelten Ausrichtung können zwei offen kommunizierbare Funktionen der personenorientierten Beratung gebildet werden.

Eine erste Funktion von personenorientierter Beratung für Grenzstellen-Arbeiter kann darin bestehen, die Art und Weise zu prägen, wie Mitarbeiter die Kontaktfläche zu ihrer Umwelt ausfüllen. Besonders in der Entstehungsphase der Supervision im späten 19. Jahrhundert war die Beratung dadurch geprägt, dass die Berater den „Laien-Helfern" vermittelten, wie sie mit Obdachlosen, Alkoholikern oder allein erziehenden Müttern umzugehen hätten. In der Kontrolle von Berufsanfängern spielt diese Prägung der Kontaktfläche der Organisation heute noch eine wichtige Rolle. Gerade bei angehenden Lehrern, Theologen, Sozialarbeitern und Ärzten hat die Beratung durch erfahrene Supervisoren die Funktion, ihr Auftreten dem Klienten gegenüber zu prägen.

Die Form der Prägung der Kontaktflächen kann dabei unterschiedlich stark vorgegeben sein. Wenn es in der Beratung in erster Linie um die Vermittlung von Wissen darüber geht, wie sich ein Organisationsmitglied an einer Grenzstelle zu verhalten hat, dann geht der Berater stark instruierend vor. Beratungssitzungen können dann fast die Form von Trainings annehmen, in denen die Handlungskompetenz des Beratenen verbessert wird. Die Kontaktflächen der Organisation können aber auch dadurch geprägt werden, dass in einem Beratungsprozess Berater und Klienten in einem „Reflexionsprozess" Ansätze generieren, die die Handlungsfähigkeit der Beratenen erhöhen und damit die Art und Weise, wie die Grenzstelle ausgefüllt wird, prägen (vgl. zu dieser Vorgehensweise Giesecke/ Rappe-Giesecke 1997: 20f.).

Eine zweite Funktion der Beratung an Grenzstellen kann sein, Impulse aus der Umwelt aufzugreifen, um Prozesse der Organisation zu optimieren. Probleme, die in der Behandlung eines Patienten aufgetreten sind, können beispielsweise in einer Supervisionssitzung behandelt werden, und aus der Diskussion können dann Rückschlüsse für die zukünftige Behandlung ähnlicher Fälle gezogen werden. Die anstehende Akquise eines wichtigen Kunden kann in einer Beratungssitzung vorgedacht werden und der gemeinsam erarbeitete Prozess zu einer Routine entwickelt werden, die in ähnlich gelagerten Akquise-Gesprächen angewandt werden kann.

Das Rückspiegeln der Grenzstellenerfahrungen kann in verschiedenen Formen stattfinden. Gerade wenn mehrere Personen an einer personenorientierten Beratung teilnehmen, kann sich durch das Beratungsgespräch eine neue Praxis mehrerer Personen ausbilden, die dann lediglich später durch eine offizielle Entscheidung ratifiziert wird. In der Beratungssituation kann auch deutlich werden, dass es ein Problem in den offiziellen Regelungen gibt, und der Beratene kann diesen Klärungsprozess zum Anlass nehmen, eine neue Regelung bei seinen Vorgesetzten einzuklagen. Oder der Berater selbst nimmt eine Diskussion in einer Supervisions- oder Coachingsitzung zum Anlass, um bei einem Rückmeldegespräch mit seinen Auftraggebern aus der Personalentwicklung auf ein immer wiederkehrendes Problem in der Organisation hinzuweisen.

Neben diesen offen kommunizierbaren Funktionen kann auch noch eine dritte, schwerer kommunizierbare Funktion beobachtet werden: Die Neutralisierung von Problemen für die Organisation (vgl. generell zu dieser Funktion Adams 1980: 348ff.). Dieser Effekt entsteht, wenn die Themen, die in der Beratungssituation behandelt werden, danach für die Organisation selbst nicht mehr zur Verfügung stehen. Die Unzufriedenheit eines Kunden mit einem Produkt wird im Coaching behandelt und dann – vielleicht aufgrund einer befriedigenden Lösung des Einzelfalls – nicht mehr an die Organisation weitergegeben. Die Probleme der Grenzstellen-Mitarbeiter erschöpfen sich in der Beratung selbst und werden in der Organisation nicht zum Anlass für organisatorisches Lernen genommen.

In einer Beratungssituation können die verschiedenen Funktionen unterschiedlich gewichtet sein. In einer Supervision, die vorrangig der Ausbildung eines unerfahrenen Lehrers, Arztes oder Außendienstmitarbeiters dient, mag die Vermittlung von Organisations- oder Professionswissen im Mittelpunkt stehen. Bei der Behandlung eines komplizierten Falles eines Lehrers, eines Arztes oder eines Therapeuten kann die vorrangige Funktion einer Supervision darin bestehen, eine Praxis zu entwickeln, die weit über die Grenzen der Beratungssituation eine Wirkung erzielt. In Krisensituationen kann sich aber auch die Funktion ausbilden, dass die Probleme, die ein Mitarbeiter an der Grenzstelle hat, so bearbeitet werden, dass die Erkenntnisse aus der Problembearbeitung für die Organisation verloren gehen (oder positiv ausgedrückt: die Organisation vor zu vielen irritierenden Lernimpulsen geschützt wird).

Welche Funktion sich durchsetzt, hängt stark von der offiziellen Rahmung der Beratung ab. Wenn die Beratung von vornherein als „Ausbildungssupervision" oder „Ausbildungscoaching" ausgeflaggt wird, dann spielt vermutlich die Funktion der Vermittlung organisations- oder professionsinterner Standards eine wichtige Rolle. Wenn mehrere Psychiater in einer Beratungssitzung zusammenkommen, um einen Fall zu besprechen, dann spielt vermutlich die Standardisierung der „besten Praxis" oder die Entwicklung einer „neuen Praxis" eine wichtige Rolle. Wenn ein Klient in einer Einzelberatung den Berater als eine Art personalisierte Klagemauer nutzt, kann sich die Funktion einer „Neutralisierung" eines Problems für die Organisation durchsetzen.

1.2 Konflikte in Organisationen

Ein zentrales Arbeitsfeld von Supervisoren und Coachs sind die Konflikte, die sich in einem Unternehmen, einer Verwaltung, einem Krankenhaus oder einer Universität ausbilden. Personenorientierte Berater werden hinzugezogen, wenn Organisationsmitglieder hochgradig in einen Konflikt verstrickt sind, wenn der Eindruck besteht, dass die Konfliktdynamik immer mehr Zeit und Aufmerksamkeit absorbiert, und wenn die Konflikte verstärkt auch in die Privatsphäre der Organisationsmitglieder hineinzuragen drohen.

Als ein Einsatzfeld von personenorientierter Beratung wird dabei die Konfliktprophylaxe gesehen. Gerade bei neuen Arbeitssituationen könnten Berater und Klient gemeinsam potenzielle Konfliktherde identifizieren und nach Möglichkeiten suchen, diese zu beseitigen. Das zentrale Einsatzfeld von Coaching und Supervision besteht jedoch in der Bewältigung von Konflikten. Sind Konflikte in einer Organisation ausgebrochen, so beispielsweise Astrid Schreyögg, dann würden diese häufig als persönlich belastend empfunden. Da die unmittelbar an dem Konflikt Beteiligten häufig gezwungen seien, sich entweder auf die eine oder andere Seite zu schlagen, fehle es an Personen, die unbefangen von außen auf diesen Konflikt schauen. Ein Coach oder Supervisor könnte in dieser Situation neue Perspektiven anbieten (vgl. Schreyögg 2002: 35; Schreyögg 2007: 134).

Was aber genau ist ein Konflikt? Was unterscheidet Konflikte in Organisationen von Konflikten in Diskotheken, Ehen oder Supermärkten? Und welche Rolle spielen Coaching und Supervision bei der Bearbeitung von Konflikten?

Konflikt – ein kommuniziertes Nein

Konflikte liegen immer dann vor, wenn eine Person (oder auch eine Organisation oder ein Staat) einem anderen mitteilt, dass sie nicht bereit ist, die Position des anderen zu akzeptieren, die andere Partei aber auf ihrer Position beharrt. Kurz: Mit Konflikten haben wir es zu tun, wenn eine Seite ein „Nein" kommuniziert und sich die andere Partei mit diesem Nein nicht zufrieden geben will. Wenn man von der Chefin eine Gehaltserhöhung will und diese die Bitte ablehnt, liegt also noch kein Konflikt vor. Dieser entsteht erst, wenn der Mitarbeiter die Debatte über dieses Thema fortführt und auf seiner Position beharrt (siehe dazu Luhmann 1975b: 16; Luhmann 1984: 530).[32]

Konflikte liegen also nicht bereits bei der Existenz von Interessensgegensätzen vor (sonst wären alle Gesellschaften nur als eine einzige Aneinanderreihung von Konflikten zu verstehen), aber die meisten Konflikte bilden sich aufgrund von Interessensgegensätzen aus. Schließlich fällt es schwer, einen Konflikt zu beginnen, wenn man das gleiche will. Interessant ist, dass viele konfliktträchtige Lagen nicht zu einem Konflikt führen. Die unterschiedlichen Interessen von Produktentwicklung und Fertigungsplanung haben nicht automatisch zur Folge, dass diese sich in einer Dauerfehde ineinander verbeißen. Eine konfliktträchtige Lage zwischen der Arbeiterklasse und der Bourgeoisie führt – wie die Marxisten schmerzhaft lernen mussten – nicht automatisch zu Klassenkämpfen.

Wenn sich jedoch Konflikte ausbilden, dann handelt es sich um intensive Beziehungen. Konflikte zwischen Personen, Gruppen, Organisationen oder auch Staaten sind häufig eindringlicher als Liebesbeziehungen, Fan-Partnerschaften zwischen befreundeten Hooligangruppen, gelungene Kooperationsbeziehungen zwischen zwei Organisationen oder Nichtangriffspakte zwischen Staaten. Haben sich zwei Parteien erst einmal auf einen Konflikt eingelassen, so Niklas Luhmann, gebe es kaum noch Schranken für den „Integrationssog", der von dem

Konflikt ausgeht (vgl. Luhmann 1984: 532). Die Konfliktparteien scheinen häufig machtlos zuzusehen, wie sich zuerst ihre Standpunkte verhärten, die Debatten zunehmend polemischer werden und sich stereotype Feindbilder ausbilden. Immer öfter scheinen öffentliche und persönliche Angriff zu erfolgen. Es wird mit begrenzten Vernichtungsschlägen gedroht, und am Ende steht die Bereitschaft, den „Feind" zu vernichten, sogar um den Preis der Selbstvernichtung (vgl. für verschiedene Eskalationsstufen Glasl 1990: 215ff.).

Die Intensität von Konflikten hängt damit zusammen, dass Konflikte dazu tendieren, alle anderen Aspekte einer sozialen Beziehung zu überlagern. Dies wird besonders in Face-to-Face-Interaktionen deutlich. Wird beispielsweise in einem Gespräch durch ein Nein ein Thema zum Konflikt gemacht, gibt es kaum noch Raum für andere Themen. Man kann den Konflikt unmöglich im Gespräch nebenherlaufen lassen. In Gesprächen besteht deswegen, so Niklas Luhmann, nur die Wahl, „Konflikte zu vermeiden oder Konflikt zu sein" (vgl. Luhmann 1975b: 17). Aber auch in Organisationen kann man beobachten, dass ein Konflikt zwischen zwei Abteilungsleitern sich so verhärtet, dass Kooperationsmöglichkeiten gar nicht mehr erkannt werden.

Diese Beschreibungen treffen auf jede Form von Konflikt zu. Was ist jetzt aber das Besondere an Konflikten in Organisationen?

Zwei Formen von Konflikten in Organisationen

Wir kennen eine Vielzahl von Konflikten in Organisationen: die Auseinandersetzung zwischen einem Mitarbeiter und einem Vorgesetzen über Lohnerhöhungen, die Auseinandersetzungen zwischen Produktionsabteilung und Marketing über die richtige Strategie oder die Debatte zwischen Ärzten, wie eine Kranke behandelt werden soll. Prinzipiell lassen sich jedoch zwei unterschiedliche Typen von Konflikten unterscheiden.

Der erste Typus von Konflikten betrifft das Verhältnis der Mitglieder zur Organisation. Es handelt sich um Lohnkonflikte, Konflikte um Arbeitsbedingungen, Auseinandersetzungen um Karrieren oder um Konflikte über die Grenzen der Autoritätsunterwerfung (vgl. Luhmann 1964: 243). Auch wenn bei dem Eintritt von Organisationsmitgliedern bereits einige Fragen grundsätzlich geklärt werden können – zum Beispiel Position, Arbeitszeiten und Entlohnung –, bilden sich gerade bei diesen Punkten immer wieder konträre Erwartungen aus. Um sich Flexibilität zu erhalten, können Organisationen nie genau im Vorhinein definieren, was auf ein Organisationsmitglied zukommen wird. Man will sich die Möglichkeit offen halten, das Organisationsmitglied auf eine andere Stelle zu verschieben und mit neuartigen Anforderungen konfrontieren zu können. Deswegen wird in Organisationen erwartet, dass jedes Mitglied bereit ist, die an sie herangetragenen Erwartungen der Organisationen im Rahmen einer häufig breit definierten „Indifferenzzone" zu erfüllen (vgl. Barnard 1938: 167). Da diese Zone, in der sich ein Mitglied gleichgültig gegenüber den Erwartungen zu verhalten hat, nie vorher genau festgelegt werden kann, besteht die Notwendigkeit regelmäßiger Nachjustierungen zwischen Organisation und Mitglied (vgl. Schimank 1986: 173).[33]

Die Konflikte dieses ersten Typus werden teilweise dadurch entschärft, dass sich mit Betriebs- und Verwaltungsräten spezialisierte Organisationseinheiten – und mit Gewerkschaften auch spezialisierte Organisationen – gebildet haben, die stellvertretend die Konfliktaustragung übernehmen. Damit erscheinen Auseinandersetzungen über Arbeitsbedingungen, Entlohnungen oder Entlassungen nicht ausschließlich als ein Konflikt zwischen einzelnen Mitgliedern und der Organisation. Vielmehr wird der Konflikt wenigstens teilweise als Konflikt zwischen Inhabern zweier Organisationsrollen – dem Vertreter der Organisation und dem Vertreter der Mitarbeiterschaft – reformuliert.

Der zweite Typus von Konflikten ergibt sich aus der Arbeitsteilung, die sich in jeder Organisation ausbildet. Ressortkonflikte, Ressortpartikularismus oder Abteilungsstreitigkeiten sind nur einige Begriffe, mit denen die Auseinandersetzungen zwischen unterschiedlichen Organisationseinheiten über Zuständigkeiten, knappe Ressourcen oder Fehlerverantwortlichkeiten bezeichnet werden. Die Unbestimmtheit des Gesamtzweckes einer Organisation führt dazu, dass die verschiedenen Abteilungen einer Organisation nicht wie Rädchen einer Maschinerie ineinander greifen. Man kann – je nach Abteilungsperspektive – ganz unterschiedlicher Meinung sein, wie Kranke in einem Krankenhaus zu behandeln sind, Bürger in der Verwaltung beraten werden sollen oder Profite im Unternehmen erreicht werden können (vgl. Luhmann 1964: 241).

Dieser Typus von Konflikten ist dadurch gekennzeichnet, dass sie von Personen als Vertreter unterschiedlicher Organisationsrollen geführt werden können. Es handelt sich dann auch in der Wahrnehmung Dritter beispielsweise nicht um einen Konflikt zwischen Frau Meier und Herrn Schmitt, sondern um einen Konflikt der Vertreterin des Maschinenwartungsteams mit der Leitung der Produktionsabteilung. Wir wissen aus einer Vielzahl von Organisationsstudien, dass diese Konflikte sich fortsetzen, auch wenn jeweils andere Abteilungsrepräsentanten geschickt werden oder gar das konkrete Personal in den Teams und Abteilungen wechselt (vgl. nur zur Tabakindustrie beispielsweise Crozier 1964).

Bei allen prinzipiellen Unterschieden können sich die beiden Konflikttypen in der konkreten Situation vermischen: Wird der Ausbau einer psychiatrischen Abteilung in einem Krankenhaus deswegen propagiert, weil der ärztliche Leiter hier Chancen zur Profilbildung sieht, oder geht es vorrangig um die Stärkung der eigenen Position? Wird die „Eroberung des chinesischen Marktes“ durch einen Automobilkonzern betrieben, weil dies die ureigenste Aufgabe der Stabsstelle „Globale Marktpositionierung“ ist oder weil sich einzelne Personen mit dieser Strategie eine Stärkung ihrer eigenen Rolle in der Organisation versprechen? Weil die persönlichen Karriere-, Entlohnungs- oder Beschäftigungssicherungsziele immer wieder mit den Zielen der Organisation verquickt werden und teilweise beachtliches Geschick von Organisationsmitgliedern besteht, den eigenen „Wagen an die Zapfstellen zulässiger Argumente heranzufahren“, müssen die Konflikttypen immer wieder analytisch mühsam auseinander gezogen werden (vgl. Luhmann 1965: 181).

Rollenkonflikte und Personenkonflikte

Konflikte in Organisationen können sich als Konflikte zwischen *Rollen* oder als Konflikte zwischen *Personen* ausbilden. Dabei ist bei Konflikten, die die Mitgliedschaftsfrage betreffen, die Wahrscheinlichkeit groß, dass sich diese als Personenkonflikte darstellen – jedenfalls als ein Konflikt einer Person mit dem System. Die Konflikte, die sich aus der Arbeitsteilung ergeben, bieten sich – wie gezeigt – an, um diese als Konflikte zwischen Rollenträgern zu führen. Aber prinzipiell kann bei beiden Konflikttypen entweder die personale oder die rollenspezifische Komponente betont werden. Eine ungewünschte Versetzung innerhalb der Organisation kann man als Konflikt zwischen der Organisation einerseits und einem selbst andererseits in seiner Rolle als Organisationsmitglied begreifen. Man kann aber die Versetzung auch persönlich nehmen und die Versetzung als Affront gegen die eigene Person begreifen (siehe hierzu mit etwas anderer Terminologie bereits früh Simmel 1992: 284ff.).

In der Organisation werden Konflikte zwischen *Rollen* als legitime Auseinandersetzungen gehandhabt. Hinter dem Konflikt zwischen Rollenträgern wird von allen Beobachtern ein Organisationskonflikt gesehen und dem Konflikt damit ein Mindestmaß an Rationalität zugestanden. Es wird nicht nur durch von außen beobachtende Soziologen, sondern auch von Organisationsmitgliedern selbst als „normal“ angesehen, wenn die oberste Produktentwicklerin und der Produktionsleiter sich über die Produktionsstrategie streiten oder sich innerhalb der Universität der Fachgruppensprecher Politologie mit dem Fachgruppensprecher Betriebswirtschaftslehre über die Sinnhaftigkeit der Einbeziehung von wissenschaftlichen Mitarbeitern in die Lehre auseinander setzen. Wenn ein Produktioner, ein Marketingmensch, ein Logistiker oder ein Controller seine Position mit dem Nutzen für die Organisation begründet, dann macht er sich nicht persönlich angreifbar. Solche Positionen sind deswegen in besonderer Weise „für die

Öffentlichkeit", aber auch „für die Akten" geeignet (vgl. Luhmann 1962: 14). Der vermeintliche Nutzen für die gesamte Organisation besteht darin, als „semantisches Bollwerk" zu dienen, um die Position der Konfliktparteien zu legitimieren (vgl. Dalton 1959).[34]

Konflikte zwischen *Personen* entstehen dann, wenn die Auseinandersetzungen nicht nur als ein Rollenkonflikt geführt werden, sondern sich Personen – unabhängig von ihren Rollen – an diese Konflikte binden. Die Auseinandersetzung ist dann nicht mehr nur eine Auseinandersetzung zwischen oberster Produktentwicklerin und Produktionsleiter oder zwischen den beiden Fachgruppensprechern, sondern zwischen zwei Personen. Wenn Personen sich dann nicht nur mit ihrer Rolle, sondern mit ihrer Identität als Person an die Konflikte binden, dann können sich solche Konflikte auch fortsetzen, selbst wenn die Situation eine andere Konfliktlage nahe legen würde oder die Personen bereits andere Rollen in der Organisation einnehmen. Finden diese persönlich zugerechneten Konflikte in verschärfter Form statt, werden sie als „Hahnenkämpfe", als „Zickenkrieg" oder als „Problem in der Chemie" interpretiert und dadurch tendenziell delegitimiert.

Formale und informale Wege der Konfliktaustragung in Organisationen

Konflikte *in* Organisationen unterscheiden sich von Konflikten in Liebesbeziehungen, in Jugendgangs, zwischen Organisationen oder zwischen Staaten durch eine Besonderheit: Sie sind im Prinzip immer durch Rückgriff auf die Hierarchie auflösbar. Auseinandersetzungen innerhalb einer Organisation können – wenn man sich nur die Formalstruktur anschaut – immer mit dem Spruch „Danke für Ihre Meinung, als Chef entscheide ich" beendet werden (vgl. Kühl 1994: 89ff.). In jeder Organisation gilt deswegen die Regel, dass der nächste gemeinsame Vorgesetzte zu rufen ist, wenn „die Lösung nicht mit rationaler Argumentation gefunden werden kann" (vgl. Luhmann 1965: 181).[35]

Diese durch die Hierarchie legitimierte Basta-Kompetenz hat für die Organisation Vorteile. Organisationen können ein hohes Maß an internen Meinungsverschiedenheiten oder sogar offenen Streit tolerieren, weil allen Beteiligten klar ist, dass notfalls die Hierarchie konfliktentschärfend einwirkt. Gerade im Vergleich zu jungen Ehen, in denen oft mühsam eine „Konsensfiktion" aufgebaut werden muss (vgl. Eckert/Hahn/Wolf 1989), kann man in Organisationen ein hohes Maß an Bereitschaft beobachten, in Konflikte zu gehen, wissend, dass im Hintergrund eine Instanz existiert, die diese Konflikte notfalls schlichten kann (vgl. Luhmann 1964: 241).

Jetzt wissen wir aber aus der Organisationsforschung auch, dass nur eine geringe Anzahl von Konflikten bis zu einer formalen Entscheidung durch einen Hierarchen gebracht wird. Manche Themen sind für den Dienstweg viel zu heikel. Eine Beschwerde gegen die Beförderung eines Kollegen oder der noch nicht belegbare Korruptionsverdacht gegen einen Zulieferer machen sich in der offiziellen Form nicht besonders gut. Und selbst „der Konfliktstoff, der auf den Dienstweg paßt", würde diesen, so das organisationssoziologische Argument, „hoffnungslos verstopfen, wenn er ohne Vorsortierung dorthin gelangte" (vgl. Luhmann 1965: 181). Ob Konflikte überhaupt auf den Dienstweg gebracht werden, ist durch die Existenz einer Hierarchie allein noch nicht ausgemacht. Die Formalisierung eines Konfliktes wird, so Luhmanns Beobachtung, von Routiniers deswegen als rein „taktische Frage" behandelt. Das Einschalten eines Vorgesetzten, die Berufung auf die offizielle Regelung oder das Zu-Protokoll-Geben eines Konfliktes sind in Organisationen nur untergeordnete Strategien in einer viel weiter gespannten Konfliktkonzeption (vgl. Luhmann 1964: 244).

Viel häufiger finden wir in Organisationen informale Strategien des Konfliktverhaltens. Die „guten Beziehungen" zu anderen Stellen, der „Zugang zu Sachmitteln", die „Zugehörigkeit zu Cliquen", die „Dankansprüche auf Grund vergangener Leistungen", die „Unentbehrlichkeit infolge fachlicher Qualifikation", die „Kenntnisse von Geheimnissen", „persönliche oder politische Freundschaften und Feindschaften", das Einsetzen von „Mobbing", um Personen dazu zu bringen, sich „richtig" zu verhalten, „nicht vorgeschriebene, aber eingewöhnte Beteiligungsrechte", die „Unklarheit in der Rechtslage oder Möglichkeiten der Umgehung von Vorschriften" oder die „zeitweilige Besetzung gegnerischer Positionen mit Vertretern oder Neulingen" werden eingesetzt und ausgenutzt, um seine eigene Position in einer Auseinandersetzung abzusichern (vgl. Luhmann 1964: 245; Luhmann 1965: 181).

So wenig diese Vorgehensweisen auch formal legitimiert werden können, so sehr können sie nur mit Rücksichtnahme auf die formale Organisation durchgeführt werden. Die formale Organisation, so Luhmann, bestimmt in mannigfacher Weise die „Topographie der Landschaft", in der sich „die Manöver" bewegen. Die Formalstruktur legt fest, was offen ausgesprochen werden kann und was als nicht aussprechbar aus Sitzungen und Workshops herausgehalten werden sollte. Die formalen Vorschriften dienen dazu, jeden „offensichtlichen Verstoß gegen sie zu vermeiden", um sich keine Blöße zu geben und im Gegenteil eventuelle Verstöße des Konfliktgegners auszunutzen. Und nicht zuletzt wird immer wieder die Formalstruktur ins Gespräch gebracht, weil dies letztlich alle Konfliktteilnehmer daran erinnert, dass sie die Konflikte auf der Basis der Fortsetzung der Mitgliedschaft führen (vgl. Luhmann 1964: 245f.).

Man kann das Zusammenspiel von formalen und informalen Wegen der Konfliktaustragung als die Besonderheit von Konflikten in Organisationen gegenüber Konflikten in Ehen, Gruppen, Staaten oder in sozialen Bewegungen begreifen. Wegen der Verknüpfung von formalen und informalen Komponenten der Konfliktausübung kommt es in Organisationen zu einem „ganz eigenartigen Stil der Kontroversen und Kämpfe", die, so Luhmann, sehr viel Disziplin, Feinfühligkeit und Sachkenntnis verlangen. Auseinandersetzungen müssen stets mit „Rücksicht auf die fortbestehende formale Kooperation geführt werden" und erscheinen daher oft „wie Kämpfe unter unsichtbaren Gegnern". Man deutet an, dass man wichtige Informationen über die gegnerische Seite besitzt, nutzt eine kleine Unaufmerksamkeit aus oder hält Informationen zurück. Kommt es jedoch vor, dass sich in einem Konflikt die eine oder andere Seite auf die formalen Bedingungen der Organisation bezieht, dann gibt es kaum Wege, sich „offiziell" der formalen Klärung eines Konfliktes zu entziehen (vgl. Luhmann 1964: 246).

Die informalen Formen der Konfliktaustragung geben der Organisation eine gewisse Leichtigkeit. Auseinandersetzungen müssen nicht sofort formal entschieden werden, sondern man kann im Informalen seine Kräfte messen. Aus der laufenden Praxis ergeben sich häufig bereits neue Lösungen, neue Machtverhältnisse, die über längere Zeit – ohne formale Absicherung – praktiziert werden können. Die formale Entscheidung – zum Beispiel die Beförderung einer bereits informal deutlich über die hierarchische Position hinausgehende Führungskraft – dient dann nur noch zur Ratifizierung dessen, was in der Organisation vorher sowieso schon gelebt wurde (vgl. Luhmann 1964: 246f.).

Gleichzeitig verhindert die Existenz der formalen Ordnung, dass sich eine Organisation „balkanisiert" und an nicht enden wollenden informalen Konflikten zugrunde geht. Alle Beteiligten sind sich klar darüber, dass in Organisationen Konflikte letztlich formal entschieden werden können. Konfliktparteien dämpfen deswegen häufig die Heftigkeit ihrer offenen Auseinandersetzungen, weil sie sich dessen bewusst sind, dass diese notfalls auf der nächsthöheren hierarchischen Ebene entschieden werden können. Weil man sich jedoch unsicher ist, wie eine formale Konfliktentscheidung ausfällt und weil man weiß, dass Hierarchen nur ungern formal Entscheidungen über Konflikte treffen, wird diese Möglichkeit in Organisationen jedoch relativ selten genutzt (vgl. Luhmann 1964: 247).

Welche Rolle spielen jetzt Supervision und Coaching bei der Behandlung von Konflikten?

Die Funktion des Coachings und der Supervision: Konfliktisolation

Die Herangehensweise von Coachs und Supervisoren unterscheidet sich grundlegend von der von Mediatoren. Bei einer Mediation werden die beiden Konfliktparteien entweder gemeinsam zu einem Mediationsgespräch in einem Raum zusammengeholt, oder der Mediator pendelt in einer so genannten Shuttle-Mediation zwischen den Konfliktparteien hin und her und versucht, diese in Einzelgesprächen zu einer Einigung zu bringen. Der Mediator handelt dabei immer im Auftrag von beiden Konfliktparteien und kann seine Wirkungen nur erzielen, wenn er nicht eindeutig Partei ergreift. Coachs und Supervisoren beraten dagegen beim Konfliktcoaching oder bei der Konfliktsupervision immer nur eine Konfliktpartei und würden gegen ihre eigenen professionellen Standards verstoßen, wenn sie als Berater zweier Konfliktparteien aufträten (siehe den Überblick bei Wall/Lynn 1993; siehe auch Irle 2001; Glenewinkel 2003).[36]

Coachs und Supervisoren versprechen dem Klienten mehr Klarheit über die „Struktur“ des Konfliktes, eine Reflexion über seine Rolle in dem Konflikt und mögliche Ansätze für die Bearbeitung des Konfliktes. Das Versprechen ist, dass Coachs und Supervisoren helfen, die Ursachen eines Konfliktes zu analysieren und zu klären, inwiefern der Konflikt auf die Ausübung bestimmter Rollen innerhalb der Organisation zurückzuführen ist (vgl. Böning/Fritschle 2005: 180ff.). Auf der Basis der Analyse entwickeln Coachs und Supervisoren mit ihren Klienten dann gezielte Strategien, um mit dem Konfliktherd umzugehen. Diese neuen Konfliktstrategien werden anschließend in Rollenspielen eingeübt (Schreyögg 2007: 136ff.).

Beim Umgang mit Konflikten können Coachs und Supervisoren zwei unterschiedliche Zurechnungsformeln nutzen: auf die Rolle oder auf die Person. Mit der Zurechnung auf die Rolle wird letztlich ein Verweis auf die Organisation selbst vorgenommen. Konflikte werden dabei als Ergebnis konkurrierender Organisationsrollen, als Ausdruck widersprüchlicher Programmierungen oder als zwangsläufig zu Konflikten führende Formen der Arbeitsteilung verstanden. Mit der Zurechnung auf Personen wird ein Organisationsproblem personalisiert und damit der Bezug auf die Organisation abgeschwächt.

Prinzipiell ist es vorstellbar, dass in der personenorientierten Beratung beide Zurechnungsmöglichkeiten gleichrangig mobilisiert werden können. Supervisoren oder Coachs können von der Organisation nicht daran gehindert werden, den Klienten in einem Beratungsgespräch immer wieder darauf hinzuweisen, dass die Ursachen für die Konflikte nicht in den Personen, sondern in der Organisation liegen. Genauso können die Supervisoren oder Coachs die Ursachen des Konfliktes und damit auch die Lösungsansätze aber auch in der Person des Klienten (oder des Konfliktpartners des Klienten) vermuten.

In der Anlage von Coaching- und Supervisionssitzungen ist jedoch ein Mechanismus eingebaut, der dazu führt, dass sich besonders personale Zurechnungen von Konflikten anbieten. Die Erwartung an jede Form von Beratung ist, dass nicht nur Ursachen analysiert, sondern auch Lösungen angeboten werden. Der Effekt dieser Erwartungen ist, dass jede Beratung dazu tendiert, die Probleme des Klienten so zu definieren, dass im vorgegebenen Beratungsrahmen eine Lösung gefunden werden kann. Wenn ein Beratungsteam die Aufgabe bekommt, die Qualitätsprobleme von Handwerkerteams zu reduzieren, dann werden die Berater dazu tendieren, die Ursachen der Qualitätsprobleme so zu definieren, dass diese auch in der Arbeit mit den Teams reduziert werden können – und zwar auch dann, wenn die Probleme vielleicht ganz woanders liegen (vgl. dazu Kühl 2007b). Wenn ein Coach oder ein Supervisor den Auftrag hat, durch eine personenorientierte Beratung Konfliktpotentiale zu reduzieren, dann bieten sich fast gezwungenermaßen Lösungen an, die in der Person des Klienten liegen (vgl. dazu Kühl 2007a).

Diese Zurechnung von Konflikten auf Personen kann für eine Organisation funktional sein. Organisationen tendieren dazu, Konflikte, die sie nicht lösen können oder wollen, als Konflikte zwischen Personen zu definieren. Man kann dann durch die Zurechnung auf Herrn Meier oder Frau Schmidt dafür sorgen, dass grundlegendere Diskussionen unterbleiben, man kann diese Konflikte, wenn sie zu explodieren drohen, durch Personalentscheidungen zu kurieren trachten oder sie zur Bearbeitung in personenorientierte Beratungen auslagern (vgl. Luhmann 1964: 246ff.; siehe für die Anwendung auf Coaching und Supervision auch Kühl 2006a: 400f.; Taffertshofer 2007: 71ff.).

1.3 Neulinge: Eingewöhnung in nicht bekannte organisatorische Rollen

Ein zentrales Aufgabenfeld von Supervisoren und Coachs ist die Beratung von Neulingen. Der Einstieg in eine Organisation oder der Wechsel von Positionen innerhalb einer Organisation stellt häufig ein Schlüsselerlebnis für Organisationsmitglieder dar. Nicht selten werden die ersten Monate in einer neuen Position als ein „krisenhaftes Ereignis" wahrgenommen, das später häufig als „Ausgangspunkt für Erfolg oder Misserfolg" im Werdegang eines Organisationsmitglieds interpretiert wird (vgl. Schreyögg 2008: 8ff.).

Aber nicht nur für den Neuling, sondern auch für andere Mitglieder der Organisation ist diese Situation interessant. So gehört das Auftreten eines organisatorischen Neulings sicherlich auch mit zu den am aufmerksamsten beobachteten Situationen in Organisationen (vgl. Huczynski 2004: 109). Neue Untergebene werden von Chefs – so weit es ihre Zeit zulässt – aufmerksam zur Kenntnis genommen. Aus den ersten öffentlichen Auftritten oder ersten abgelieferten Arbeitspakten versuchen diese zu schließen, ob ihre Personalauswahl eine richtige war oder nicht. Neue Kollegen auf der gleichen hierarchischen Ebene werden daraufhin beobachtet, wie sie sich in das Team einfügen, welche Rolle sie für sich beanspruchen und wie sie sich gegenüber den Vorgesetzten verhalten werden. Besondere Aufmerksamkeit ziehen neue Chefs auf sich. Man fühlt, so Niklas Luhmanns (1962: 10) frühe Beobachtung aus der öffentlichen Verwaltung, die Nervosität auf den Fluren, wenn die Wahlresultate bekannt gegeben werden und sich ein neuer Chef am Horizont abzeichnet.

Die Probleme des Neulings in der Organisation kristallisieren sich bereits beim ersten Kontakt heraus. Ob es sich nun um den Kontakt mit Vorgesetzten, Kollegen oder Untergebenen handelt, der Neuling steht unter dem Druck, einen „guten ersten Eindruck" zu hinterlassen. Es gilt, so Niklas Luhmann, die „richtige Mischung von Respekt und Offenherzigkeit, von Bescheidenheit und selbstverständlicher Erfahrungssicherheit, von Angebot und Zurückhaltung" zu finden. Die Situation ist dabei für den neuen Chef oder die neuen Chefin besonders kompliziert, weil sie mit einer ganzen Reihe neuer Mitarbeiter konfrontiert werden und unter besonderer Beobachtung durch eine Vielzahl von Personen stehen und Fauxpas dadurch besonders auffallen (vgl. Luhmann 1962: 11).

Gerade Nachfolger von Personen, die lange Zeit auf einem Posten waren, sehen sich dabei mit einem Phänomen konfrontiert, das der amerikanische Soziologe Alvin Gouldner (1954: 80) als „Rebecca-Mythos" bezeichnet hat. Gouldner arbeitet heraus, wie ein neuer Chef permanent mit seinem Vorgänger verglichen wird und Letzterer im Klatsch der Mitarbeiter immer weiter verklärt wird. Gouldner vergleicht das Problem des neuen Chefs mit dem der zweiten Ehefrau in dem Roman „Rebecca" von Daphne du Maurier. Wie der neue Chef würde auch die neue Ehefrau des deutlich älteren Witwers darunter leiden, dass sie sich unablässig mit dessen erster Frau Rebecca verglichen fühlt (vgl. Maurier 1940).

Aus der Organisationssoziologie weiß man, dass neue Mitarbeiter, die von außen kommen, mit ganz anderen Herausforderungen zu kämpfen haben als Mitarbeiter, die intern für einen freigewordenen Posten rekrutiert werden. Mitarbeiter, die neu in eine Organisation eintreten, haben den Vorteil, dass sie sich nicht an ihre eigenen Vorentscheidungen gebunden fühlen müssen. Sie können deswegen Neuerungen häufig unbefangener angehen und sich Neuerungen, die mit ihrem Eintritt in die Organisation erzielt wurden, als persönlichen Erfolg zurechnen lassen. Aber sie haben damit zu kämpfen, dass sie nur sehr sparsam über die informalen Prozesse in der Organisation informiert werden (vgl. Luhmann 1962: 19f.). Joseph Bensman und Israel Gerver (1963: 562ff.) zeigen am Beispiel eines Produktionswerkes für Militärflugzeuge, dass Neulinge in der

Organisation offiziell vermittelt bekommen, dass der Einsatz von Gewindebohrern zum Nachjustieren von Löchern strikt verboten ist, weil diese Form der handgemachten Anpassung die mühsam errechnete Statik der Flugzeuge verzerren könnte. Erst sehr langsam werden sie dann damit vertraut gemacht, dass in dem Werk Gewindebohrer – unter Beachtung einer Vielzahl von informellen Regeln – doch eingesetzt werden können.

Anders ist die Situation für einen Neuling auf einem Posten, der vorher schon für die gleiche Organisation tätig gewesen ist. So ein Neuling sei, so Luhmann (1962: 19), bereits „sozialisiert", ihm seien die „lokalen Systeme" der Organisation bekannt, er habe ein „persönliches Gesicht", und man meine deswegen zu wissen, was „man von ihm erwarten kann". Er könne sich seiner alten Kontaktnetze bedienen und auch, das ist sein Vorteil, Ansprüche durchsetzen, zu denen er von seiner formalen Position her vielleicht nicht berechtigt ist. Aber genau dieses alte Kontaktnetz stelle auch den Nachteil eines Neulings dar. Ein bekannter Neuling müsse sich entsprechend seiner neuen Position verhalten und müsse genau deswegen zunächst Erwartungen enttäuschen, die sich aufgrund seiner alten Position ergeben haben.

Die drei Perspektiven des Neulings: Chefs, Kollegen und Untergebene

Die Probleme des Neulings in einer Organisationen stellen sich in der Regel auf drei Ebenen: im Umgang mit Kollegen, im Umgang mit Vorgesetzten oder im Umgang mit Untergebenen. Davon gibt es nur wenige Ausnahmen – beispielsweise wenn man „ganz unten" in einer Organisation einsteigt, wenn man auf eine Spitzenposition in einer Organisation berufen wird oder wenn man für eine der raren, sich „selbstverwaltenden" Kleinstorganisationen arbeitet, in denen sich alle Mitglieder der Organisation auf der gleichen hierarchischen Ebene befinden. Dabei sind die Anforderungen des Umgangs auf diesen drei Ebenen jeweils sehr unterschiedlich.[37]

Der Aufbau von Kollegialität mit Mitarbeitern auf der gleichen hierarchischen Ebene ist zentral. Über die Kollegen wird man in die informellen Strukturen der Organisation hineinsozialisiert, von ihnen lernt man die kleinen Tricks, mit denen man sich die Arbeit erleichtern kann, und auf sie ist man angewiesen, wenn es darauf ankommt, eigene kleine Missgeschicke gegenüber Vorgesetzten oder Kunden zu verbergen (vgl. Evan 1963). Zum Aufbau von Kollegialität ist ein hohes Maß an Disziplin notwendig: Signalisierung von kommunikativer Offenheit und wechselseitiger Achtung, Drosselung von Konkurrenz beim Kampf um Ressourcen oder Posten und Verzicht auf übermäßige Profilierung gegenüber Kunden (vgl. Luhmann 1965: 171). Gerade Neulinge werden von

Kollegen sehr sorgfältig daraufhin beobachtet, ob sie sich an diese Normen halten oder nicht.

Das Verhältnis des Neulings gegenüber dem Vorgesetzten wird dagegen durch andere Rahmenbedingungen beeinflusst. Einerseits wird die Situation durch die Zeitknappheit von Chefs entspannt. In der Regel ist ein direkter Face-to-Face-Kontakt mit dem neuen Vorgesetzten auf wenige Zeitfenster beschränkt. Andererseits führt aber genau diese Zeitknappheit des Vorgesetzten zu einem hohen Druck auf den neuen Untergebenen in diesen häufig recht kurzen Interaktionsfenstern. Und dieser Druck kann dann dazu führen, dass sich der Neuling gerade in den kurzen Interaktionsmomenten mit seinem Vorgesetzten nicht adäquat verhält.

Die Situation des neuen Chefs stellt sich wiederum anders dar. Das Hauptproblem des neuen Chefs ist, dass er von seinen eigenen Untergebenen erst einmal vorsichtig darauf abgetastet wird, inwiefern er sich als Vorgesetzter und inwiefern er sich als Kollege gebärdet. Es ist für Untergebene schwer einzuschätzen, welchen Führungsstil er zu pflegen vorhat, wie er sich in Konfliktsituationen verhalten wird und wie er beispielsweise die Überbringer schlechter Nachrichten behandeln wird. Der sich hieraus ergebende Effekt ist häufig eine hohe Vorsicht der Untergeben gegenüber dem Vorgesetzten und dadurch nicht selten eine über längere Zeit andauernde „Unterversorgung mit Informationen" des Vorgesetzten (vgl. Luhmann 1965: 173).

Untergebene, Kollegen und Vorgesetzte stellen also ganz unterschiedliche Anforderungen an den Neuling, und dieser muss mit den verschiedenen Erwartungen umgehen. Dieses Problem lässt sich wenigstens teilweise durch Publikumstrennung reduzieren. Man zeigt sich gegenüber dem Chef respektvoll, stellt aber dadurch, dass man bei Abwesenheit des Chefs über ihn lästert, Kollegialität mit Gleichrangigen her. Oder man vermeidet als neue Chefin, dass die Mitarbeiter ihr Verhalten in kritischen Situationen gegenüber ihrem eigenen Chef mitbekommen, weil diese dies als übermäßig devot auslegen könnten.

Ein Fall, mit dem man dies illustrieren kann, ist die „Namenspolitik", die ein Neuling in einer Organisation betreibt. In Schulen und Universitäten würden sich, so die Beobachtung von Andrezj Huczynski (2004: 109), viele Deborahs, Michaels, Angelas, Christophers und Susannes in Debbies, Mikes, Angies, Chrises und Susies verwandeln. Die interessante Frage ist jetzt, wem gegenüber sie sich im Berufsleben wieder in Deborahs, Michaels, Angelas, Christophers und Susannes zurückverwandeln würden. Wenn man sich mit diesen Kurzformen bei Kollegen einführt, kann dies Vertraulichkeit signalisieren, gegenüber Untergebenen und Vorgesetzten wird dann aber häufig die Langfassung verwendet, die mit ihren drei oder vier Silben mehr Platz beansprucht und mehr Zeit verlangt, sie auszusprechen. Im Rahmen der Publikumstrennung können Neulinge sich sehr wohl unterschiedliche Namen zulegen, und in der Regel lässt sich dies auch durchhalten, wenn in einer Konferenz Untergebene den Nachnamen oder den langen Vornamen benutzen, Gleichrangige dann aber die Vertraulichkeit implizierende Kurzformel verwenden.

Aber gerade für Neulinge ist die Publikumstrennung nicht leicht zu managen. Es muss in jeder Situation austariert werden, welcher Ton angesagt ist und inwiefern man sich einen publikums- oder situationsspezifischen Ton zulegen kann oder nicht.

Neulinge und der schwierige Umgang mit der Differenz von Formalität und Informalität

Die Herausforderung für jeden Neuling besteht darin, dass Organisationen immer nur die formalen Erwartungen, die ein Neuling zu erfüllen hat, im Vorfeld regeln können. An wen ein neuer Mitarbeiter berichten muss, welchen formalen Regeln er unterworfen sein wird oder wo eine neue Chefin im Organigramm aufgehängt wird – all dies kann durch formale Entscheidungen festgelegt werden. Aber die Einbindung in die informelle Struktur kann nicht fixiert werden. Diese Einsetzung in das „formale Amt" bringt, so Luhmann, „noch keine Nachfolge in die informalen Funktionen des Vorgängers mit sich" (vgl. Luhmann 1962: 15).

Dabei geht es um die „Nachfolge" in allen drei Formen von Informalität – der regelkonformen Informalität, der regelverletzenden Informalität und der illegalen Informalität. Bei *regelkonformer Informalität* handelt es sich um Erwartungen an Organisationsmitglieder, die nicht gegen das Regelwerk der Organisation verstoßen, aber nicht mit Verweis auf die Mitgliedschaftsbedingung „formal" eingeklagt werden können. So kann die Erwartung, dass man sich kollegial zu verhalten hat, nicht formal durchgesetzt werden, sondern sie wird in der Regel informal durchgesetzt – und sei es unter Anwendung von kollegialem Druck, der häufig dann als Mobbing empfunden wird. *Regelverletzende Informalität* sind Erwartungen, die gegen das offizielle Regelwerk der Organisation verstoßen, aber für die Organisation funktional sind. Ein Beispiel für diese regelverletzende Informalität stellen die Erwartungen an Mitarbeiter dar, im Notfall länger als die betrieblich festgelegte Höchstarbeitszeit im Betrieb zu bleiben. *Illegale Informalität* ist dadurch gekennzeichnet, dass – wie beim Fall von Schmiergeldzahlungen an Politiker – die Erwartungen an das Organisationsmitglied nicht nur gegen das offizielle Regelwerk der Organisation verstoßen, sondern zusätzlich auch noch einen Gesetzesverstoß darstellen (vgl. früh schon Luhmann 1964: 283ff.; siehe auch Kühl 2007b: 270ff.)[38]

Häufig erkennt ein neuer Mitarbeiter gar nicht, welche informalen Rollen sein Vorgänger überhaupt ausgeübt hat. Es kann beispielsweise unklar bleiben, dass eine zentrale Rolle eines Vorgängers darin bestanden hatte, zwischen den verfeindeten Abteilungen der Produktentwicklung und des Verkaufs zu vermitteln. Oder es wird nicht kommuniziert, dass die eigentliche Rolle der Vorgängerin darin bestanden hat, die Mitarbeiter gegen die oberste Chefin abzufedern.

Selbst die Formulierung der informellen Erwartungen fällt gegenüber einem Neuling schwer. Es ist beispielsweise kompliziert, dem gerade neu angestellten wissenschaftlichen Mitarbeiter zu kommunizieren, dass von ihm nicht vorrangig brillante Fachartikel erwartet werden, sondern die Verbesserung der Atmosphäre am Lehrstuhl. Einer neuen Außendienstmitarbeiterin in der Pharmaindustrie kann man nur sehr begrenzt andeuten, in welcher Form auch nicht ganz legale Mittel eingesetzt werden sollen, um die Verschreibungspraxis eines Arztes für ein Medikament zu beeinflussen. Würde man dies einem Neuling kommunizieren, könnte er dieses als unpassend und stilwidrig ablehnen. Blamable Zurückweisungen wären der Effekt und werden deswegen von Vorgesetzten, Kollegen und Untergebenen anfangs meistens strikt vermieden (vgl. Luhmann 1962: 15).

Die Auswirkung ist, dass Neulinge anfangs nicht auf das gesamte Repertoire formaler und informaler Erwartungen zurückgreifen können. Dies wirkt sich besonders bei Vorgesetzten in ihren Anfangsmonaten in einer Organisation stark aus, entwickeln diese ihre Leistungsfähigkeit doch erst dann, wenn sie von ihren Untergebenen nicht nur das formal Vorgeschriebene, sondern das gerade für die Organisation notwendige Informale einfordern können. Schließlich ist in Unternehmen, Verwaltungen, Krankenhäusern oder Universitäten die formale Rolle nur ein „Gehäuse", in das sich Organisationsmitglieder zurückziehen, wenn sich scharfe Konflikte andeuten oder wenn es darum geht, bei organisationsöffentlichen Veranstaltungen Stil zu wahren. Vorgesetzte können erst dann wirklich effizient wirken, wenn sie von ihren Mitarbeitern verlangen können, dass sie mal länger im Haus bleiben, auch wenn die Arbeitszeitbeschränkung von vierzehn Stunden bereits überschritten ist, wenn sie verlangen können, dass Mitarbeiter bestimmte Regeln der Organisation flexibel auslegen oder dass sie auch Arbeitspakete erfüllen, die nicht in ihrer Stellenbeschreibung stehen (vgl. Luhmann 1964: 289f.).

Aber auch Untergebene sind darauf angewiesen, sowohl auf der Klaviatur der Formalität als auch der Informalität spielen zu können. Einem Neuling in der Organisation mag man verzeihen, dass er sich gegenüber seinem Vorgesetzten anfangs formal verhält. Aber behält er dieses Verhalten bei, dann handelt er sich Probleme ein. Wenn er nach dem Motto handelt, „mir kann nichts passieren, solange ich nur alles zuverlässig und pünktlich erledige", hat man angesichts dieser übermäßigen Betonung von Formalität bald ein Problem mit seiner Chefin, weil man der Organisation nicht die Flexibilität ermöglicht, die vorherrschen würde, wenn zwischen Formalität und Informalität hin- und hergewechselt würde (vgl. Luhmann 1964: 291f.).

Reaktionen des Neulings

Aus organisatorischer Perspektive ist nicht das persönliche Unwohlsein des Neulings ein Problem, sondern vielmehr, dass es zu seiner Isolierung in der Organisation kommen kann. Es könnten sich, so Luhmann, Cliquen von Alteingesessenen bilden, die gerade neue Chefs ausschlössen, sie formal „einspönnen" und auf ihre offiziellen Befugnisse reduzierten. Die Untergebenen würden die neuen Vorgesetzten als Zuschauer behandeln, für die sie eine „perfekt idealisierte Schau" veranstalten frei nach dem Motto: „Wir strebsam im Dienste des Kunden". Alle widersprüchlichen Informationen würden herausgefiltert, bevor sie bei der neuen Vorgesetzten aufschlagen, so dass diese keine Möglichkeit findet, ihre Mitarbeiter zu kritisieren, und die Mitarbeiter jeden „Zweifel an der Selbstdarstellung der Untergebenen" als stilwidrig zurückweisen können (vgl. Luhmann 1962: 21; siehe dazu auch Grusky 1960: 105).

Der Effekt ist, so Luhmann, häufig eine „kommunikative Isolierung" der neuen Chefs. Die Informationen erhalten sie nur gefiltert. Entscheidungen bewegten sich „in den Bahnen vorgezeichneter Alternativen". Auf Mängel der Organisation würden sie, wenn überhaupt, nur von außen hingewiesen, und wenn sie nachfassten, stießen sie bei ihren Mitarbeitern auf „vorbedachte Erläuterungen und Rechtfertigungen". Ein Vorgesetzter drohe dann der prominente Star zu bleiben, weil dies durch die Formalstruktur der Organisation so festgelegt sei, über sein Auftreten würde aber von anderen entschieden werden. Sein hoher Status würde nur noch zur „Ratifikation von Entscheidungen", zu „zeremoniellen Zwecken" und zur „Legalisierung problematischer Praktiken" genutzt werden (vgl. Luhmann 1962: 22).

Auf diese kommunikative Isolierung reagieren gerade neue Chefs häufig mit einem auch für die Organisation problematischen Reaktionsmuster: einer weiteren Bürokratisierung und Formalisierung des Handelns. Der isolierte Chef versuche, so die Beobachtung Luhmanns, primär mit den Mitteln der Formalorganisation zu reagieren. Er baue für jeden Fall ein „dichtes Netz allgemeiner Regeln" auf und richte „verlässliche Kontrollen" ein. Alles diene dazu, die informale Ordnung mit ihren „Tauschansprüchen", „persönlichen Verpflichtungen" und nicht durch das Regelwerk gedeckten „Hilfeleistungen" außer Kraft zu setzen (vgl. Luhmann 1962: 23).

Der Effekt kann ein Teufelskreis sein. Die Mitarbeiter reagieren auf die verschärfte Bürokratisierung und Formalisierung des Handelns mit einer Perfektionierung der Inszenierungen. Informationen werden noch stärker gefiltert und der Chef über kritische Aspekte noch mehr im Unklaren gelassen. Die Reaktion könnte dann wiederum eine Verschärfung formaler Anweisungen des Chefs sein, der versucht, über ein feingegliedertes Regelwerk bis in den operativen Bereich hineinzuregieren.

Welche Funktion erfüllt jetzt die personenorientierte Beratung bei der Integration von Neulingen?

Die Funktion personenorientierter Beratung: Zeitgewinn

Die personenorientierte Beratung hat sicherlich die Funktion, den Neuling über diese hier beschriebenen Effekte aufzuklären. Die Auseinandersetzungen mit dem Rebecca-Mythos, die Reflexion über Möglichkeiten, Zugänge zu informellen Informationen zu bekommen, und Strategien zur Vermeidung von Überrigiditäten in der Anfangszeit spielen in der personenorientierten Beratung von Neulingen eine wichtige Rolle (vgl. ausführlich Schreyögg 2008). Aber neben diesen offen kommunizierbaren Funktionen macht es Sinn, noch eine andere Funktion des Coachings und der Supervision von Neulingen ins Auge zu fassen.

Dabei muss das verstärkte Zurückgreifen auf das Coaching und die Supervision von Neulingen mit dem Bedeutungsverlust von Ritualen erklärt werden, die besonders in der Vergangenheit dazu dienten, Neulinge in die Organisation einzuführen. Wir wissen spätestens aus den militärsoziologischen Studien Morris Janowitz', mit welchen teilweise brutalen Zeremonien Neulinge in die Militärakademien aufgenommen werden, und vieles deutet daraufhin, dass die Situation in der russischen Armee nicht anders gewesen ist (und nach wie vor ist) (vgl. Janowitz 1960: 127ff.). Ähnliche Rituale zur Aufnahme von Neulingen, die in Frankreich als „Bizutage", in Italien als „Nonnismo" und in den USA als „Hazing" bezeichnet werden, kann man auch in einigen Universitäten beobachten. Beim Eintritt in religiöse Gemeinschaften gibt es ebenfalls – in diesem Fall von der Organisation meistens sogar formal verordnete – Rituale, die den Eintritt in die Organisation markieren.

Bei aller Brutalität, die diese Rituale für Neulinge haben können, ist sich die soziologische Forschung darin einig, dass deren Funktion darin besteht, die „informelle Eintrittszeit" in die Organisation zu verkürzen. Nach dem Überstehen (und manchmal auch dem Überleben) der Rituale werden die Soldaten, Studenten und Priester nicht nur formal als Mitglied angesehen (das würden sie auch ohne Rituale), sondern es wird eine Aufnahme in die informellen Netzwerke zelebriert.

Aber diese Form der informellen Aufnahme von Neulingen verliert, auch das lässt sich durch Forschungen nachweisen, zunehmend an gesellschaftlicher Akzeptanz. Sie mögen nach wie vor in Armeen, Polizeieinheiten und Sekten eine Rolle spielen, sind jedoch nicht auf jeden beliebigen Typus von Organisationen zu übertragen und eignen sich nur sehr begrenzt für die Aufnahme von Führungspersonal. Eine Bank, die zulassen würde, dass neue Abteilungsleiter in einem Aufnahmeritual stark alkoholisiert halb nackt auf einem Konferenztisch zu tanzen haben, würde vermutlich nicht nur auf Akzeptanzprobleme bei den Mitarbeitern stoßen, sondern hätte mittelfristig mit Rekrutierungsproblemen für ihre mittlere Führungsebene zu kämpfen.[39]

Die personenorientierte Beratung von Neulingen kann als ein funktionales Äquivalent zu diesen Aufnahmeritualen verstanden werden. Statt einer dramatischen Inszenierung der Aufnahme in die informellen Netzwerke wird dem Neuling eine Reflexion über seine neue Rolle in der Organisation angeboten. Durch die Beratung eines Externen wird das Isolationsproblem wenigstens zeitweise aufgelöst, weil es mit dem Berater jemanden gibt, mit dem man die Probleme in der neuen Rolle besprechen kann.

Natürlich hilft ein Coaching oder eine Supervision nicht, die Eingewöhnungszeit zu verkürzen oder bessere Zugänge zur Informalität der Organisation zu erhalten. Schließlich kennt der Berater sich als Externer in der Informalität der Organisation noch weniger aus als der Neuling. Aber die Beratung schafft Zeit. Der neue Mitarbeiter wird sich die informellen Zugänge mit der Zeit sowieso aneignen, und so kann die personenorientierte Beratung dazu beitragen, in der Übergangszeit eine „Gelassenheit gegenüber Komplexität zu entwickeln“ (vgl. Baecker 2006: 5) und vorschnelle Reaktionen des Klienten in für ihn ungewohnten Situationen zu vermeiden (vgl. Fuchs 2004: 239).

1.4 Auskühlung von unerwünschten Organisationsmitgliedern: Personenorientierte Beratung als organisiertes Würdeasyl

Ein weiteres Feld, in dem die personenorientierte Beratung in Organisationen zum Einsatz kommt, ist die Entfernung von Personal aus der Organisation. Manchmal stellt sich erst im Laufe eines Beratungsauftrages heraus, dass das Beratungsvorhaben in Wirklichkeit dazu dient, eine Person von „ihrer“ Organisation zu lösen. Man wollte – so dann die Sprachregelung – der Person über die personenorientierte Beratung noch eine Chance einräumen, habe aber nach Ende des Beratungsgesprächs feststellen müssen, dass diese nicht genutzt wurde. Häufig wird der Auftrag zur Lösung einer Person aus der Organisation aber auch explizit zu Beginn eines Beratungsauftrages ausgesprochen. Entweder die Organisation, die die Beratung bezahlt, oder der Klient oder die Klientin selbst äußern im Rahmen der Auftragsklärung die Erwartung, dass im Beratungsgespräch eine Trennung vorbereitet und begleitet wird.

Die Vorbereitung der Entfernung einer Person aus der Organisation kann durch die gleichen Berater durchgeführt werden, die sonst auch Personen an den Grenzstellen, Neulinge oder Konfliktgegner beraten. Unter dem Begriff der Outplacement-Beratung wird die Entlassungsbegleitung jedoch zunehmend auch von spezialisierten Beratungsdienstleistern angeboten. Bei der Outplacement-Beratung wird die personenorientierte Beratung kombiniert mit einer Unterstützung bei der Suche nach einem neuen Job. Nicht selten werden dabei auch Räumlichkeiten zur Verfügung gestellt, von wo aus die Entlassenen sich einen neuen Job suchen können.

Weswegen – so die soziologisch interessantere Frage – sind Organisationen, die sich von Mitarbeitern trennen, bereit, eine solche Beratungsleistung zu finanzieren?

Karriere-Macht und Exit-Macht – zwei Perspektiven auf Organisationen

Es gibt kaum etwas, das innerhalb einer Organisation eine so hohe Publizität hat wie Fragen, die direkt oder indirekt die Mitgliedschaft einer Person in Organisationen betreffen. Karrieresprünge, öffentliche Abstrafungen, prominente Versetzungen oder Entlassungen werden nicht nur von dem Betroffenen, sondern von einer Vielzahl von Mitgliedern zur Kenntnis genommen. Der Aufstieg in einer Organisation, der Verlust der Mitgliedschaft oder auch nur deren Gefährdung bietet Anlass für vielfältigste Gespräche auf den Gängen, und die Information über eine Entlassung verbreitet sich in der Regel wie ein Lauffeuer durch eine Organisation.

Hinter diesen Beobachtungen stecken zwei Mechanismen, mit denen Organisationsmitglieder motiviert werden, das zu tun, was die Organisation von ihnen erwartet. Der erste Mechanismus besteht aus der „Exit-Macht" von Vorgesetzten. Diese dient dazu, Organisationsmitglieder daran zu erinnern, dass ihre Mitgliedschaft von Bedingungen abhängt. Die mehr oder minder offene Drohung mit Entlassung hat dabei immer die Funktion, das Organisationsmitglied darauf aufmerksam zu machen, dass eine Organisation Erwartungen hat, die vom Mitglied zu erfüllen sind (vgl. Luhmann 1975a: 104ff., der nicht von „Exit-Macht", sondern von „Organisationsmacht" redet).

Der zweite Mechanismus basiert auf der „Karriere-Macht" von Vorgesetzten. Während die „Exit-Macht" sich darauf stützt, dass eine Nichtbefolgung von Anweisungen in letzter Konsequenz zur Entlassung führen kann, hängt die „Karriere-Macht" vorrangig davon ab, wie sich die Karriere innerhalb einer Organisation verändert (vgl. zur Karriere-Macht beziehungsweise Personalmacht Luhmann 1975a: 104). „Karriere-Macht" kann wesentlich subtiler als die „Exit-Macht" eingesetzt werden: durch Nichtberücksichtigung bei einer Neubesetzung einer Stelle, durch Verschieben auf eine formal gleichrangige, aber leicht unattraktivere Stelle oder durch Reduzierung der Mitarbeiterzahl eines Vorgesetzten.

Der zentrale Unterschied ist, dass sich die „Exit-Macht" auf „die Mitgliedschaft im ganzen bezieht", während die „Karriere-Macht" sich darauf stützt, dass man innerhalb einer Organisation eine spezifische Rolle mehr oder minder stark begehren mag (vgl. Luhmann 1975a: 105). Dadurch sind die Beobachtungsmöglichkeiten in der Organisation sehr unterschiedlich. Eine Entlassung aus der Organisation kann eindeutig beobachtet und zugerechnet werden, während für die Wirkung von Versetzungen, Aufstiegen oder Abstiegen häufig erst durch intensive Gespräche auf den Gängen eine gemeinsame Interpretation gefunden werden muss.

Das Besondere bei Entlassungen ist, dass der Mitgliedschaftsentzug – im Vergleich zu Stellenbesetzungen – selten akut wird. Gegen einen „Entzug der Mitgliedschaft aus disziplinarischen Gründen" kann man sich, so Niklas Luhmann (1975a: 105) schützen, indem man die „Minimalanforderungen erfüllt und nicht offen meutert". Weil die „Exit-Macht" vergleichsweise selten Anwendung findet, lösen Entlassungen besonderes Interesse aus. Sie werden von anderen Organisationsmitgliedern daraufhin beobachtet, ob sie primär durch eine Rezession bedingt wurden, ob die entlassenen Mitglieder sich etwas „zu Schulden kommen lassen haben" oder ob sie als „Bauernopfer" die Organisation verlassen müssen.

Die Wahrnehmung der Überlebenden

Entlassungen haben mehrere Funktionen für Organisationen. Neben der offensichtlichen Funktion der Kostenreduktion dienen Entlassungen häufig dazu, sich von Personen zu trennen, die dafür bekannt sind, dass sie Entscheidungen in einer bestimmten, von der Organisation nicht mehr gewünschten Art und Weise treffen. Wenn ein Unternehmen beispielsweise eine Verkaufschefin eingestellt hatte, deren vorrangige Aufgabe es war, innerhalb von kürzester Zeit – auch auf Kosten hoher Anfangsverluste – einen neuen Markt zu erobern, kann sie die falsche Person sein, um in einem sich stabilisierenden Markt Produkte loszuschlagen. In diesem Fall kann die Trennung von dieser Person ein Schritt sein, um sich – in Form einer anders gearteten Person – andere Formen von Entscheidungen einzukaufen.

Soziologisch interessanter ist jedoch, dass Organisationen über die Trennung – gewollt oder ungewollt – Botschaften an ihre Umwelt aussenden. Eine erste „Zielgruppe" dieser Botschaft sind dabei die Felder, die in der Systemtheorie der „externen Umwelt" einer Organisation zugerechnet werden – also beispielsweise die Zulieferer, Kooperationspartner, Kunden und Klienten, die Massenmedien oder die für die Organisation wichtigen politischen Entscheidungsträger. Die Trennung von Personen kann für die Öffentlichkeit unbemerkt erfolgen, sie kann aber auch als Teil einer „symbolischen Politik" gegenüber der Öffentlichkeit offensiv verkündet werden. Wenn beispielsweise ein Energieunternehmen durch mehrere Störfälle in seinen Atomkraftwerken in die Kritik gerät, dann ist die Entlassung der verantwortlichen Manager eine Möglichkeit, um gegenüber der Öffentlichkeit zu markieren, dass man zukünftig eine andere Strategie verfolgen wird.

Die zweite Richtung, in die Entlassungen wirken, ist – systemtheoretisch gesprochen – die „interne Umwelt": die Individuen, die für die Organisation arbeiten. Der Entlassene ist aus der Perspektive der Organisation nicht mehr besonders interessant – er mag mit seinen Leistungen und Fehlleistungen in Form eines Mythos weiter eine Rolle spielen, und manchmal mag sich die Organisation sehnsüchtig erinnern, dass eine schon vor langer Zeit entlassene Führungskraft vielleicht in einer jetzt anstehenden kritischen Situation anders entschieden hätte. Aber unter dem Strich verblassen die Erinnerungen an ehemalige Mitglieder von Organisationen schnell und spielen für die Organisation keine Rolle.

Trotz dieser beschränkten Effekte haben Entlassungen starke Auswirkungen auf Organisationen – und zwar durch ihre Wirkung auf die verbleibende Belegschaft. Die Entlassungen können ganze Organisationen so beschäftigen, dass die Mitglieder obsessiv beobachten, ob sie die nächsten sein werden. Im Mittelpunkt des Verhaltens steht dann die Frage, was man machen muss, um nicht Opfer der nächsten Entlassungswelle zu werden. Ergebnis dieser Beobachtungen ist dann häufig eine auffällige Konformitätsbereitschaft der Mitarbeiter, weil diese davon ausgehen, dass ein solches Verhalten am ehesten das „Überleben" in der Organisation sichert.[40]

Manche Unternehmen setzen diese Publizität personalpolitischer Maßnahmen bewusst ein. Sie verkünden, dass sie jedes Jahr zehn Prozent der Mitarbeiter entlassen werden – und zwar unabhängig davon, wie es dem Unternehmen geht. Die Hoffnung ist dabei nicht nur, sich systematisch von den 10% „Underperformern" der Organisation zu trennen, sondern besonders auch, ein Signal an die verbleibenden 90% zu senden. Hinter dieser Form der Personalpolitik steckt letztlich ein alter, Mao Tse-tung zugeschriebener Gedanke: „Bestrafe einen, erziehe hundert." Aber diese Situation ist eher die Ausnahme. Häufig hat die Organisation kein Interesse daran, dass einschneidende personalpolitische Maßnahmen in der Organisation übermäßig bemerkt werden. Entlassungen können, so eine Sorge, einen so hohen Konformitätsdruck auslösen, dass die Initiativbereitschaft der Mitglieder verloren geht und diese in eine Angststarre verfallen.

Welche Funktion hat nun die personenorientierte Beratung in diesem Prozess?

Auskühlung: Die Funktion von Coaching und Supervision bei Entlassung

Die personenorientierte Beratung mag für die Entlassenen dazu dienen, dass sie sich über die Beratungsgespräche neu orientieren können. Die Gespräche mit Coachs oder Supervisoren können ermöglichen, sich über eigene Schwächen und Stärken klar zu werden, oder dazu beitragen, einen neuen Berufsweg einzuschlagen. Für die Organisation, die den Entlassenen ehemals beschäftigt hat, sind diese Perspektiven jedoch uninteressant.

Durch die Beratungssituation im Coaching, in der Supervision oder im Outplacement wird für den Entlassenen eine Art „Würdeasyl" (Goffman) geschaffen. Mit dem Berater oder der Beraterin ist jemand da, der zuhört. Es gibt – jenseits des Lebenspartners oder des Freundeskreises – eine Person, die sich seiner professionell annimmt. Und die Beratungsgespräche bieten eine Struktur, die unmittelbar nach der Entlassung Halt bieten kann. Der Entlassene freundet sich in den Beratungsgesprächen langsam mit seiner Entlassung an, und sein Widerstand und Widerwille gegen diese Entlassung wird in der Beratung klein gearbeitet.

Der dadurch erzielte Effekt wird in der Soziologie als „Auskühlung" bezeichnet. Sie wird eingesetzt, wenn es darum geht, Personen an unangenehme Entscheidungen zu gewöhnen. Gewiefte Trickbetrüger, so die klassische Beschreibung Erving Goffmans, lassen nach einem erfolgreichen Betrug ihre Opfer nicht allein. Um zu verhindern, dass diese zur Polizei laufen, bleibt ein so genannter „Cooler" beim Opfer und versucht das Opfer an seinen Verlust zu gewöhnen und allzu heftige Reaktionen zu verhindern (Goffman 1952: 451ff.). In Nachtclubs und Singletreffs kann man beobachten, wie Frauen – und zunehmend auch Männer – Strategien entwickeln, um Verehrer auszukühlen. Diese Auskühlungsstrategien können von Verweisen auf einen festen Freund, dem folgenlosen Hinterlassen von (meistens falschen) Telefonnummern bis hin zu der plötzlichen Entdeckung der eigenen Homosexualität reichen, weil gerade diese als ein akzeptiertes Ablehnungsmotiv für andersgeschlechtliche Wesen gilt (vgl. Snow/

Robinson/McCall 1991: 423ff.). Die „Henkersmahlzeit" oder die „letzte Zigarette", die einem zur Todesstrafe verurteilten Häftling vor der Exekution angeboten wird, hat eine ähnliche Funktion. Dadurch, dass der Todeskandidat die Mahlzeit oder die Zigarette annimmt, wird der Delinquent an die Akzeptanz des Urteils herangeführt (vgl. Hentig 1958: 9ff.).[41]

In Organisationen werden Mechanismen der Auskühlung vorrangig genutzt, um eine Trennung von Mitgliedern vorzubereiten. Schwere Nebenfächer werden in den Universitäten nicht nur deswegen eingesetzt, weil die Wissensbestände für das Hauptfach unabdingbar sind, sondern auch um die schlechteren Studierenden im frühen Stadium auszukühlen. Die erhebliche Anzahl an Statistikveranstaltungen im Soziologiestudium, die Mathematikvorschaltung im Volkswirtschaftsstudium oder das Lateinstudium in der Geschichtswissenschaft übernimmt so die Selektionsfunktion für die Hauptfächer (vgl. Luhmann 1992: 115). In sich selbstregulierenden Arbeitsgruppen lässt sich beobachten, wie Trainees durch verschiedene Mechanismen langsam daran gewöhnt werden, dass das Team nicht bereit ist, sie fest zu übernehmen. Wenn diese Auskühlungszeiten nicht eingeräumt werden können – beispielsweise aufgrund des Entscheidungsdrucks des Managements – hat dies häufig negative Auswirkungen auf das Verhältnis von Arbeitsgruppe und Trainee (vgl. Hallier/James 2000: 13ff.).

Durch die Einrichtung von Würdeasylen in speziellen Beratungsformen wird zu verhindern versucht, dass das Phänomen der Entlassung in Form von unerwünschten Besuchen des Entlassenen am Arbeitsplatz, des Überziehens der Organisation mit Arbeitsrechtsprozessen oder der besonders in den USA berühmt-berüchtigten waffenunterstützten Amokläufe der Entlassenen in die Organisation zurückgespielt wird. Dem Entlassenen wird ein externer Berater angeboten, der dessen Emotionen bindet und so wenigstens teilweise verhindert, dass der Entlassene seine Wahrnehmungen, Eindrücke und Gefühle mit seinen ehemaligen Kollegen teilen muss.

1.5 Zusammenfassung: Personenorientierte Beratung im Spannungsfeld von Personen, Rollen, Programmen und Werten

Um das Phänomen der personenorientierten Beratung einzuordnen, kann man auf eine systemtheoretische Unterscheidung von vier verschiedenen Formen zurückgreifen, über die sich Verhaltenserwartungen stabilisieren lassen: Personen, Rollen, Programme und Werte. Diese Begriffe mögen zuerst abstrakt klingen, sie spielen aber in allen sozialen Situationen eine zentrale Rolle – im Straßenverkehr, in Familien, bei politischen Wahlen, in Kriegen und in Organisationen (die beste Darstellung ist immer noch Luhmann 1972a: 84ff.; siehe auch Luhmann 1984: 429ff.).

Die erste, unmittelbar einleuchtende Form, über die Verhaltenserwartungen stabilisiert werden, sind *Personen.* Wir wissen intuitiv, dass das, was wir mit einer Person erlebt haben, sich nicht ohne weiteres auf Erfahrungen mit anderen Personen übertragen lässt. Peter verhält sich in der gleichen Situation eben häufig anders als Sabine, Maria anders als Jose. Um Erwartungssicherheit in Bezug auf Personen entwickeln zu können, müssen wir sie in einer Reihe von Situationen erlebt haben, in der sie sich mit ihren Besonderheiten darstellen konnten. Beim Marschieren im Stechschritt erwirbt man kaum Personenkenntnis über seinen Nebenmann oder seine Nebenfrau, selbst wenn das Marschieren sich häufig wiederholt; beim gemeinsamen Rauchen einer Zigarette im Schützengraben vermutlich schon. Die Erwartungsstabilisierung über Personenkenntnis spielt natürlich besonders bei Liebespaaren, bei Familien und bei Freundschaften eine wichtige Rolle (vgl. Nedelmann 1983: 174ff.). Aber sie wirkt auch in Organisationen. Man erkennt schnell, dass sich Personen auf der gleichen Stelle ganz unterschiedlich verhalten, und das Kennen dieser Personen ermöglicht es einem, genauer zu wissen, was man erwarten kann (vgl. Luhmann 1972a: 85).

Die zweite Möglichkeit zur Stabilisierung der Verhaltenserwartungen sind *Rollen.* Dabei handelt es sich um Erwartungen, die „ein Mensch ausführen kann", die „aber nicht auf bestimmte Menschen festgelegt sind", sondern durch „verschiedene, möglicherweise wechselnde Rollenträger" wahrgenommen werden. Von einem Polizisten erwartet man eine bestimmte Verhaltensweise, und zwar unabhängig davon, welche Person einem gerade als Repräsentant des Erzwingungsstaates gegenübertritt. Aufgrund von Rollenkenntnissen kann von einem Altenpfleger in einer Sozialstation der Caritas erwartet werden, dass er gegenüber den Klienten eine professionelle Haltung einnimmt, die Ressourcen der Organisation –Autos, Pflegematerialien oder Unterstützungsmaßnahmen – schonend einsetzt, Anweisungen der Stationsleitung Folge leistet und die vorgeschriebenen Abrechnungsmethoden befolgt (Luhmann 1972a: 86f.).

Eine dritte Art, wie Verhaltenserwartungen stabilisiert werden, sind *Programme.* Programme sind, kurz gesagt, Regeln für das richtige Entscheiden. Sie kommen häufig in der Form von Wenn-Dann-Regeln vor: „Wenn Sie an ein Stoppschild kommen, müssen alle Räder des Autos zum Halten kommen." „Wenn eine Person weniger als 700,- Euro verdient, hat sie Anspruch auf staatliche Zuschüsse." „Wenn eine rote Warnlampe an der Maschine aufleuchtet, muss der Papierstau entfernt werden." Die Programme können aber auch abstrakte Formen annehmen wie beispielsweise die Aufforderung, bis zum Jahresende 15% neue Kunden zu gewinnen oder einen optimalen Fahrplan für den öffentlichen Nahverkehr einer Stadt zu entwerfen. Gerade für Organisationen ist es wichtig, dass Programme geändert werden können, ohne „dass Personen oder Rollen ihre Identität verlieren“ und dass umgekehrt die Geltung von Programmen nicht dadurch berührt wird, dass „konkrete Menschen sterben oder bestimmte Rollen unbesetzt sind“ (vgl. Luhmann 1972a: 88).

Die vierte und abstrakteste Form der Stabilisierung von Verhaltenserwartungen sind *Werte* in der Form von „wir schützen unsere Umwelt“, „wir sind behindertenfreundlich“, „unsere Mitarbeiter sind unser wichtigstes Kapital“ oder „unsere Kunden sind Könige“. Solche Werte stellen zwar Verhaltenserwartungen dar, sie lassen aber offen, welche Handlungen in einer konkreten Situation erwartet werden. Wegen ihrer Abstraktheit haben Werte, so Niklas Luhmann, „hohe Konsenschancen“, stecken aber letztlich voller praktischer Widersprüche. Wie weit soll man beim Schutz „unserer Umwelt“ gehen? Darf man dafür im Notfall auch töten? Wie soll man sich verhalten, wenn ein Verhalten zwar dem „König Kunde nutzt“, aber den Mitarbeitern – dem „wichtigsten Kapital“ des Unternehmens – schadet (vgl. Luhmann 1972a: 88f.)?

Organisationen gewinnen ihre Leistungsfähigkeit jetzt nicht etwa dadurch, dass sie sich auf eine oder zwei dieser vier Verhaltenserwartungen konzentrieren: beispielsweise auf Rollen statt Personen oder Programme statt Werte. Vielmehr entwickeln Organisationen ihre Leistungsfähigkeit dadurch, dass sie gleichzeitig auf alle vier Mechanismen zurückgreifen: Sie entscheiden sich für konkrete Personen, weil sie gerade von denen zu wissen meinen, wie sie sich verhalten werden; sie bilden spezifische Organisationsrollen aus, in denen sie eine ganze Reihe von Verhaltenserwartungen bündeln können; sie entscheiden über Programme, mit denen sie ihre Mitglieder an ein genau definiertes Set von Regeln binden, und sie versuchen, über Leitbildprozesse den Wertekanon der Organisation zu beeinflussen und festzulegen.

Wie kann man jetzt dieses Konzept dafür nutzen, um den Einsatz von Coaching und Supervision in Organisationen näher zu bestimmen?

Im Management mag manchmal die Vorstellung herrschen, dass diese verschiedenen Verhaltenserwartungen wie Rädchen einer großen Maschine miteinander getaktet werden können und beispielsweise die Programme sich aus den Werten der Organisation ergeben oder aufgrund der Betrachtung von Rollen sich eindeutige Vorstellungen über die Personen erschließen lassen, die diese Rollen ausfüllen sollen. In der organisatorischen Realität herrschen jedoch permanente Spannungen zwischen diesen unterschiedlichen Mechanismen zur Stabilisierung von Verhaltenserwartungen: Personen passen sich nicht störungsfrei in die für sie vorgesehenen Rollen ein oder erkennen nicht die Sinnhaftigkeit von Programmen. Oder die Programme geben nicht die nach außen verkündeten Werte der Organisation wieder.

Supervisoren und Coachs bearbeiten jetzt – so die Kurzformel zur Bestimmung von Coaching und Supervision – Passungsprobleme zwischen Personen einerseits und den Rollen, Programmen und Werten andererseits. Diese bearbeiteten Passungsprobleme können dabei ganz unterschiedliche Formen annehmen. Personen können nicht damit zurechtkommen, dass sich nach einer Restrukturierung der Zuschnitt ihrer Organisationsrolle verändert hat. Sie können unter Programmen – zum Beispiel Zielvorgaben des Managements – leiden, die sie für unerfüllbar halten. Oder sie kommen als Person nicht damit zurecht, dass die von der Organisation verkündeten Werte im Widerspruch zu Rollenanforderungen stehen, denen sie sich alltäglich ausgesetzt sehen.[42]

Zentral ist bei der Bearbeitung dieser Passungsprobleme, dass als Ansatzpunkt der Beratung die Person genommen wird. Rollen, Programme und Werte können zwar im Rahmen eines Coachings oder einer Supervision analysiert werden, ihre Veränderbarkeit liegt aber jenseits der Möglichkeiten einer personenorientierten Beratung. Das unterscheidet Coaching und Supervision beispielsweise von der Expertenberatung à la McKinsey, in der häufig Rollen, Programme oder Werte als Ansatzpunkte gewählt werden und Personal vorrangig unter dem Gesichtspunkt der Passung zu diesen betrachtet wird. Und hierin unterscheiden sich Coaching und Supervision auch von der Organisationsentwicklung, in der häufig der Anspruch zu herrschen scheint, dass an den verschiedenen Hebeln gleichzeitig und gleichrangig gedreht werden soll.

Das Passungsproblem zwischen Personen einerseits und Rollen, Programmen und Werten andererseits lässt sich prinzipiell aus zwei unterschiedlichen Perspektiven beschreiben. Die erste Perspektive ist die der durch das Passungsproblem betroffenen Person. Die Person fühlt sich angesichts der Rollen-, Programm- oder Werterwartungen der Organisation unter- oder überfordert und sucht für dieses Gefühl ein Ventil. Die Verzweiflung kann dabei so groß sein, dass die Person bereit ist, für die Beratungsleistungen selbst zu bezahlen, obwohl das Problem durch die Organisation generiert wurde, für die sie arbeitet. Im Mittelpunkt steht dann die „Personenentwicklung", die Bearbeitung der Freude und besonders des Leidens der beratenen Person (vgl. Schreyögg 2004: 101ff.). Häufig wird, ohne dass die Organisation etwas davon mitbekommt, in der Beratung das Leiden der Person an den Passungsproblemen bearbeitet und im Idealfall Abmilderungseffekte für die Person erzielt.

Die zweite Perspektive ist, dass die Organisation ein Passungsproblem der Person identifiziert, indem sie zum Beispiel feststellt, dass ein Mitarbeiter oder eine Mitarbeiterin zentrale Rollenanforderungen nicht erfüllt. Eine neue Chefin hat in der Wahrnehmung der Organisation Schwierigkeiten, ihre Mitarbeiter punktgenau zu informieren, oder der Leiter einer Produktentwicklung ist nicht in der Lage, eine „vernünftige Arbeitsbeziehung" zur Marketingleiterin herzustellen. Weil die Organisation diese Situation als für sich selbst problematisch einschätzt und beispielsweise andere Lösungen wie Entlassung der Person, Umstellung der hierarchischen Berichtswege oder Einführung neuer Regeln nicht ins Auge fassen will, wird dann dem Organisationsmitglied ein Coaching oder eine Supervision nahe gelegt, das dann häufig auch durch die Organisation bezahlt wird. Es geht also um „Personalentwicklung", durch die eine Person besser an die Anforderungen der Organisation angepasst werden soll (vgl. zur Unterscheidung von Personen- und Personalentwicklung Neuberger 1991: 10ff., siehe auch Schreyögg 2004: 101ff.).

Diese beiden Perspektiven können zusammenfallen, müssen es aber nicht. Es kann sein, dass sowohl die Organisation als auch die Person ein Passungsproblem identifizieren und deswegen beide sich darauf einigen, dass das Organisationsmitglied sich coachen oder supervidieren lassen sollte. Aber häufiger ist wohl die Situation, dass nur aus einer Perspektive ein Problem wahrgenommen wird. Beispielsweise identifiziert die Organisation – repräsentiert durch einen Vorgesetzten – ein „Problem" bei einem Mitarbeiter, das dieser selbst nicht wahrnehmen will. Hier wird dann nicht selten „sanfter Druck" eingesetzt, um eine personenorientierte Beratung zu ermöglichen. Manchmal sieht auch nur die Person selbst ein Problem. Organisationen sind in der Lage, über längere Zeit zu ignorieren, wenn Mitglieder durch Rollen- oder Programmanforderungen über- oder unterfordert sind, solange die Anforderungen unter dem Strich erfüllt werden. Schließlich basiert ihre Funktionsweise maßgeblich darauf, dass sie ihre Mitglieder über Geldzahlungen „generalisiert" motivieren und sich deswegen nur begrenzt dafür interessieren müssen, in welchem psychischen Zustand das Organisationsmitglied die Rollenanforderung erfüllt. Erst wenn der psychische Zustand des Organisationsmitglieds negative Auswirkungen auf die Erfüllung der Anforderungen hat, muss sich die Organisation davon betroffen fühlen – aber dann ist eine personenorientierte Beratung nur eine Alternative in einem ganzen Strauß von Maßnahmen, der unter anderem auch Neuzuschneidung der Stelle, Änderung von Regeln, Versetzung oder Entlassung beinhaltet.

2 Dyaden, Gruppen und Teams: Die Rahmung personenorientierter Beratung in Organisationen

Die Leistungserbringung bei der personenorientierten Beratung findet in so genannten Face-to-Face-Interaktionen statt. Unter Face-to-Face-Interaktion versteht man in der Soziologie eine verbale oder auch nonverbale Kommunikation, die unter Anwesenden stattfindet.[43] Dazu zählen beispielsweise die Party, der gemeinsame Kneipenabend, das romantische Dinner bei Kerzenschein, die Schulstunde, die Pokerrunden, die Konsultation durch einen Arzt, Beichten und Gottesdienste, die Diskussion in einer Parlamentssitzung, die Gremiensitzungen einer Universität, Parteitage und Synoden, Gerichtsverhandlungen oder eben auch Coaching- und Supervisionsstunden.

Mit ihrer Leistungserbringung in Form von Face-to-Face-Interaktionen haben Coaching und Supervision eine Gemeinsamkeit mit den klassischen Professionen der Ärzte, Geistlichen, Theologen, Anwälte oder Lehrer. Ärzte erbringen einen Großteil ihrer Leistungen im Kontakt mit ihren Patienten – durch das Abhören des Herzens, das Verbinden von Wunden oder die „längeren Beratungsgespräche (auch telefonisch)". Rechtsanwälte erarbeiten die Fälle vorwiegend in direkter Interaktion mit ihren Klienten, und auch die Arbeit von Geistlichen besteht aus einer Vielzahl von unterschiedlichen Face-to-Face-Interaktionen: der Beichte, dem gemeinsamen Gebet, dem Gottesdienst oder dem seelsorgerischen Gespräch (siehe dazu auch Stichweh 1996: 63f.).

Die auf direkter gegenseitiger Wahrnehmung basierende Face-to-Face-Interaktion bringt den „Vorteil unmittelbarer Erlebnisverarbeitung" mit sich. Man nimmt Informationen zeitnah über die visuellen, auditiven, geruchlichen und manchmal auch geschmacklichen und haptischen Sinne wahr. Dadurch kann man in sehr kurzer Zeit eine Vielzahl von komplexen Informationen verarbeiten. Man macht sich in wenigen Sekunden einen Eindruck, bei dem – im Vergleich beispielsweise zur Lektüre eines Buches oder zum Anschauen eines Filmes – verschiedene Informationen, unter anderem auch im Hinblick auf ihre Passung, verarbeitet werden (vgl. Luhmann 1972b: 248).[44]

Dass die Leistungen in Face-to-Face-Interaktionen erbracht werden, heißt nicht, dass die Arbeit der „Interaktionsspezialisten" ausschließlich aus der Interaktion mit Klienten besteht. Genauso wie der Arzt allein Röntgenbilder studiert oder sich in einer Ärztezeitschrift über neue Behandlungsmethoden einer Krankheit informiert und der Anwalt Gesetzestexte studiert, gibt es auch bei Coachs und Supervisoren Arbeitsphasen, in denen kein Face-to-Face-Kontakt mit Klienten besteht. Sie machen sich nach Gesprächen Notizen, lesen für sie relevante wissenschaftliche Grundlagentexte oder schreiben – nicht zu vernachlässigen – Rechnungen. Aber alle diese interaktionsfreien oder interaktionsarmen Tätigkeiten stehen immer in Bezug zur eigentlichen Leistungserbringung, die in der Face-to-Face-Interaktion stattfindet.

Die Leistungserbringung über Interaktionen zieht eine Vielzahl von Konsequenzen nach sich (vgl. Luhmann 1972b: 248). So kann in solchen Interaktionen immer nur ein Thema zur gleichen Zeit behandelt werden. Zwar kann man gerade in geselligen Interaktionen Themen wechseln, aber die Basierung auf gegenseitiger Wahrnehmung verlangt, dass immer nur ein Thema im Zentrum einer Interaktion steht. Eine weitere Begrenzung besteht darin, dass in Interaktionen immer nur eine Person sprechen kann. Man kann den Sprecher ersetzen, aber immer nur durch einen anderen. Wenn mehrere gleichzeitig das Wort übernehmen, kommt es zu einer Krise im System, und es setzen Regulierungsprozesse ein (vgl. frühe Beobachtungen bei Luhmann 1975b: 10f.; Luhmann 1975c: 1ff.; siehe ausführlich Kieserling 1999: 179ff.).

Für die Untersuchung von Supervision und Coaching ist es interessant, dass die Beratungsgespräche unterschiedlich strukturiert sind. Personenorientierte Beratung in Organisationen findet statt entweder im Rahmen einer Interaktion zwischen zwei Personen, dem Berater und dem Beratenen; in Gruppen, die sich nur für Beratungen selbst treffen, oder in Teams, die sich im Rahmen ihrer regelmäßigen Zusammenarbeit coachen oder supervidieren lassen. Diese unterschiedlichen Rahmungen von Interaktionen haben Auswirkungen darauf, wie die Beratung selbst stattfindet.

2.1 Unter vier Augen: Einzelcoaching und Einzelsupervision in Dyaden

Die nach wie vor am häufigsten vorzufindende Form der personenorientierten Beratung ist die Supervision oder das Coaching „unter vier Augen“. In der Praktikerliteratur wird diese Form der Beratung als Einzelsupervision oder Einzelcoaching bezeichnet. Dieses Beratungsformat wird häufig als „ursprüngliche Form“ der personenorientierten Beratung in Organisationen angesehen (vgl. beispielsweise Belardi 2002a: 85f.). Sie spielte besonders in der Frühphase der Supervision als bevorzugte Form der Ausbildung von Sozialarbeitern und später auch Geistlichen, Lehrern, Ärzten oder Therapeuten eine wichtige Rolle (vgl. Möller

2001: 41). Beim Coaching von Führungskräften wird häufig ebenfalls auf die Beratung „unter vier Augen“ zurückgegriffen, weil dabei die Vertraulichkeit der Beratung besonders gut gesichert werden kann (vgl. früh schon Looss 1991, der eine deutliche Präferenz für diese Rahmung zu haben scheint). Auch in der Aus- und Weiterbildung von Supervisoren und Coachs wird dieses Format häufig gewählt. Dabei trägt ein Ausbildungskandidat seinem Lehrsupervisor oder Lehrcoach eigene Fälle vor und reflektiert über seine Interventionen und Reaktionen (Schreyögg 1992: 13).[45]

Wenn man den soziologisch korrekten Begriff für diese Form von Beratungen nutzen möchte, dann würde man von „dyadischen Beratungen“ sprechen. Eine Dyade bezeichnet eine auf regelmäßigen Face-to-Face-Interaktionen basierende Beziehung zwischen zwei Personen. Dyaden kennen wir besonders von Liebesbeziehungen, und man liegt vermutlich nicht völlig falsch, wenn man vieles, was in einer Liebesbeziehungen abläuft, dadurch erklärt, dass lediglich zwei Personen an einer solchen Beziehung beteiligt sind (vgl. beispielsweise Kaufmann 2004 über die Interaktionsschwierigkeiten am „Morgen danach“). Dyaden können sich jedoch auch in Organisationen – zum Beispiel beim Zusammenspiel zweier Geschäftspartnerinnen oder bei so genannten Doppelspitzen in der Politik – ausbilden. Eine wichtige Rolle spielen Dyaden aber besonders in regelmäßigen Interaktionen zwischen Dienstleistern und Klienten – im monatlichen Gespräch zwischen Arzt und Patient, bei der regelmäßigen Interaktion zwischen Geistlichen und Beichtenden oder im Kontakt in einer Einzelberatung (vgl. die Sammlungen bei Wiese/Becker 1932: 508ff.; Becker/Useem 1942: 13ff.).

Die Außergewöhnlichkeit von Dyaden

Die Besonderheit von Dyaden versteht man nur, wenn man sich klar macht, dass normalerweise fast alles, was in der modernen Gesellschaft passiert, unter der Beobachtung von Dritten stattfindet. Das gilt ganz besonders auch für Organisationen. Der „Show-down“ zwischen zwei Abteilungsleitern findet in der Regel vor Publikum statt. Die Auseinandersetzungen zwischen Vorgesetzten und Untergebenen mögen hinter verschlossenen Türen ablaufen, aber nicht selten finden dann durch die Milchglasscheibe oder durch die nach außen dringenden verbalen Kampfgeräusche auch diese Auseinandersetzungen ihre Beobachter. Selbst an Gesprächen mit wichtigen Kunden sind häufig weitere Organisationsmitglieder beteiligt – und sei es nur in Form des still zuhörenden Vorgesetzten. Dass es diese Dritten gibt, hat enorme disziplinarische Wirkungen für alle Beteiligten –

gerade auch für den hierarchisch Höherstehenden (so schon sehr früh Simmel 1992: 124ff.; siehe in essayistischer Form Kaube 2004).

Erst vor dem Hintergrund der Omnipräsenz von Dritten in der Gesellschaft wird die Besonderheit von Dyaden wie Liebesbeziehungen zwischen zwei Personen oder Beziehungen alleinerziehender Mütter zum einzigen Kind deutlich. In der Regel bilden sich in Gesellschaften Mechanismen aus, die den kompletten Rückzug von Personen in dyadische Beziehungen zu unterbinden suchen. Jugendbands und Freundeskreise entwickeln Mechanismen, mit denen sie versuchen zu verhindern, dass sich zwei Mitglieder ihrer Gruppe durch eine intensive dyadische Liebesbeziehung entziehen. Von vielen kommunistischen und religiösen Gemeinschaften wissen wir, dass sie eine zu starke Intimisierung in Dyaden sanktionieren und beispielsweise Promiskuität oder häufigen Partnerwechsel fördern, um dies zu verhindern. Dieser Verhinderungsmechanismus lässt sich selbst in Ehen beobachten: Mit der Einbeziehung der Familie der Ehepartner bei Hochzeitszeremonien, mit der zeitlichen Befristung exklusiver ehelicher Intimitäten in den Flitterwochen oder den außerehelichen Kontaktverpflichtungen, die mit einer Familienbildung verbunden sind, entstehen vielfältige Mechanismen, mit denen der Rückzug in einen dyadischen Kokon verhindert wird (vgl. Slater 1963: 349ff.).

Umso interessanter sind also Situationen in der modernen Gesellschaft, in denen wir es mit einer Dyade zu tun haben.[46]

Das Management von Vertraulichkeit in dyadischen Beratungen

Bei der Beratung „unter vier Augen" wird die dyadische Rahmung der Beratung durch verschiedene Maßnahmen gegenüber Interventionen Dritter abgesichert: das Festlegen von Treffen in gesonderten Räumen (teilweise außerhalb der Organisation des Klienten), das Ausschalten von Handys während der Beratung oder das Einräumen von geschützten Zeitfenstern.

Über diesen kontrollierten Ausschluss von Dritten können Dyaden eine besondere Form von Vertraulichkeit herstellen. Weil lediglich zwei Personen an einer Dyade beteiligt sind, unterliegen die in Gesprächen vermittelten Inhalte einer besonderen Form von Kontrolle. Diese wird nicht vorrangig durch die Selbstverpflichtung zur Vertraulichkeit hergestellt, denn diese könnte ja auch in größeren Gruppen eingefordert werden. Vielmehr geht die Vertraulichkeit auf die besonderen Formen der sozialen Kontrolle von Informationen in Zweierbeziehungen zurück. Weil immer nur eine andere Person an dem Gespräch beteiligt ist, kann eine eindeutige Zurechnung stattfinden, wenn Informationen aus dem Gespräch nach außen dringen. Da sich beide dieser Tatsache bewusst sind, kommt es in der Dyade zu einer besonderen Sicherheit bei der Wahrung von Vertraulichkeit (vgl. Simmel 1992: 101).[47]

Die Vertraulichkeit ermöglicht das Ansprechen von Themen, deren Behandlung ansonsten im organisatorischen Kontext nur selten riskiert wird. Man kann „unter vier Augen" Konflikte ansprechen, von denen andere nichts wissen sollen, Regelverstöße diskutieren, die bei Bekanntwerden bis zur Kündigung führen könnten, oder Zweifel äußern, die man normalerweise verborgen hält, weil sonst an der Loyalität gegenüber der Organisation gezweifelt werden könnte.

Die Zerbrechlichkeit von Dyaden und die Auswirkung auf die Beratung

Dyaden unterscheiden sich von anderen Rahmungen der Beratung dadurch, dass das Ausscheiden einer Person „das Ganze" zerstören würde (vgl. Simmel 1992: 101). Genauso wie der Tod eines Ehepartners, das Ausscheiden eines Geschäftspartners aus einer Beziehung oder die Aufkündigung eines ärztlichen Behandlungsauftrags durch den Patienten die Struktur der Dyade zerstört, endet eine dyadische Beratung, wenn entweder der Berater oder der Beratene sich zurückzieht. Hier unterschieden sich Dyaden von Gruppen, Familien, Organisationen oder Protestbewegungen, die sich zwar verändern mögen, wenn einzelne Personen ausscheiden, in ihrer Existenz aber nicht unmittelbar gefährdet sind (vgl. Becker/Useem 1942: 16).

Weil aus diesem Grund Dyaden besonders konfliktanfällig sind, kommt es häufig zu vorgreifenden Strategien der Konfliktmilderung. Man denke nur an das Liebesgesäusel von Paaren, die versuchen, Konflikte zu verhindern. Ähnliche Prozesse findet man in dyadischen Beratungssituationen. Die Rahmung einer Beratung „unter vier Augen" führt nicht selten dazu, dass sich häufig, gerade bei Konflikten des Klienten mit anderen Organisationsmitgliedern, eine Koalition zwischen Berater und Beratenem bildet. Der Berater wird dann als Koalitionspartner im Konflikt mit einer „bösen Umwelt" erlebt und als „wichtige Unterstützung" gegen Gegner innerhalb der Organisation wahrgenommen.

Trotz dieser Strategien der Konfliktmilderung kann es auch innerhalb einer Dyade zu Konflikten zwischen Beratern und Beratenen kommen. Diese Konflikte können sich ungewollt ergeben und können ein Zeichen für eine Krise in der Beziehung sein, sie können aber auch – ähnlich wie bei Therapien – die notwendige oder gar intendierte Folge der Beratung sein. Der Coach oder Supervisor legt bewusst den Finger in eine Wunde seines Klienten und riskiert damit einen Konflikt, oder er übernimmt die Position eines Gegners seines Klienten, um über den so initiierten Konflikt Material für die beraterische Arbeit zu sammeln.

Der Konflikt wird selbstverständlich durch die arbeitsbedingte Asymmetrie in der Beziehung zwischen Berater und Klient abgemildert. Genauso wie der Patient die Schmerzen, die ein Zahnarzt ihm zufügt, größtenteils mit der Rolle des Arztes erklären kann, besteht auch für den Klienten eines Coachings oder einer Supervision die Möglichkeit, den entstehenden Konflikt auf eine professionelle Intervention des Beraters zurückzuführen. Und genauso wie der Zahnarzt die Beschimpfungen seines schmerzempfindlichen Patienten nicht auf sich persönlich zurechnen muss, braucht der Berater heftige Reaktionen des Klienten nicht als einen persönlichen Angriff zu verstehen. Trotz dieser Einschränkungen ist der Konflikt, der in einer dyadischen Beziehung ausbricht, ein Konflikt, der das Beratungsgespräch dominiert und so interessante Perspektiven für die Beratungsarbeit liefert.

Bei einer dyadischen Rahmung der Beratung kann dabei bewusst mit der Exit-Option beider Beteiligten gearbeitet werden. Der Klient wird durch den Konflikt in eine Situation gebracht, in der er sich entscheiden muss, ob er den Konflikt aushält oder die Arbeit abbricht. Er weiß auch, dass der Berater ebenso die Möglichkeit hat, eine dyadische Beratungsbeziehung zu beenden, wenn er keine Fortschritte in seiner Arbeit sieht. Weil beiden Seiten bewusst ist, dass der Austritt jedes Einzelnen die Dyade zerstört, entstehen Beratungsoptionen, die sich in anderen Rahmungen so sonst nicht ergeben würden.

2.2 Gruppencoaching und Gruppensupervision: Speziell für Beratungen zusammengesetzte Gruppen

Im Gruppencoaching und in der Gruppensupervision kommen Personen zusammen, die sich in vergleichbaren Arbeitssituationen befinden, im Alltag allerdings nicht zusammenarbeiten und die sich in der Regel vor dem Beginn der Beratung nicht kannten. Meistens besteht die Gemeinsamkeit der Gruppenmitglieder darin, dass ihre Arbeitssituation die gleiche ist. Alle Teilnehmer sind Führungskräfte oder Existenzgründer, Mobbingopfer verschiedener Unternehmen oder Doktoranden verschiedener Fakultäten einer Universität. Insbesondere in der Supervision gibt es den Ansatz, für Gruppenberatungen Personen aus unterschiedlichen Organisationen wie Schule, Pfarramt, Jugendamt, Krankenhaus oder Kindergarten zusammenzubringen (vgl. Belardi 2002a: 86).

Die Gruppensupervision entwickelte sich verstärkt ab den fünfziger Jahren des vorigen Jahrhunderts – inspiriert nicht zuletzt durch Erfahrungen mit den gruppendynamischen Experimenten Kurt Lewins in den USA und die Arbeiten des Mediziners Michael Balint mit Gruppen von Ärzten (vgl. dazu Mattke 2006: 43f). Beide trugen dazu bei, dass bei der Beratung von Ärzten, Pfarrern, Lehrern und Sozialarbeitern die dyadische Rahmung der personenorientierten Beratung durch eine Beratung in Gruppen, die sich an Standards orientiert, ergänzt und teilweise auch ersetzt wurde.

Bei der Entwicklung der Gruppensupervision und – mit Abstrichen – auch des Gruppencoachings hat man auf vielfältige Erfahrungen mit Gruppenformaten in der Therapie zurückgegriffen: Die während des Zweiten Weltkrieges von Siegmund H. Foulkes entwickelte Methode einer psychoanalytischen Gruppentherapie (vgl. ausführlich z.B. Foulkes 1978) spielt dabei ebenso eine Rolle wie die von Wilfred R. Bion zu einer ähnlichen Zeit ausgearbeiteten Überlegungen zur Behandlung psychisch Kranker in Gruppentherapien (vgl. ausführlich Bion 1971).[48]

Welche Mechanismen von Gruppen wirken jetzt in diesem Beratungsrahmen, und wie wirken sich diese aus?

Was sind Gruppen, und welche Mechanismen wirken in ihnen?

In der modernen Gesellschaft existiert eine Vielzahl unterschiedlicher gruppenartiger Zusammenschlüsse: in Form von Freundschaftskreisen (vgl. z.B. Schmidt 2000), Cliquen pubertierender Jugendlicher (vgl. z.B. Uhlendorff/Oswald 2003), Straßengangs (vgl. Whyte 1943), „autonomen" linken politischen Gruppen (vgl. Binger 1974), kleinen terroristischen Zusammenschlüssen wie der „Baader-Meinhof-Truppe" (vgl. Rühmkorf 2004: 38ff.) oder religiösen Gruppierungen, die sich jenseits der Initiative von Kirchenorganen entwickelt haben (vgl. Lell/Menne 1976).[49]

Bei der Betrachtung von Gruppen fällt auf, dass diese ein Gefühl von Zusammengehörigkeit entwickeln. Gruppen nehmen sich, so Niklas Luhmann in einer seinen frühen Ausarbeitungen, im alltäglichen Leben „bewusst als soziale Einheit wahr" und grenzen sich so gegenüber ihrer Umwelt ab. Sie geben sich Namen, damit sie sich selbst mit einer Kurzformel identifizieren und von anderen erkannt werden können, und sie nutzen Merkmale wie bestimmte Kleidung, Rituale oder Begrüßungssignale, um so ihre Grenzen zum „Rest der Welt" zu markieren (vgl. Luhmann 1965: 176).[50]

Diese Ausbildung von Zusammengehörigkeitsgefühl setzt voraus, dass Gruppen – anders als beispielsweise Organisationen – aus einem bestimmten, unverwechselbaren Kreis von Personen bestehen. Zwar zerfällt eine Gruppe – anders als die oben beschriebenen Dyaden – nicht automatisch, wenn Personen aus der Gruppe ausscheiden oder neue Personen zu dieser Gruppe hinzustoßen. Aber sowohl die Kompensationsfähigkeit von Personenverlusten als auch die Aufnahmefähigkeit von neuen Personen sind in Gruppen begrenzt.[51]

Das Gefühl von Zusammengehörigkeit entsteht in Gruppen – und auch da unterscheiden sie sich von Organisationen – auf der Basis eher diffuser Beziehungen zwischen ihren Mitgliedern. Während Organisationen wie Unternehmen, Verwaltungen oder Universitäten spezifische Rollenerwartungen an ihre Mitglieder stellen, bieten Gruppen Raum für vielfältigere Selbstdarstellungsmöglichkeiten. In Gruppen ist man nicht nur Schüler, nicht nur Sportler, nicht nur Schläger, sondern letztlich ist fast alles, was eine Person betrifft, für Kommunikationen zugänglich (siehe dazu auch Neidhardt 1979: 641ff.; Neidhardt 1983: 12ff.; siehe auch Tyrell 1983: 80; zur Unterscheidung „diffus-spezifisch" siehe früh z.B. Parsons 1939).

Ähnlich wie in Familien, so ist auch in Gruppen das nicht spezifisch gruppenbezogene Verhalten ein legitimes Thema von Kommunikationen. Ein Gruppenmitglied kann die Anfrage nach einer neuen Liebesbeziehung nicht einfach mit der Aussage „Das geht Euch gar nichts an" abweisen. Es hat eine Auskunftspflicht auch für seine beruflichen Entscheidungen, selbst wenn die nicht unmittelbar für das Gruppengeschehen relevant sind. Während in Organisationen derjenige begründungspflichtig ist, der Auskünfte über das Verhalten in anderen Rollen als der Organisationsrolle haben will, ist bei Gruppen – so könnte man einen Gedanken Talcott Parsons über Familien paraphrasieren – derjenige begründungspflichtig, der keine Auskunft über andere Rollen als die in der Gruppe geben will (vgl. dazu Luhmann 1988b: 182; Luhmann 1990b: 193).

Ebenso wie in Familien, Protestbewegungen oder Organisationen bilden sich in Gruppen Normen aus. Das Besondere dieser Normbildungen ist jedoch – gerade im Vergleich zu Organisationen – dass sie nur in Ausnahmefällen explizit erfolgen. In Gruppen stehen in der Regel keine Verfahren zu Verfügung, um Normen zu ändern oder zu erweitern. Ihre Veränderungen finden deswegen eher unauffällig statt und sind manchmal Resultat von gruppendynamischen Zufällen (vgl. Tyrell 1983: 80; siehe allgemein zu Gruppennormen Brown 2000: 56ff.).

Gruppen sind auf regelmäßige Interaktion angewiesen. In reiner Virtualität – bei einem völligen Verzicht auf Face-to-Face-Interaktionen – wird keine Gruppe längere Zeit überleben können.[52] Aber Gruppen sind gleichzeitig mehr als eine Wiederholung von Interaktionen. Eine Gruppe verkraftet die Abwesenheit eines Gruppenmitglieds in einer Interaktion, ohne dadurch ihre Identität zu verlieren. Es wird bemerkt, wenn Lisa oder Hannes nicht bei einem Treffen dabei sind, aber die Gruppe wird dadurch nicht eine andere.

Es wird aber auch nicht jeder, der an einer Face-to-Face-Interaktion im Rahmen einer Gruppe teilnimmt, automatisch zum Gruppenmitglied. Ein Außenseiter kann mit einer Bande an einer Straßenecke abhängen und wird dadurch noch lange nicht zum Gruppenmitglied, genauso wenig wie der Forscher, der als teilnehmender Beobachter an einer Gruppensupervision teilnimmt (vgl. dazu Luhmann 1969a: 4ff.).[53]

Zur Besonderheit von Gruppensupervisionen und Gruppenberatung

Gruppen, die sich zum Coaching, zur Supervision oder auch zum gruppendynamischen Training treffen, unterscheiden sich offensichtlich von Freundschaftskreisen, Schulhofcliquen pubertierender Jugendlicher oder Straßengangs. Coachees oder Supervisanden kommen aufgrund eines allen Teilnehmern offensichtlichen Zieles zusammen. Es gibt keine Notwendigkeit, dass sich Teilnehmer dieser Gruppen jenseits dieses Zieles treffen, und wenn das Ziel erreicht ist, müsste man neue Motive generieren, um sich weiterhin zu treffen.

In Gruppencoachings und Gruppensupervisionen (und besonders auch in gruppendynamischen Trainings) finden sich – und deswegen ist der Anschluss an die Soziologie der Gruppe hier relevant – viele der Elemente wieder, die man auch aus Freundschaftskreisen, Schulhofcliquen oder Straßengangs kennt: Ausbildung von Zusammengehörigkeit, Bemerken des Fehlens von Gruppenmitgliedern, Ausbildung eigener Gruppennormen oder Schwierigkeiten der Gruppenmitglieder, Fragen nach auch sehr persönlichen Themen abzuweisen.

In Beratungssituationen werden jetzt diese Strukturierungsformen, die wir von Freundschaftskreisen, Schulhofcliquen oder Straßengangs kennen, mobilisiert, um Lerneffekte bei den Gruppenmitgliedern zu erzielen (so ähnlich schon Nau 1983: 126).[54] Der Supervisor oder Coach als „Gruppenleiter" nimmt dabei sicherlich eine Ausnahmestellung ein. Er unterliegt nicht den gleichen Verpflichtungen, sich den Gruppennormen zu unterwerfen, die Zugehörigkeitsrituale zu pflegen oder Persönliches von sich preiszugeben. Die Aufrechterhaltung dieser Differenz zu einfachen Gruppenmitgliedern ist im Gegenteil zentral, um die Gruppenprozesse noch steuern und bei Konfliktfällen eingreifen zu können. Allerdings wissen wir aus empirischen Studien über gruppendynamische Trainings, dass diese Differenz zwischen Leitung und Gruppenmitglied immer wieder zusammenzubrechen droht. Die Position des Leiters wurde gerade in den auf Emanzipation ausgerichteten Gruppen häufig prekär, und die Gruppe war absorbiert durch die Dynamik des so genannten „Leitersturzes" (vgl. Hirsch 2004: 171 mit Verweis auf Slater 1966).[55]

Man kann die Effekte in Gruppencoachings und Gruppensupervisionen, aber auch der Gruppentherapien oder gruppendynamischen Trainings, nur vor dem Hintergrund des *Verschwindens* von Gruppen als zentrales Ordnungsprinzip moderner Gesellschaften verstehen. In den vor 10 000 Jahren verbreiteten Stammesgesellschaften in Europa, Afrika, Asien und Amerika war die Gruppe das zentrale Ordnungsprinzip. Bis zum Aufkommen der Hochkulturen waren Personen in Gruppen von 10 bis 100 Personen organisiert, in denen sich alle Gruppenmitglieder kannten und sowohl den Eintritt als auch das Ausscheiden von Personen von allen bemerkt wurde (vgl. Tenbruck 1972: 56ff.).

In der modernen Gesellschaft haben Gruppen jedoch ihre zentrale Bedeutung bei der Strukturierung der Gesellschaft verloren. Die moderne Gesellschaft wird viel stärker durch Organisationen geprägt. Wer weder in der Schule gewesen ist noch beim Militär gedient hat, keinen Job gefunden und keinem Verein angehört hat, von dem könnte, so pointiert Jürgen Kaube (2000: 62), wohl mit Recht gesagt werden, er lebe am Rande der Gesellschaft. Dagegen kann man seine Adoleszenzphase durchleben, ohne Mitglied einer Freundesclique zu sein, und man kann regelmäßig ins Fußballstadion gehen, ohne sich einer sich selbstorganisierenden Gruppe von Hooligans anzuschließen. Eine Karriere in der Politik ist möglich, ohne dass man einer festen Clique von Parteigenossen angeschlossen ist. Für einen Vorstandsvorsitzenden eines DAX-Unternehmens mag es spaßig sein, mit einer Clique anderer Vorstandsvorsitzender unter Führung von Reinhold Messner Berge zu erklimmen, aber eine Karriere hängt nicht von der Zugehörigkeit zu dieser Clique ab und wird vielleicht noch nicht einmal dadurch gefördert.

Erst vor dem Hintergrund dieses Bedeutungsverlustes der Gruppe für die moderne Gesellschaft lässt sich jetzt erklären, weswegen in Gruppensupervisionen oder Gruppencoachings, besonders aber auch in Gruppentherapien und gruppendynamischen Trainings, überraschende Lerneffekte erzeugt werden können. Personen können sich in der modernen Gesellschaft Gruppenprozessen so leicht entziehen, dass die Dynamik in Gruppen, so die These, mit ihrer Diffusität der Beziehungen und mit der Ausbildung von Zusammengehörigkeitsgefühlen eine überraschende Erfahrung darstellt. [56]

Was ändert sich, wenn eine personenorientierte Beratung in Gruppen stattfindet?

Mit der Beratungsarbeit in Gruppen wurde spätestens seit den siebziger Jahren des vorigen Jahrhunderts eine Vielzahl von Hoffnungen verknüpft. Die Arbeit mit Gruppen wurde als Kern einer emanzipatorischen Veränderung der Gesellschaft begriffen. Die Arbeit mit Trainingsgruppen (so genannten T-Gruppen), so eine der vielfältigen Hoffnungen, könnte zur Lösung nationaler, aber auch internationaler Konflikte führen (vgl. z.B. Doob 1970). Die Arbeiter, Angestellten und auch Manager in Verwaltungen, Unternehmen, Krankenhäusern, Universitäten und Kirchen sollten durch gruppendynamische Trainings aus den Entfremdungszwängen befreit werden. Die Gruppe galt, so schon der Untertitel eines populären Buches von Horst-Eberhard Richter (1972), als ein „neuer Weg, sich selbst und andere zu befreien". Die Hoffnung war, dass „die Gruppe" den „etablierten Autoritäten" in Politik, Wirtschaft, Wissenschaft, Recht und Medizin die Macht entreißen könnte und durch eine „gerechtere, legitimere Form der Machtausübung" ersetzen könnte (vgl. Edding 2005: 5; siehe auch Hirsch 2004: 170; siehe besonders die frühe, immer noch lesenswerte Kritik von Horn 1969).

In den Selbstbeschreibungen von Coachs und Supervisoren finden sich – sicherlich korrekterweise – Hinweise auf die Möglichkeit, in Gruppen eine Vielzahl von Perspektiven zu mobilisieren. Durch diese Vielzahl verschiedener Perspektiven könnten Probleme in der Gruppe häufig besser gelöst werden, als wenn dies eine einzelne Person macht (vgl. Wetzel 1998: 113ff.). Die Teilnehmer können Verhaltensweisen anderer bei sich selbst wiedererkennen und so auf Problembereiche hingewiesen werden, die sie normalerweise bei sich selbst nicht wahrgenommen hätten. Auch erhöht es die Bereitschaft, sich mit eigenen Macken auseinander zu setzen, wenn man erkennt, dass andere sich mit ganz ähnlichen Problemen herumschlagen. Die Gruppe erzielt, so die Standardauffassung, deswegen nicht nur als Gruppe gute Ergebnisse, sondern wirke auch als „Vermittlerin individueller Lernprozesse" (vgl. Huber/Müller 1998: 218ff.).

In Gruppenprozessen kann auf Prozesse der „Spiegelung" zurückgegriffen werden. Spiegelung bezeichnet, dass Gruppenmitglieder in der Supervisions- oder Coachinggruppe Verhaltensweisen an den Tag legen, die sie sonst auch in Arbeitssituationen zeigen. Ein Amtsleiter, der sich aggressiv in Arbeitssitzungen zu Wort meldet, zeigt, so die Beobachtung, häufig ähnliche Verhaltensweisen auch in Coachinggruppen. Eine Sozialarbeiterin, die in ihrer Arbeit mit Klienten dazu tendiert, diese zu bemuttern, wird, so die Vermutung, ähnliche Verhaltensweisen auch in einer Supervisionsgruppe zeigen. Weil die Coaching- und Supervisionsgruppen einen geschützten Raum darstellen, könnten solche Verhaltensweisen dort besser bearbeitet werden als im normalen Arbeitsprozess (vgl. z.B. Kutter 2000).

Soziologisch ist für den Erfolg (beziehungsweise auch für den Misserfolg) der gruppenzentrierten Beratung besonders das Phänomen des Gruppenzwangs interessant. Dabei sind die Zwänge der Gruppe nicht als Gegensatz zur Freiwilligkeit der Teilnahme an der Gruppe zu verstehen, sondern die Zwänge der Gruppe bilden sich erst auf der Basis der Freiwilligkeit aus. Das Besondere der Beratung in Gruppen ist, dass die Person durch eine *eigene* Entscheidung teilnimmt. Aber genau diese *eigene* Entscheidung erschwert es einer Person, die an einer Beratung in der Gruppe teilnimmt, sich zu entziehen. Weil die Teilnahme an der Sitzung nicht erzwungen wurde, sondern freiwillig erfolgt, binden sich die Mitglieder an eigene Entscheidungen. Sie „verlieren ihr Gesicht", wenn sie kurz nach der Erklärung zur Bereitschaft, an einer Gruppensitzung teilzunehmen, aufgrund der „Zwänge der Gruppe" wieder aussteigen.[57]

Wodurch wird in der Gruppe Zwang aufgebaut?

Über die Funktion des Dritten

Mit Georg Simmel lässt sich eine Vielzahl von Effekten in Gruppen auf die Existenz eines Dritten zurückführen. Mit dem Dritten wird die Person bezeichnet, die aus der Dyade eine regelmäßig zusammenkommende Gruppe macht (vgl. Wiese 1966: 466ff.), die eine Liebesbeziehung in eine Familie mit eigenen Regeln und Gesetzmäßigkeiten umwandelt, die mit der Zweierbeziehung wenig zu tun hat (vgl. Allert 1997: 31ff.), oder die einem Gespräch zweier Personen allein durch ihre Anwesenheit eine ganz eigene Dynamik verleiht (vgl. Goffman 1983: 73ff.). Natürlich kann immer noch ein Vierter, Fünfter oder Sechster hinzukommen, aber dadurch, so das Argument Simmels, verändert sich das soziale Gebilde nicht mehr prinzipiell (vgl. Simmel 1992: 124).

In der Simmelschen Tradition wurde eine Vielzahl unterschiedlicher Funktionen identifiziert, die ein Dritter ausüben kann. Der Dritte kann sich beispielsweise als unparteiischer Vermittler profilieren – entweder dadurch, dass er von den anderen dafür formal benannt wird oder dadurch, dass er sich die Rolle durch konkretes Verhalten in der Interaktion aneignet (vgl. Simmel 1992: 125ff.). Der Dritte kann aber auch frei nach dem Motto „Wenn zwei sich streiten, freut sich der Dritte" versuchen, einen Vorteil daraus zu ziehen, dass sich die anderen beiden wechselseitig aufreiben (vgl. Simmel 1992: 134ff.). Das kann bis hin zu Strategien des „Teile und Herrsche" führen, indem der Dritte „Zwist vorsätzlich stiftet, um eine beherrschende Situation zu gewinnen" (vgl. Simmel 1992: 143). Der Dritte kann auch als Intrigant versuchen, mittels geheim gehaltener böser Nachrede eine mächtige Person in einer Dreierbeziehung dazu zu bringen, gegen ein Intrigenopfer vorzugehen (vgl. ausführlich Utz 1997: 19ff.).

Auffällig bei dieser Sammlung von Funktionen des Dritten in der Tradition Simmels ist, dass vorrangig die „Streitformen" aufgeführt werden, die durch den Dritten entstehen (vgl. Freund 1976: 90ff.). Die Betonung der „Streitformen" macht sicherlich Sinn, wenn man wie Simmel vorrangig das Verhältnis von Personen, Organisationen oder Staaten zueinander im Blick hat (vgl. Simmel 1992: 284ff.). Und auch innerhalb von Gruppen lassen sich solche „Streitformen" sicherlich beobachten (und werden ja gern in gruppendynamischen Trainings mobilisiert), aber für die Analyse der Funktion des Dritten in Gruppen sind meines Erachtens die „Eintrachts- und Gemeinschaftsformen" des Dritten wichtiger.

Für die Untersuchung von Gruppensupervision und Gruppencoaching ist es zentral, dass sich erst durch den Dritten Mehrheiten bilden können. In einer „Vereinigung von Zweien" gibt es, so Simmel, „keine Majorität". Aber schon durch den „Hinzutritt eines Dritten" ist die Gelegenheit dazu gegeben (vgl. Simmel 1992: 116). Anstelle eines „Verhältnisses 1 : 1" bei der Dyade kann es durch den Dritten nun zu einem „Verhältnis 2 : 1" kommen. Während bei der Dyade Normen immer mit dem Verweis zurückgewiesen werden können, dass diese doch lediglich die Position des anderen darstellen, erhalten sie allein durch das „Verhältnis 2 : 1" eine ganz eigene Form von Legitimität (vgl. Aubert 1972: 194f.). Besonders in Gruppen, die keine formale Hierarchie kennen, bilden sich so Mehrheiten, die der Minderheit über die Legitimität des Dritten ihre Interpretationen mit einem gewissen Nachdruck vermitteln können.

Durch die Mehrheitsbildung in Gruppen kann die Asymmetrie, die sowieso schon zwischen Berater einerseits und Klienten andererseits existiert, noch weiter verstärkt werden.[58] Die in Gruppen stattfindende personenorientierte Beratung profitiert davon, dass der jeweils im Mittelpunkt stehende Klient einem Ensemble bestehend aus dem Coach oder Supervisor sowie allen anderen Gruppenmitgliedern gegenübersteht. Diese Ensembles bilden sich automatisch aus, wenn in einer Gruppe das Problem eines der Klienten besprochen wird, sie können aber auch in der standardisierten Form eines „heißen Stuhls" gezielt eingerichtet werden, indem alle anderen Beteiligten einer in der Mitte sitzenden Person ihren Eindruck schildern. Das Ensemble bildet in der Interaktion eine „Kollusion", die jedenfalls für die kurze Phase, in der der Klient Thema ist, die Situationsdefinition dieses Klienten bestimmt (vgl. Goffman 1982: S. 438).[59]

Es ist meines Erachtens dieser durch den Dritten (und Vierten und Fünften) erzeugte Druck, der dazu führt, dass durch Gruppen überraschende Effekte auf Einzelpersonen erzielt werden können. Dabei spielen vermutlich nicht nur die Möglichkeiten zur Selbstverwirklichung eine Rolle, sondern besonders die von der Gruppe aufgebauten Zwänge der Gruppe, die überhaupt erst so etwas wie einen „Persönlichkeitsumbau" von erwachsenen Menschen ermöglichen.

2.3 Alltäglich kooperierende Teams: Teamcoaching und Teamsupervision

Supervision und Coaching von Teams unterscheiden sich von den oben angesprochenen Gruppencoachings und Gruppensupervisionen dadurch, dass die Personen sich nicht nur in der Beratungssituation treffen, sondern auch im Alltag zusammenarbeiten. Bei der Teamsupervision oder beim Teamcoaching kann es sich entweder um Beratung für monoprofessionelle Teams handeln, die sich aus

Teammitgliedern mit weitgehend gleicher Ausbildung zusammensetzen, oder um Beratung von multiprofessionellen Teams, in denen beispielweise in einem Krankenhaus Ärzte, Psychologen, Sozialarbeiter, Heilpädagogen und Krankenschwestern zusammenwirken (vgl. dazu Conrad/Pühl 1984: 79ff.; Möller 2001: 42f.; Belardi 2002a: 94).

Auf den ersten Blick haben Teams viele Gemeinsamkeiten mit den jenseits von Organisationen existierenden Gruppen wie Freundschaftscliquen, Straßengangs oder „autonomen" linken politischen Gruppen. Auch bei ihnen kennen sich die Personen untereinander. Es wird bemerkt, wenn Personen dazukommen oder ausscheiden.[60] Aber Teams existieren – und das ist der zentrale Unterschied – nur im Rahmen von Organisationen und können deswegen nicht die gleiche Form von Autonomie ausbilden, die Gruppen außerhalb von Organisationen entwickeln. Um diese Abstufung der Autonomie zu markieren, werden Teams und Cliquen, die sich innerhalb von Organisationen ausbilden, häufig auch als Gruppierung und nicht als Gruppe bezeichnet.[61]

Teams und Cliquen – Was zeichnet Gruppierungen in Organisationen aus?

In Organisationen müssen zwei unterschiedliche Formen von Gruppierungen grundsätzlich auseinander gehalten werden. Die erste Form der Gruppierung – die in Anlehnung an den üblichen Sprachgebrauch als Team (oder früher als Arbeitsgruppe) bezeichnet werden kann, entsteht durch eine Entscheidung der Organisation. Es handelt sich um kleine Abteilungen, Service-Teams, Steuerungskreise in Unternehmen, Züge in Panzer-Kompanien, teilautonome Fertigungs- oder Montagegruppen oder auch Vorstände, die sich auf die Formalstruktur der Organisation berufen können und in ihrer weiteren Existenz auch von formalen Entscheidungen der Organisation abhängen. Sie sind in den Organigrammen der Organisation vermerkt, sie finden sich in den Akten wieder, und man kann auf sie in den Protokollen der Organisation Bezug nehmen.

Die Eingebundenheit dieser Teams in die Organisation hat schwerwiegende Folgen. Die Teams in Organisationen können über ihre Mitgliedschaft nicht selbst verfügen. Eine kleine Arbeitsgruppe hat keine formalen Möglichkeiten, sich dagegen zu wehren, wenn ihr eine neue Mitarbeiterin zugewiesen wird. Ein über längere Zeit eingerichtetes Projektteam kann nicht autonom darüber entscheiden, welche Personen Mitglied dieses Teams sein sollen und welche nicht. Dadurch sind sie nicht in der Lage, eigene formale (!) Normen zu entwickeln und durchzusetzen. Eine teilautonome Montagegruppe in der Automobilindustrie kann keine Regeln aufstellen, die beispielsweise dem Regelwerk der Gesamtorganisation widersprechen, und ihre Teammitglieder dann mit Verweis auf die zur

Disposition stehende Mitgliedschaft im Team auf diese Regeln einschwören (siehe früh schon Luhmann 1965: 176).

Dies führt – im Vergleich zu den oben dargestellten Gruppen – dazu, dass Teammitglieder in Organisationen immer nur in ihrer Rolle als Organisationsmitglied auftreten müssen. Man kann über Jahre Kollegen in einer Abteilung haben, von denen man nicht weiß, ob sie Affären haben, ob ihre Eltern noch leben und welchen Basketballverein sie ihrer Freizeit unterstützen. Und weitergehend: Diese Kollegen können mögliche Anfragen ihrer Teammitglieder bezüglich dieser Themen zurückweisen und sich dabei im Recht fühlen.

Es ist selbstverständlich nicht ausgeschlossen, dass sich in Teams auch persönliche Beziehungen ausbilden können (ganz selten aber persönliche Beziehungen aller Mitglieder eines Teams zueinander). Aber die Organisation ist – wie es teilweise im Ansatz der Human Relations suggeriert wird – auf diese persönlichen Beziehungen nicht angewiesen, damit die Mitglieder ihre Leistungen erbringen. Straffe Leitung, hohe Entlohnung und symbolische Abstrafung einzelner Mitglieder können ähnliche Effekte erzielen.[62]

Mit Cliquen existiert in Organisationen eine zweite Form der Gruppierung, die sich jenseits der Formalstruktur einer Organisation bildet. Cliquen entstehen in „natürlicher Fortsetzung und Verdichtung kollegialer Beziehungen“, und zwar immer dort, wo das Verhältnis zur formalen Organisation besonders distanziert und problematisch ist. Bei Cliquen handelt es sich also, kurz ausgedrückt, um Zusammenschlüsse von Mitarbeitern, die jenseits ihrer formalen Zugehörigkeit zur Organisation zusammenwirken (vgl. Luhmann 1964: 324).

Niklas Luhmann unterscheidet verschiedene Ausrichtungen von Cliquen, die teilweise kombiniert werden. Die erste Ausrichtung – in Reinform bei der Clique der Unzufriedenen – dient zur „Erhaltung der Selbstachtung“, besonders in Situationen, die von ihren Mitgliedern als bedrohlich empfunden werden. Wenn Organisationsmitglieder den Eindruck haben, dem Druck innerhalb einer Organisation nicht mehr gewachsen zu sein, dann reicht der „kollegiale Halt“ häufig nicht mehr aus, und es bilden sich Gruppierungen von missmutigen oder resignierenden Mitgliedern aus. Die zweite Ausrichtung – besonders auffällig zu finden bei so genannten Konversationscliquen – dient vorrangig dazu, sich jenseits des formal gebotenen und immer wieder eingeforderten Konsenses in einer Organisation über die „wirkliche Situation“ zu verständigen. Bei der dritten Ausrichtung geht es den Cliquenmitgliedern vorrangig darum, sich in ihren persönlichen Karriereinteressen wechselseitig zu unterstützen. Es handelt sich in der Reinform um Seilschaften wie dem Andenpakt von CDU-Politikern, die dazu dienen, jenseits der formalen Strukturen das Fortkommen der Cliquen-Mitglieder zu fördern. Bei der vierten Ausrichtung geht es darum, jenseits der formalen Struktur der Organisation Ziele durchzusetzen, die durch die Organisation noch nicht positiv sanktioniert werden. „Strategischen Cliquen" geht es dabei nicht vorrangig um die individuelle Karriere ihrer Mitglieder, sondern um das Erreichen von Zielen, die offiziell noch nicht auf der Agenda der Organisation vertreten sind (vgl. ausführlich Luhmann 1964: 325).

Cliquen unterscheiden sich von Teams dadurch, dass sie keine genau definierten Grenzen der Mitgliedschaft haben. Es ist häufig gar nicht klar, wer zu einer Clique in Organisationen dazu gehört und wer nicht. Die Übergänge zu ganz normalen kollegialen Beziehungen, darauf weist Luhmann hin, sind fließend. Die Existenz von Cliquen in Organisationen ist immer prekär. Sie sind anfällig gegen den Wechsel von Personen und zerfallen häufig, wenn eine oder zwei Personen die Organisation verlassen. Da es – anders als bei Teams – keine durch die Organisation abgesicherte Zuweisung von Personen zu Cliquen gibt, ist die Identität der Clique – für die Cliquenmitglieder und erst recht für Außenstehende – häufig nur schwer zu fassen (zu all diesen Punkten ausführlich Luhmann 1964: 331f. und Luhmann 1965: 175f.).

Weil nur die erste Form von Gruppierungen in Organisationen durch die Formalstruktur abgesichert ist, finden wir Coaching und Supervision fast ausschließlich bei diesem Typus von Gruppierungen in Organisationen. Coaching oder Supervision für Cliquen, Seilschaften oder informelle Gruppierungen sind seltene Fälle. Da diese quasi im Schatten der Formalstruktur der Organisation existieren, sind sie nur begrenzt in der Lage, eine formal wirkende Entscheidung wie die Beauftragung eines Beraters zu treffen oder auch nur die notwendigen Mittel für eine solche Beratung zu mobilisieren.

Für beide Gruppierungen in Organisationen – Teams und Cliquen – gilt aber, dass sie nicht die gleiche Form von Autonomie entwickeln wie die Gruppen, die sich außerhalb von Organisationen bilden.[63] Und so macht es einen großen Unterschied, ob es sich bei den Klienten eines Coachings oder einer Supervision um eine Gruppe handelt, die sich lediglich zu dem Zwecke dieser Beratung trifft, oder ob es sich um Teams handelt, die im Rahmen einer Organisation gebildet wurden.

Gruppen, die sich nur zum Zwecke der Beratung treffen, haben teilweise die Möglichkeit, über ihre Mitglieder selbst zu entscheiden, können sich ihre Regeln selbst geben und sich auf eigene Initiative hin auflösen. Das eröffnet gerade für die Beratung in Gruppen eigene Chancen. Dagegen haben Teams nur sehr begrenzte Möglichkeiten, zu entscheiden, wer zu ihnen gehört, welche Regeln gelten und wie lange sie existieren. Ihnen werden durch die Organisationen eindeutige Mitgliedschaftskriterien vorgegeben, und ihr Fortbestand ist trotz Mitgliederwechsel garantiert.[64] Das wirkt sich auf die Möglichkeiten der Beratung in Teams aus.

Welche besonderen Effekte treten bei Teams in Organisationen auf?

Aus soziologischer Perspektive ist interessant, dass bei der Behandlung von personenbezogenen Themen in Teams – anders als bei Gruppen – die organisationsinterne Öffentlichkeit als ein Zensurmechanismus auftreten kann. Mit Zensurmechanismus ist gemeint, dass einzelne Teammitglieder (oder auch das ganze Team) Informationen zurückhalten, die durch das Teamcoaching oder die Teamsupervision eigentlich herausgelockt werden sollen. Man erzählt im Coaching nichts über Probleme zwischen zwei Teammitgliedern, obwohl dies vom Coach erwartet wird oder hält – trotz Nachfrage – in der Supervision Informationen über Empfindungen in einer problematischen Situation zurück.

Für diesen Zensurmechanismus in der Teamsupervision und im Teamcoaching gibt es drei Gründe. Der erste Grund ist das Gesetz des Wiedersehens, das in jeder Organisation herrscht. Den gleichen Personen, denen man in der Teamsupervision oder im Teamcoaching begegnet, wird man mit Sicherheit wieder begegnen. Das Besondere ist aber, dass die Situationen, in denen man den Personen wieder begegnen wird, in der Regel andere sind als die eher außergewöhnliche Beratungssituation im Teamcoaching oder in der Teamsupervision. So droht man beim zufälligen Zusammentreffen mit einem Teamkollegen am Kopierer daran erinnert zu werden, dass man in der letzten gemeinsamen Sitzung Teile seiner Persönlichkeit gezeigt hat, an die man am Kopierer lieber nicht erinnert werden möchte. In Antizipation des Wiedersehens halten sich Teammitglieder dann zurück.[63]

Der zweite Grund ist die Existenz „gemeinsam bekannter Dritter" außerhalb des Teams. Während man in den häufig schon fast mystisch verklärten, zufälligen Zusammenkünften in Eisenbahnabteilen meint alles erzählen zu können, weil man mit den Zufallsbekanntschaften keine gemeinsamen Bekannten hat, ist jedem Teilnehmer einer Teamsupervision und eines Teamcoachings bewusst, dass es außerhalb der Sitzung Personen gibt, die allen Teilnehmern bekannt sind. Dies führt dazu, so André Kieserling (2002:1), dass in den Sitzungen immer der Verdacht mitschwingt, dass „man auf Vertrauen und Diskretion nicht zählen" kann. Bei informellen Treffen mit Kollegen und manchmal auch mit Vorgesetzten könne man sich auf diese „wertvollen Ressourcen" verlassen, in offiziellen Sitzungen der Teams würden diese Ressourcen aber allen zugänglich gemacht werden.

Der dritte Grund liegt darin, dass Teammitglieder immer auch potenzielle Konkurrenten um frei werdende Ressourcen, neue Aufgaben oder hierarchische Aufstiege sein können. Teamsupervisionen und Teamcoachings können deswegen durch die Sorge bestimmt sein, dass eine in der Sitzung eingestandene Schwäche von Kollegen in Konkurrenzsituationen ausgenutzt wird. So tendieren

Teammitglieder häufig dazu, in den Teamsitzungen nur geschönte Schilderungen ihrer Probleme abzugeben.

Bei der Betrachtung von Team-Supervisionen oder Team-Coachings – weitergehend aber auch von Team-Workshops generell – ist die Frage, inwiefern die Eigendynamik von Face-to-Face-Interaktionen diese Zensurmechanismen außer Kraft setzt. Es können sich – so die Vermutung – gerade bei Team-Supervisionen und Team-Coachings Ermüdungserscheinungen gegenüber der Phrasendrescherei ausbilden, die zu einem Zwang zur Offenheit führen, den man vielleicht später bereut.

2.4 Fazit: Die Spannungsfelder der personenorientierten Beratung in den unterschiedlichen Rahmungen

In den drei verschiedenen Beratungsrahmung lassen sich unterschiedliche Ziele auseinander halten, die durch die Supervision oder das Coaching angestrebt werden.[66] Hilfestellungen für eine konkrete Person können als erstes Ziel von Beratung angesehen werden. Dieser Aspekt spielt besonders in dyadischen Beratungsbeziehungen eine wichtige Rolle, weil der Beratene dort die volle Aufmerksamkeit des Coachs oder Supervisors erhält und er davon ausgehen kann, dass seine Person im Mittelpunkt jeder einzelnen Beratungssitzung steht. Aber die Beratung einer einzelnen Person kann auch in einer Gruppe stattfinden. Die Gruppe oder das Team tritt dabei als eine Art „Gesamtsupervisor" oder „Gesamtcoach" für die einzelne Person auf (vgl. Oevermann 2001: 270). Auch für die Team-Supervision und das Team-Coaching wird der Anspruch aufgestellt, dass hier eine Beratung einzelner Personen stattfinden kann.

Das zweite Ziel betrifft die Verbesserung der Leistungen für einen Klienten der Organisation. Die Ursprünge der personenorientierten Beratung liegen, wie gezeigt, in der Fallberatung, die voranging und auf einen abwesenden Dritten – den Klienten des Supervisanden oder Coachees – ausgerichtet ist. Die Fallberatung kann dabei in einer dyadischen Rahmung erfolgen – ein Arzt schildert das Problem mit einem Patienten oder ein Coach in der Ausbildung sein Problem mit einem Coachee. Die Fallberatung kann aber auch, wie das Beispiel der von Michael Balint entwickelten Gruppenkonzeption zeigt, in Anwesenheit von anderen Professionellen erfolgen, die es in ihrer Praxis mit ähnlichen Fällen zu tun haben. Bei einer Teamsupervision wird unter Anwesenheit eines Beraters ein in der Regel allen Teammitgliedern bekannter Fall eines Klienten behandelt und gemeinsam überlegt, wie in diesem Fall vorgegangen werden sollte.

Ein drittes Ziel, das sich im Rahmen von Coachings und Supervisionen ausbilden kann, besteht in einer Verbesserung der Zusammenarbeit von Personen im

Team. Diese Beratung kann prinzipiell auch in der dyadischen Rahmung erfolgen, zum Beispiel wenn der Klient mit seinem Berater darüber reflektiert, wie er auf seine unmittelbaren Arbeitskollegen wirkt. In der Regel wird dieses Ziel bei Gruppencoachings und Gruppensupervisionen oder bei Teamcoachings und Teamsupervisionen angestrebt. Bei der Beratung in Gruppen wird in der Tradition der Gruppendynamik davon ausgegangen, dass die für den Beratungskontext künstlich gebildeten Gruppen Strukturähnlichkeiten zu den Teams haben, in denen die Klienten regelmäßig arbeiten und insofern ein Lerntransfer in den realen Arbeitsalltag stattfinden kann. Bei der Teamsupervision und dem Teamcoaching bestehen fließende Übergänge zum Teamtraining. Hier wird die Zusammenarbeit im Team selbst thematisiert in der Hoffnung, dass die Selbstreflexion zu einer Verbesserung der Arbeitsleistungen führt.

Der vierte Aspekt, der gerade in der aktuellen Praktikerliteratur hervorgehoben wird, ist die Möglichkeit, Coaching und Supervision als Teil einer Organisationsentwicklungsstrategie zu betreiben. Dies kann in einer dyadischen Rahmung stattfinden, beispielsweise wenn der Geschäftsführer eines Familienunternehmens eine Supervisorin als Sparringspartnerin nutzt, um eine angedachte neue Strategie zu prüfen. Eine ähnliche Funktion könnte man auch bei der Gruppensupervision und dem Gruppencoaching erkennen, wenn ein Gruppenmitglied Überlegungen zur Veränderung seiner Organisation zur Diskussion stellt. Am stärksten wird dieses Ziel jedoch beim Teamcoaching und bei der Teamsupervision betont. Die Beratung des Teams ist dabei dann vorrangig Mittel zum Zweck, um die Organisation insgesamt leistungsfähiger zu gestalten – zum Beispiel dadurch, dass die Kooperation mit anderen Teams verbessert wird oder Initiativen für teamübergreifende Organisationsveränderungen angestoßen werden (vgl. früh schon Rappe-Giesecke 1990; Schreyögg 1991; Buchinger 1992; siehe auch Fatzer 1999).

Häufig wird in der Debatte implizit immer noch davon ausgegangen, dass sich die vier Ziele gut kombinieren lassen. Die Fallsupervision könnte, so der Vorschlag, gut mit einer Beratung eines einzelnen Organisationsmitglieds verbunden werden. Das Coaching oder die Supervision eines Teams könnte, so eine andere Idee, verknüpft werden mit der Beratung einer einzelnen Person. Und diese verschiedenen Ansätze – die Beratung konkreter Fälle, die Beratung einzelner Personen und die Beratung von Teams – könnten dann wiederum im Sinne einer „vernetzten Beratung" mit Maßnahmen der Organisationsentwicklung gekoppelt werden.

Hinter diesen Konzepten zur Vernetzung unterschiedlicher Zielsetzungen personenorientierter Beratung versteckt sich meines Erachtens ein zu harmonistisches Organisationsverständnis. Es wird letztlich suggeriert, dass das, was gut ist für eine Beratung von Einzelpersonen, auch gut für die Beratung des Teams ist und das, was gut für das Team ist, auch gut für die Organisation ist. Spätestens seit der Kritik an dem Human Relations Ansatz der sechziger Jahre des letzten Jahrhunderts gibt es für solch ein Organisationsverständnis aus organisationswissenschaftlicher Perspektive kaum noch Unterstützung. Ins Blickfeld einer organisationswissenschaftlichen Betrachtung geraten eher die Konkurrenzen, die sich zwischen den vier Zielen der personenorientierten Beratung ausbilden.

Diese Debatte wird im Coaching und in der Supervision unter dem Begriff der „verschiedenen Auftraggeber" geführt. Auch wenn der Coach oder Supervisor von der Organisation beauftragt wird, eine personenorientierte Beratung durchzuführen, ist damit noch nicht festgelegt, wem gegenüber er sich im Konfliktfall verpflichtet fühlt: dem Klienten, an dem er die Beratungsleistung erbringt? Dem Team, in das der Klient eingebunden ist? Der Personalentwicklungsabteilung, über die er eventuell vermittelt wurde? Einem abstrakten Etwas, wie der Organisation an sich? Oder vielleicht auch nur seinem eigenen Beratungsverständnis (vgl. beispielsweise Feltham/Dryden 2002: 20ff.)?

Der Blick auf die drei unterschiedlichen Rahmungen von Beratungen eröffnet die Perspektive dafür, dass sich in ihnen die vier benannten Ziele unterschiedlich gut umsetzen lassen. Die Beratung einzelner Personen droht im Rahmen von Teams oder Gruppen zu einer „Einzelberatung unter Zeugen" zu degenerieren (vgl. Looss 1997: 155). Gleichzeitig ist es aber fraglich, ob bei der dyadischen Beratung – der „Einzelberatung ohne Zeugen" – Effekte erzielt werden können, die Rückwirkungen auf die Arbeit in Teams oder gar der ganzen Organisation haben. Die systematische Debatte über diese Frage beginnt erst, ohne dass sich bisher eine eindeutige Position unter Praktikern abzeichnet.

3 Das Evaluations-Dilemma von Coaching und Supervision: Zwischen Ansprüchen von Lernen und Legitimation

Zahlreiche Merkmale unterscheiden Beratungsleistungen von solchen Leistungen, die in Form von Produkten abgeliefert werden. Ähnlich wie Leistungen von Ärzten, Anwälten oder Therapeuten sind auch Beratungsleistungen vergänglich. Sie zerstören sich im Moment ihres „Konsums" selbst. Deswegen kann man eine „gute Beratung" nicht lagern, eine einmal bewährte Beratung nicht noch einmal kaufen oder eine erfolgreiche Beratung nicht weiterverkaufen (vgl. Clark 1995: 41ff.; Clark/Salaman 1996a: 172f.; siehe auch Saam 2007: 87).

Diese Eigenschaften von Beratungen führen dazu, dass es schwierig ist, bei Beratungen Zurechnungen vorzunehmen. Die sozialpsychologische Attributionstheorie hat vorrangig mit der Methodik des Experiments herausgearbeitet, dass Personen permanent damit beschäftigt sind, beobachtete Effekte auf mögliche Ursachen zurückzuführen. Häufig sind diese Zurechnungen unbestritten: Wenn ein Fahrradfahrer angetrunken in ein Auto fährt, ist die Zuschreibung des Blechschadens auf den Fahrradfahrer in der Regel eindeutig. Wenn ein Kind mit seiner Hand auf eine heiße Herdplatte fasst, dann sind die unmittelbar folgenden Schmerzen auf eine eindeutige Ursache zuzurechnen, und diese klare Kausalitätszuschreibung führt – jedenfalls meistens – zu erfolgreichem Lernen. Aber häufig ist man sich über Zurechnungen nicht einig: Wie kann man den Anstieg von Leukämie in einer Gegend erklären? Worauf ist der Anstieg des Bruttosozialproduktes zurückzuführen? Oder – um ein kleineres Phänomen zu nehmen – wodurch sind die verbesserten Führungseigenschaften eines Managers zu erklären oder der Erfolg eines Veränderungsprojektes?

Trotz (oder vielleicht besser wegen) dieser Zurechnungsschwierigkeiten gehört die Forderung, dass Beratungsleistungen zu evaluieren sind, inzwischen unter den meisten Praktikern zum guten Stil. Bereits in den fünfziger Jahren des zwanzigsten Jahrhunderts wurden Forderungen laut, dass man die Effekte von Trainings und Seminaren, in die Unternehmen, Verwaltungen, Armeen, Kirchen und Krankenhäuser viel Geld investieren, eines Wirkungscontrollings unterziehen müsste (vgl. Seeber 2000: 19ff.). Spätestens in den siebziger Jahren des zwanzigsten Jahrhunderts erhöhte sich auch gegenüber Organisationsberatern der

Druck, ihre Leistungen zu evaluieren und durch diese Evaluationen nachzuweisen, welchen Nutzen sie ihren Klienten gebracht hatten. Je stärker die Zweifel an den früheren „Propheten der Effizienz" wurde, desto stärker sahen sich die Berater gezwungen, auf die Frage nach der Evaluation ihrer Leistungen nicht mehr nur abweisende Antworten zu geben (vgl. Ebrahimchel/Mohe/Sernzeld 2006: 159ff.). Auch auf die personenorientierte Beratung in Organisationen hat in den letzten Jahren der Evaluationsdruck zugenommen. Ihre Nützlichkeit müsse gerade auch im Vergleich zu günstigeren Trainings- und Seminarprogrammen nachgewiesen werden (vgl. z.B. Möller/Märtens 1999: 104ff.; Petzold et al. 2003: 11; Leitner et al. 2004: 3ff.; Künzli 2005: 231ff.).

Auf den ersten Blick kann man den Eindruck bekommen, dass die „Audit-Explosionen", die „Controlling-Revolutionen" und die sich an Selbstbezüglichkeit berauschenden „Reflexivitäts-Wellen" jetzt (manche würden sagen: endlich) auch die verschiedenen Spielarten der Beratung in Organisationen erreicht haben (vgl. zu diesem Trend Moldaschl 2005: 163ff.). Immer mehr Bereiche der modernen Gesellschaft werden durch die Idee des Auditings, des Controllings und des Monitorings erfasst und so umgestaltet, dass sie permanent auf ihre Leistungsfähigkeit hin überprüft werden können (vgl. Power 1994: 5ff.). Warum sollten also nicht auch die Beratungsprozesse durch die „Audit Society" (vgl. Power 1997: 10ff.) erfasst werden?

3.1 Bestandsaufnahme: Ansätze zu einer Evaluation von Beratungen in Organisationen

Unter so unterschiedlichen Begriffen wie Erfolgsermittlung, Erfolgsbewertung, Erfolgskontrolle, Beratungsevaluation, Change Controlling, Lernfortschrittskontrolle, Effizienzerforschung oder Wirkungs- und Qualitätskontrolle werden seit einigen Jahrzehnten eine ganze Reihe von Konzepten propagiert, mit denen der Erfolg oder Misserfolg beraterischer Interventionen überprüft werden soll. Diese Konzepte, die inzwischen von einer eigenen, in der Entstehung begriffenen „Human Resource Development Measurement und Evaluation Industry" (vgl. Charlton/Osterweil 2005: 6) auf den Markt gebracht werden, weisen manchmal ein hohes Maß an Übereinstimmung auf, dann wieder gibt es aber auch ganz unterschiedliche Zielrichtungen der verschiedenen Konzepte.

Um sich einen schnellen Überblick über die verschiedenen Konzepte zur Evaluierung zu verschaffen, wird immer wieder auf das Klassifikationsschema Daniel L. Kirkpatricks zurückgegriffen. Daniel L. Kirkpatrick hatte das Konzept in den späten fünfziger Jahren des letzten Jahrhunderts ursprünglich für die Evaluierung von Trainings-Maßnahmen entwickelt. Es lässt sich aber auch auf die Evaluierung von personenorientierter Beratung in Organisationen übertragen.[67]

Reaktionen: Die Evaluation von unmittelbarer Zufriedenheit über Happiness-Indices

Eine erste Ebene, auf der eine Evaluierung von Beratung stattfinden kann, ist die unmittelbare „Reaktion“ der Betroffenen auf die Maßnahme. Abgefragt wird bei diesen Reaktionen besonders die „Zufriedenheit des Klienten“ (vgl. Kirkpatrick 1959a): Wie überzeugend war aus der Sicht des Klienten die Beratungsleistung der Supervisorin oder des Coachs? Wie empfanden die Teilnehmer eines Workshops zur Umstrukturierung der Verwaltung die Leistung des Kurses? Wie zufrieden waren die Teilnehmer mit der Trainerin? Wie schlüssig war das Seminarkonzept?

Die Messung der Zufriedenheit wird im Anschluss an ein Training, einen Workshop oder ein Coaching über so genannte „smile-sheets“ (Kirkpatrick 1996: 67) vorgenommen. Auf einem Blatt Papier sind für eine Reihe von Fragen jeweils ein lächelnder, ein neutraler und ein unzufriedener „Smiley“ abgebildet, und die Klienten können ihre Einschätzung durch Kreuze beim jeweiligen Bild abgeben. Die Ergebnisse der verschiedenen Teilnehmer werden dann in so genannten „Happiness-Indices“ zusammengefasst, deren Ergebnisse in die Planung weiterer Maßnahmen einfließen können.

Der Reiz besteht darin, dass durch solche Auswertungen nicht nur qualitative Aussagen im Sinne von „Was hat gefallen“ und „Was hat weniger gefallen“ generiert werden, sondern dass Ergebnisse in Zahlenform abgebildet werden können. Es kann bis auf die zweite Stelle hinter dem Komma die Zufriedenheit mit einem Coach oder einem Supervisor bestimmt werden. Die Leistungen einer Supervisorin können über genau differenzierte „Schulnoten“ mit der Leistung einer anderen Beraterin verglichen werden. Die quantitative Messung von Zufriedenheitsaussagen ermöglicht zudem Aussagen darüber, wie sich eine Beraterin von Jahr zu Jahr verbessert oder verschlechtert hat.

Obwohl Zufriedenheitseinschätzungen immer nur die subjektive Einschätzung der Teilnehmer wiedergeben, erscheinen die Ergebnisse aufgrund ihrer Zahlenhaftigkeit auf den ersten Blick neutral, unabhängig und objektiv. Sie signalisieren, dass es kaum Interpretationsspielraum gibt (vgl. Porter 1995: x). Eine Zahlenangabe über ein Coaching repräsentiert, so wenigstens die erste Suggestion, in einem westeuropäischen Land das gleiche wie in einer Beratungssituation in einem afrikanischen Land. Eine Zufriedenheitseinschätzung mit einer Supervision funktioniert, so jedenfalls die Annahme, in einem US-amerikanischen

Unternehmen genauso wie bei seinem philippinischen Kooperationspartner und ist von regionalen oder kulturellen Besonderheiten unabhängig.

Begründet werden die „Zufriedenheits-Evaluierungen“ damit, dass eine hohe Zufriedenheit der Teilnehmer mit einem hohen Erfolg der Maßnahme korreliert und eine geringe Zufriedenheit eher auf den Misserfolg der Maßnahme hindeutet. Erklärt wird außerdem, dass die Bereitschaft, zukünftig etwas zu verändern, maßgeblich mit der subjektiven Zufriedenheit der Teilnehmer mit einem Training, einem Coaching oder einer Beratung zusammenhängt. Der Lernerfolg einzelner Maßnahmen, so die Annahme, korreliert häufig mit einer positiven Einstellung des Klienten zur Maßnahme und zur Beratung (vgl. Nork 1989: 121; Kirkpatrick 1996: 300ff.).

An dieser Grundannahme des Nutzens der Happiness-Indices kann man Zweifel haben. Die Happiness-Indices gehen davon aus, dass Klienten unmittelbar nach Abschluss einer Maßnahme deren Qualität einschätzen können. Bei Trainings und Seminaren mag es noch eine gewisse Plausibilität haben, weil Teilnehmer inzwischen oft eine Vielzahl von Trainings vergleichen können und so auch eine zeitnahe Evaluationskompetenz erworben haben. Aber selbst hier kann man Erkenntnisse der Pädagogik nicht völlig missachten, die deutliche Indizien dafür geben, dass Schüler nicht selten bei den ursprünglich verhassten strengeren Lehrern am meisten gelernt haben. Bei personenorientierten Beratungen wird diese Form der Evaluierung noch problematischer, weil die Psychologie lehrt, dass es in solchen Beratungssituationen immer wieder zu Übertragungen des Klienten auf den Berater kommt. In einem Gespräch über das Verhältnis zu seiner Chefin kann, so das teilweise beobachtete Phänomen, ein Mitarbeiter seine Gefühle gegenüber dieser Chefin auf seine Supervisorin übertragen. Wenn in einer solchen Situation die Kreuze auf den Smile-Sheets allzu positiv ausfallen, dürfte dies nicht als Erfolg der Beratungssitzung gelten, sondern müsste eher professionelle Irritation auslösen.

Lernen: Die Messung erweiterter Fähigkeiten, neuen Wissens und veränderter Einstellungen nach einer Maßnahme

Daniel L. Kirkpatrick schlägt neben den unmittelbaren Reaktionen eine zweite Ebene für die Evaluation vor. Der Erfolg einer Maßnahme soll darüber festgestellt werden, dass das neu erworbene Wissen, die veränderten Einstellungen und die erweiterten Fertigkeiten durch „Vorher-Nachher-Tests“ überprüft werden. So werden beispielsweise vor und nach einem Training die Fertigkeiten eines Mitarbeiters erhoben und festgestellt, ob sich diese durch das Training verändert haben. Oder es wird die Einstellung einer Führungskraft durch einen Test vor einer Coaching-Situation abgefragt und mit den Ergebnissen eines ähnlichen Tests am Ende der Coaching-Sequenzen verglichen.

Am weitesten entwickelt sind die Formen der Evaluation bei Trainings und Seminaren. Gerade bei so einfachen Lernthemen wie „Gesprächstechniken, Lesekompetenzen oder Schreibkompetenzen" ist die Methode der „classroom performance" breit eingesetzt worden. Die Seminarteilnehmer müssen dabei unmittelbar zum Abschluss eines Trainings oder einer Maßnahme ihre Fähigkeiten unter Beweis stellen und sich in der Gruppe der Diskussion stellen. Zur Überprüfung der Lernfortschritte kann noch während des Seminars ein mündlicher oder schriftlicher Test herangezogen werden (vgl. Kirkpatrick 1996: 303ff.; siehe auch Pollmeyer 2007: 6f.).

Letztlich sollen bei dieser Form der Evaluation zwei Fliegen mit einer Klappe geschlagen werden: Einerseits kann der Trainer oder Berater die Tests als didaktisches Konzept einsetzen. Die Teilnehmer bekommen unmittelbar am Ende der Maßnahme eine Rückmeldung, auf deren Basis sie selbst Handlungskonsequenzen ziehen können (bei Stiefel 1974: 48ff. wird dies im klassischen Sinn als formative Evaluation bezeichnet). Andererseits bekommt der Trainer oder Berater bzw. der Auftraggeber eine Rückmeldung über die unmittelbare Wirksamkeit der jeweiligen Maßnahme. Die Hinzuziehung einer Kontrollgruppe, die am Training oder am Seminar nicht teilgenommen hat, ermöglicht außerdem eine genauere statistische Auswertung im Hinblick auf die Effektivität der Seminare (Stiefel 1974 bezeichnet die Endpunkt-Evaluation als „Steuerungsevaluation").

Während diese Form der Evaluation für Trainings und Seminare recht ausführlich entwickelt wurde, wird sie bei Coachings und Supervisionen kaum eingesetzt. Dies hängt damit zusammen, dass personenorientierte Beratungen weniger standardisiert sind und somit nicht in der gleichen Form wie Seminare oder Trainings überprüft werden können.

Schon in der frühen Auseinandersetzung mit dieser Form der Effektivitätskontrolle wurde mit dem Begriff der „Transferlücke" (vgl. z.B. Wilkening 1986: 303) darauf hingewiesen, dass ein Vorher-Nachher-Vergleich wenig über tatsächliche Veränderungen der alltäglichen Arbeitspraxis aussagt. Die in der Evaluationsforschung als „interne Kriterien" erhobenen Effekte, die unmittelbare Verbesserungen etwa in der Weiterbildung messen, lassen nur begrenzte Rückschlüsse auf die so genannten „externen Kriterien" zu, also auf Veränderungen im Arbeitsverhalten außerhalb des Beratungs- und Trainingskontexts (vgl. Campbell et al. 1970: 272ff.). Die Verbesserung der Lesekompetenz in einem Seminar besagt nicht, dass dann auch Akten und Gesprächsunterlagen schneller zur Kenntnis genommen werden. Die Verbesserung der Gesprächsführung im

Rahmen einer Gruppensupervision besagt nicht, dass auch tägliche Teamsitzungen effizienter ablaufen.

Verhalten: der Transfer von Verhaltensveränderungen in die organisatorische Praxis

Die dritte von Kirkpatrick vorgeschlagene Ebene der Evaluation bezieht sich auf konkrete Veränderungen in der organisatorischen Praxis: Welche Verhaltensänderung der Organisationsmitglieder konnte eine auf die Organisationsstruktur zielende Beratung bewirken? Wie verändert sich der Führungsstil einer Führungskraft aufgrund einer Supervision oder eines Coachings? Inwiefern hat ein Training oder ein Seminar zu anderen Verhaltensweisen in der organisatorischen Praxis geführt?

Die tatsächlichen Veränderungen werden dabei auf ganz verschiedenen Ebenen erhoben: erstens in Veränderungen der Zeiten, zum Beispiel durch die schnellere Abwicklung von Produktentwicklungsvorhaben, die Verringerung von Maschinenstillstandszeiten oder die Effektivierung von Tätigkeiten; oder zweitens in der Veränderung der Produktivität zum Beispiel in Form erhöhter Absatzzahlen, einer verbesserten Qualität, einer Verringerung des Ausschusses; oder drittens hinsichtlich der Führung und Leitung von Mitarbeitern, zum Beispiel in Form von Daten zur Personalfluktuation, zu Fehlzeiten oder zu Beschwerden am Arbeitsplatz (vgl. für Aufstellung Parry 1997).

Das Problem dieser Form von Messungen einer „Verhaltensweise vorher" und einer „Verhaltensweise nachher" ist jedoch, dass sie häufig durch eine Vielzahl von unerwarteten Faktoren beeinflusst werden: Absatzmärkte können sich verändern, Konkurrenten können von der Bildfläche verschwinden oder neu dazu kommen, Kollegen können wechseln, oder Routinen werden aufgrund von Managementvorgaben geändert. Um diese verschiedenen Rahmenbedingungen unter Kontrolle zu bekommen, sollten, so die Forderung in der einschlägigen Literatur, aufwendige Analysen vorgenommen werden: Außerhalb von Beratung liegende Effekte sollten kontrolliert werden, um so diejenigen Verhaltensänderungen herauszufiltern, die direkt dem Coaching oder der Supervision zuzuschreiben sind (siehe dazu beispielsweise Phillips 2000: 233ff.).

Resultate: Die Evaluation des ökonomischen Erfolgs

Die vierte und letzte Ebene, auf der laut Kirkpatrick eine Evaluation stattfinden kann, sind ökonomische Veränderungen, die durch Organisationsberatungen, personenorientierte Beratungen oder Trainings und Seminare erzielt werden. Bei dieser Form der Evaluation werden Kennzahlen erhoben, welche es ermöglichen, die Effekte der Maßnahmen in Form von erhöhter Produktion, verbesserter Qualität oder gesenkter Kosten zu messen (vgl. Kirkpatrick 2006: 25f.).

Eine vergleichsweise einfache Variante der Evaluierung besteht darin, nach einer Maßnahme eine Liste mit Kosteneinsparungen, Qualitätsverbesserungen und Effizienzsteigerungen zu erstellen und diese jeweils mit Dollar-, Euro- oder Pfundbeträgen zu unterlegen. Dabei werden die Veränderungen – zum Beispiel die schnellere Abwicklung von Produktentwicklungsvorhaben oder die Reduktion des Zeitaufwandes, um bestimmte Tätigkeiten auszuführen – jeweils in Bezug auf Geldbeträge eingeschätzt. Die Verbesserung von Absatzzahlen wird also beispielsweise nicht nur in mehr verkauften Versicherungsverträgen gezählt, sondern jedem dieser Versicherungsverträge wird ein Geldbetrag zugewiesen. Oder es wird nicht nur die geringere Zahl von Fehltagen aufgrund eines Coachings festgestellt, sondern jeder einzelne Fehltag wird mit entsprechenden Geldbeträgen verzeichnet.

Auf der Basis dieser Erhebungen von Geldbeträgen können dann verschiedene Berechnungsmethoden durchgeführt werden (ein guter Überblick findet sich bei Niehoff/Wert/Deller 2006: 51ff.). Eine Variante, mit der der ökonomische Erfolg von Beratungsleistungen nachgewiesen werden soll, ist die Nutzwertanalyse. Dabei wird der finanzielle Nutzen einer Coachingmaßnahme oder einer Supervisions-Reihe mit Hilfe von verschiedenen Kenngrößen erhoben. Unter anderem wird zu diesem Zweck die Arbeitsleistung von beratenen und unberatenen Mitarbeitern miteinander verglichen, es wird die Anzahl der beratenen Organisationsmitglieder erfasst und die Zeitspanne erhoben, über die hinweg eine Beratung die Arbeitsleistung der Organisationsmitglieder beeinflusst.

Am populärsten sind zurzeit Versuche, den „Return on Investment" von Coaching- oder Supervisionsmaßnahmen zu erfassen (vgl. Phillips/Marston 2005; siehe auch Phillips 1996 für Trainings und Phillips 2000 für Organisationsberatung). Dabei werden die Performance-Verbesserungen, die durch eine Maßnahme vermeintlich erreicht wurden, und die monetären Auswirkungen dieser Verbesserungen berechnet. Dieser Nutzen wird dann den finanziellen Aufwendungen für Berater, Administrationskosten und für entgangene Arbeitszeiten gegenübergestellt. Der „Return on Investment" einer Beratungsmaßnahme bestimmt sich dann – genauso wie bei der Berechnung von anderen Investitionsvorhaben – aus den Gewinnen abzüglich der Kosten geteilt durch die Kosten mal hundert (oder in einer Formel: [Gewinne – Kosten/Kosten] x 100). Das Zusatzversprechen der Return-on-Investment-Berechnungen ist, dass nicht nur ein absoluter Wert geliefert wird – 10.000 Euro Einsparung oder 20.000 Dollar mehr

Aufträge – sondern die Ergebnisse in Verhältnis zum Aufwand gesetzt werden (siehe auch die ersten frühen Vorüberlegungen von Phillips 1984).[68]

Bei allen Unterschieden ist das Ziel dieser Maßnahmen, Kennziffern zu generieren, die die Effekte der Maßnahmen in Geldbeträgen quantifizieren. Dabei ist der Übergang zwischen den nicht in Geldbeträgen gefassten Zahlen wie Krankenstände, reduzierte Ausschussrate oder reduzierte Wegezeiten zu den in Geldbeträgen gefassten Zahlen fließend (Munro 1995). Letztlich lässt sich jedes Ereignis – mehr oder minder gut – in Zahlen fassen, und jede nichtmonetäre Zahl lässt sich in Dollar-, Euro- oder Pfundbeträge überführen.[69]

Durch die Monetarisierung im Rahmen der Nutzenanalyse werden verschiedenartige Ereignisse vergleichbar. Eine Maßnahme, die in Form einer Geldsumme erfasst wird, kann mit fast jedem beliebigen anderen Ereignis verglichen werden. Über die Durchführung eines Coachings oder einer Supervision kann ähnlich entschieden werden wie über die Investition in eine neue Fertigungsstraße, in eine Montagemaschine oder in einen LKW. Aufgrund dieser Vergleichbarkeit können Zahlen für Argumentationszwecke genutzt werden.

Zwischenfazit – Wie weit tragen die Evaluationskonzepte?

Die gerade in der Praktikerliteratur immer wieder festgestellte Notwendigkeit von Evaluationen steht in auffälliger Diskrepanz zu der fast stiefmütterlichen Behandlung, die der Evaluierung von Beratungserfolgen in der Praxis zuzukommen scheint. Schon für den Trainingsbereich wurde von Ronald W. Clement in den achtziger Jahren des letzten Jahrhunderts festgestellt, dass die Qualität und Intensität der Evaluation sich über ein Jahrzehnt nicht erhöht hat (vgl. Clement 1983: 233ff.; siehe auch McCormick/Illgen 1985: 237 und Nork 1989: 115, 146). Chris McGivern stellte in einer der frühen Studien über das Verhältnis von Beratern und Klienten fest, dass überraschend wenig Augenmerk darauf gelegt wurde, was letztlich an messbaren Ergebnissen bei einem Beratungsprojekt herauskommt (vgl. McGivern 1983: 182f.; siehe auch Kieser 1998: 204). Auch Berit Ernst kam in ihrer Studie über die Evaluationspraxis zu dem Ergebnis, dass systematische Evaluationen nach Abschluss der Projekte eine zu geringe Rolle spielen (vgl. Ernst 2002: 70ff.). Worauf ist diese Zurückhaltung in der Praxis zurückzuführen?[70]

3.2 Die Grenzen der Evaluation von Beratungen

Als Gründe für die Zurückhaltung bei der Evaluierung von Beratungsvorhaben wird häufig ein ganzer Strauß von Gründen angegeben: Es herrsche – gerade beim Top-Management – „fehlendes Evaluationsbewusstsein“, man scheue die „Kosten der Evaluation“, der „Glaube an die Wirksamkeit“ von Beratungs- und Trainingsmaßnahmen sei so hoch, dass eine Evaluation unnötig erscheine, es existierten „Ängste der Beteiligten“, die aus Unklarheit über die Ergebnisse der Evaluierung entsprechende Versuche bremsten, und es mangele an „angemessenen Instrumenten zur Evaluation“ (Nork 1989: 42ff. und 148f.). Bei all diesen Erklärungen fällt auf, dass sie die Ansätze zur Beseitigung der übergroßen Zurückhaltung gleich mitliefern: Schaffung von Evaluationsbewusstsein, Bereitstellung von Mitteln für die Evaluation, größere Ehrlichkeit im Umgang mit der Wirksamkeit von Maßnahmen, Abbau von Ängsten der Beteiligten und Entwicklung geeigneter Instrumente.

Hinter dieser Sichtweise, die Evaluationszurückhaltung gründe lediglich auf einem fehlenden Bewusstsein, auf tief sitzenden Ängsten oder auf zu großen Kosten, steckt die Vorstellung, dass sich Beratungstätigkeiten „eigentlich“ ähnlich evaluieren lassen wie andere Tätigkeiten in Organisationen auch. Diese Vorstellung von der Messung, dem Vergleich und der Evaluation von Tätigkeiten in Organisationen ist zusammen mit den ingenieurswissenschaftlichen Rationalisierungskonzepten des beginnenden zwanzigsten Jahrhunderts entstanden. Die Vorstellung, dass es einen „besten Weg“ gibt, um ein Werkzeug zu fertigen, eine Schaufel zu führen oder ein Auto zu montieren, verlangte eine permanente Evaluation der Arbeitstätigkeiten (Taylor 1967). Nur auf der Basis von permanenter Messung, so die damalige Vorstellung, sei es möglich, eine optimale Lösung für einen Arbeitsprozess zu erreichen.

Die zentrale Frage ist jedoch, inwiefern sich die Messung von Tätigkeiten am Fließband, bei der Abwicklung von Kundenanfragen in Call-Centern oder beim Verkauf von Hamburgern an McDonald's-Schaltern auf komplexere Tätigkeiten übertragen lässt. Inzwischen gibt es gerade in der Evaluationsliteratur vermehrt Überlegungen, die die Zurückhaltung bei der Evaluation von Beratungsleistungen mit der Besonderheit der Aufgabenstruktur im Vergleich zu stärker standardisierbaren Tätigkeiten in Organisationen erklären (vgl. z.B. Möller/Martens 1999).[71]

Gerade in den „technischen Kernen", beispielsweise den unmittelbaren Wertschöpfungsbereichen von Unternehmen, haben wir es häufig mit stark standardisierten Tätigkeiten zu tun: Die Produktion eines Automobils kann bis zum letzten Handgriff (oder häufig: bis zum letzten Zugriff des Schweißautomaten) geplant werden. Der Transport eines Bahnkunden von A nach B wird durch eine Vielzahl von Vorschriften sichergestellt, so dass der Leistungsanbieter und sein Kunde mit einer sehr hohen Wahrscheinlichkeit davon ausgehen können, dass sie ihre Ziele pünktlich erreichen. Die Vergabe von Krediten in Banken kann so weit standardisiert werden, dass sie nach den in Prozesshandbüchern hinterlegten Verfahren genau vorausgeplant werden kann (vgl. zu technischen Kernen Thompson 1967: 20ff.)

In der Organisationssoziologie wird das Regelwerk, mit dem ein Gegenstand von einem Zustand in einen anderen gebracht wird, als Technologie bezeichnet. Damit Technologien greifen, müssen sowohl der Ausgangs- als auch der Endzustand eines Prozesses genau definiert werden. Außerdem müssen die Transformationsschritte, mit denen man vom Ausgangs- in den Endzustand kommt, genau beschrieben sein. Dadurch können Tätigkeiten derart routinisiert werden, dass sie mit einem hohen Maß an Berechenbarkeit durchgeführt werden können (vgl. Luhmann/Schorr 1979a: 119).

Die „Technologisierung" vieler Arbeitsprozesse im wertschöpfenden Kern „erkaufen" sich Organisationen aber dadurch, dass sie spezielle Einheiten ausbilden, die die Rahmenbedingungen für die durchstandardisierten Prozesse stabil halten (vgl. Thompson 1967: 21). Typische „Absorber" von Unsicherheiten sind die Logistik, das Lager, die Arbeitsvorbereitung, die Personalabteilung, aber auch das leitende Management einer Organisation. Diese „Absorber" federn Unsicherheiten – zum Beispiel Lieferschwierigkeiten, Auftragsschwankungen, Personalfluktuationen – ab und ermöglichen es dem Unternehmen damit, Arbeitsprozesse im wertschöpfenden Kern mit Hilfe klar definierter Technologien durchzuführen.

Aber besonders die soziologisch inspirierte Forschung über Unterricht in Schulen hat gezeigt, dass sich eine Reihe von Tätigkeiten in Organisationen einer solchen Technologisierung entziehen (vgl. besonders Dreeben 1970). Die Transformation von einer schlechten zu einer guten Lateinschülerin lässt sich nicht vorausplanen (vgl. Dreeben 1968). Beim Versuch, Malariakranke zu behandeln, kann man zwar auf Erfahrungswerte zurückgreifen, erfolgssichere Technologien existieren aber nicht (vgl. Fox 1957). Bei einem Rechtsverfahren verfügt ein Anwalt über keine erfolgssichere Technologie, wie seine Mandantin einen Zivilprozess gewinnen kann (vgl. Oevermann 1997). Diese Schwierigkeit, eine erfolgssichere Kausalverbindung zwischen einer als problematisch eingeschätzten Ausgangssituation und einem gewünschten Endzustand zu definieren, wird als „Technologiedefizit“ bezeichnet (vgl. Luhmann/Schorr 1979a: 120; siehe auch ausführlich Luhmann/Schorr 1979b).

In diesem Sinne ähneln die verschiedenen Formen von Beratungstätigkeiten dem Schulunterricht des Lehrers, der Behandlung durch den Arzt oder der anwaltlichen Praxis insofern, als dass sie durch ein „Technologiedefizit“ gekennzeichnet sind. Der Supervisor mag zwar durch eine intensive Vorbereitung von Sitzungen eine Reihe von möglichen Problemen erahnen und diese zu vermeiden suchen, aber letztlich gibt es keine erfolgsgarantierenden Regeln für die Durchführung der Workshops. Ein Coach mag sich bewährte Frageroutinen zulegen, aber letztlich hat er keine Sicherheit, dass diese Frageroutinen zu den erhofften Ergebnissen führen.

Wie kommt es, dass es bei Supervision und Coaching ein solches Technologiedefizit gibt?

People Processing: Die Herstellung von Beratungsleistungen in Interaktionen

Die Beratung von Organisationsmitgliedern beruht – genauso wie die Arbeit von Lehrern, Geistlichen, Medizinern, Psychotherapeuten oder Juristen – auf einer Tätigkeit, die Jeffrey Manditch Prottas (1979) als „Prozessieren von Menschen“ – als „People Processing“ – bezeichnet hat. Der Klient muss, da es beim „People Processing“ um die Änderung der Person geht, aktiv an der Leistungserbringung mitwirken. Es soll jemand zielgerichtet verändert werden – die Schüler sollen besser Englisch sprechen, der Bandscheibengeschädigte soll beschwerdefrei werden oder die Führungskraft effizienter führen können – aber die Erreichung des Ziels ist letztlich nur möglich, wenn die Leistungsempfänger bereit sind, sich selbst zu verändern (vgl. Horn 1994: 204; ausführlich zum People Processing Hasenfeld 1972; 1992).

Die Arbeit des „People Processing“ basiert in einem hohen Maß auf der direkten Face-to-Face-Interaktion zwischen Leistungserbringern und Leistungsempfängern. Die Ärztin muss mit dem Klienten sprechen, um ihn zur Mitwirkung bei seiner Gesundung und zum Erlernen gesundheitsförderlicher Praktiken zu bringen. Um die englische Grammatik erfolgreich zu vermitteln oder die Ursachen der russischen Revolution begreiflich zu machen, ist der Lehrer auf die Mitwirkung der Schüler angewiesen. Und genauso basiert der Erfolg von Beratern, Trainern, Coachs und Supervisoren darauf, dass die Beratenen in direkter Face-to-Face-Interaktion an ihrem „Beratenwerden“ mitwirken.[72]

Diese Interaktionen unter Anwesenden bei der Leistungserbringung bringen automatisch Grenzen der Technologisierbarkeit mit sich (vgl. dazu Kieserling 1998: 65; Kurtz 2000: 176). Für die Beratungstätigkeit gibt es wegen ihrer Abhängigkeit von der Interaktion unter Anwesenden ebenso wenig erfolgssichere Technologien wie für Gottesdienste und Beichten, für Schlichtungs- und Gerichtsverfahren, die Ausbildung in Schulklassen und Universitäten oder die Krankenbehandlung.

Welche Schwierigkeiten ergeben sich aber aus dem Technologiedefizit für die Evaluation von Beratungsleistungen? Das Technologiedefizit macht sich bei der Evaluation – jedenfalls im Extremfall – im Hinblick auf alle drei Elemente, die normalerweise eine Technologie konstituieren, bemerkbar: Erstens sind die Probleme, die gelöst werden sollen, häufig nicht klar definiert. Zweitens kann die Kausalität für die Überführung vom Ausgangs- in den Zielzustand nicht genau bestimmt werden und drittens sind die Ziele, die mit einer Maßnahme angestrebt werden, nicht stabil.

Schlecht definierte Probleme in der Beratung

Die Durchführung einer Evaluation wird dadurch erleichtert, dass man zu Beginn weiß, wo das eigentlich zu bearbeitende Problem liegt. Wenn zu Beginn einer Maßnahme festgelegt wird, worin das Problem besteht, kann auch bestimmt werden, welche Verbesserung erreicht werden soll und auf welchem Weg diese Verbesserung durchgesetzt werden soll. Dies vereinfacht eine Evaluation, weil für den Vorher-Nachher-Vergleich die Ausgangsbasis – die Ist-Situation – in Form eines genau bestimmten Problems vorliegt.

Herbert Simon (1973) hat diese Form von Problemen als „gut definierte Probleme“ bezeichnet. Von gut definierten Problemen spricht man, wenn ein Problem im Detail beschrieben werden kann, die beteiligten Akteure hinsichtlich der Problemdefinition übereinstimmen und alle notwendigen Informationen über das Problem beschaffbar sind. Das ist zum Beispiel der Fall, wenn das Problem darin besteht, dass ein Haushalt noch nicht an das öffentliche Stromnetz angeschlossen ist. Das Problem ist klar umrissen (der Haushalt will einen Stromanschluss haben), die Kosten definierbar (die durchschnittlichen Kosten für die Verlegung eines Meters Stromkabel multipliziert mit der Anzahl der Meter) und der Arbeitsablauf für alle Beteiligten klar (entsprechend der Arbeitsrichtlinien der örtlichen Stadtwerke).

Häufig wird in Beratungsvorhaben so getan, als hätte man es mit solchen „gut definierten Problemen“ zu tun. Abstimmungsschwierigkeiten in einer Abteilung werden auf die fehlende Konfliktfähigkeit einer Führungskraft zurückgeführt; dieses gut definierte Problem wird sodann mit Hilfe eines Coachings für diese Führungskraft in Angriff genommen. Möglicherweise wird auch nach einer Fusion mit einem ausländischen Unternehmen „erkannt", dass die Führungskräfte ein Problem mit der „interkulturellen Kommunikation" haben und dass zur Verbesserung ein Coaching notwendig sei.

Aber häufig werden Beratungsaufträge nicht durch solche gut definierten Probleme ausgelöst (siehe Ernst 2002: 14). Wenn es einen zentralen Aspekt gibt, den man von dem als „systemisch" ausgeflaggten Beratungsansatz lernen kann, dann, wie sehr sich Problemdefinitionen im Laufe eines Beratungsprozesses verändern (vgl. Schober 1991: 345ff.). Eine Supervision setzt bei der offiziellen Problembeschreibung ein, dass die Klientin sich der Behandlung durch die Therapeutin entzieht. Während der Supervision kann dann aber als „eigentliches" Problem festgestellt werden, dass es zwischen Therapeutin und Klientin ein auf Übertragung und Gegenübertragung zurückzuführendes Verliebtsein gibt.

Niklas Luhmann beobachtet, dass Berater in ihrer Praxis die vom Klienten vorgegebenen Problembeschreibungen nur als unmittelbaren Ausgangspunkt nehmen und dann ihre Aufgabe darin sehen, die Problembeschreibungen ihrer Klienten zu de- und rekonstruieren (vgl. Luhmann 2000: 433ff.). Natürlich gibt es, darauf weist Luhmann hin, Probleme, die als Ausgangsbasis für eine Kooperation zwischen Beratern und Klienten angegeben werden – wozu würden sonst Berater gerufen werden. Aber häufig wird im Beratungsvorhaben zuerst der Unbestimmtheitsgrad einer Problembeschreibung erhöht, mit dem Effekt, dass im Weiteren ganz andere Probleme als Ausgangspunkt für Lösungen geltend gemacht werden.

Bei der personenorientierten Beratung hat man es folglich mit Problemen zu tun, die man mit Herbert Simon als „schlecht definiert" bezeichnen kann. Unter schlecht definierten Problemen versteht man Probleme, über deren Struktur man nur begrenzte Informationen hat, deren Definition von Akteur zu Akteur unterschiedlich ist und zu deren Lösung aufgrund ihrer Komplexität nicht alle Handlungsalternativen erwogen und auf ihre Folgen hin überprüft werden können. Man erkennt schlecht definierte Probleme daran, dass vor, während und nach einer Maßnahme immer wieder intensive Verständigungs- und Aushandlungsprozesse einsetzen und es zu häufigen Neudefinitionen der Probleme kommt.

Wenn man es aber in Beratungsvorhaben mit schlecht definierten Problemen zu tun hat, werden die Möglichkeiten einer Evaluation stark eingeschränkt. Man mag in der Lage sein, die Zufriedenheit der Klienten mit einer Maßnahme zu messen, aber schon Vorher-Nachher-Vergleiche werden schwierig, weil bei einer Problemverschiebung während der Beratungsmaßnahme gar keine sinnvolle Bestandsaufnahme möglich ist.

Probleme der kausalen Zurechnung

Generell fallen Evaluationen immer leicht, wenn man es mit mechanischen Kausalannahmen in der Form von „Wenn A, dann B“ zu tun hat. In der Therapieforschung werden beispielsweise die Effekte einer Behandlung nachgewiesen, indem die Wahrscheinlichkeit für einen erneuten Krankenhausaufenthalt nach präventiver Gruppentherapie berechnet wird (Motto: Wenn X eintritt, dann ist dies auf Z zurückzuführen). In der Sozialarbeit wird mit der Annahme gearbeitet „Je mehr Jugendzentren, desto weniger Rechtsradikalismus (oder Jugendkriminalität oder Jugendalkoholismus)“. Evaluationen haben dann das Ziel, diese Kausalverbindungen nachzuweisen.

Der Reiz dieses Kausalmodells liegt darin, dass man es mit linearen Zusammenhängen zwischen Ursache und Wirkung zu tun hat und die wenigen Ursachen und Wirkungen zudem miteinander in Verbindung gebracht werden können: Steigerung des Umsatzes einer Firma – das kann nur mit der im neuen Jahr eingeführten Marketingstrategie zu tun haben. Geringere Aids-Sterblichkeit in den produzierenden Unternehmen Südafrikas – das liegt an den durch Entwicklungshilfegelder finanzierten Aufklärungsprojekten. Um es in der sich am Komplexitätsbegriff berauschenden systemtheoretischen Sprache auszudrücken: Kausalität ist primär eine Strategie zur Reduktion von Komplexität im Wirkungszusammenhang von Faktoren und Effekten (vgl. Luhmann 1973: 24ff.).

Die Schwierigkeit, die einer Evaluation entgegensteht, ist jedoch die, dass besonders wegen des Technologiedefizits solche Formen der kausalen Zurechnung kaum noch möglich sind: Worauf ist der Erfolg einer Beratung zurückzuführen? Auf die professionelle Moderation einer Supervisionssitzung? Auf ein sich zufällig öffnendes „Möglichkeitsfenster“, das eine neue Lösung durchsetzbar gemacht hat? Worauf ist die Leistungssteigerung einer Managerin zurückzuführen? Auf ein effizientes Coaching, das sie in den letzten sechs Monaten erlebt hat? Auf die motivierenden Effekte eines Trainings? Die plötzliche Mobilisierung neuer Kräfte durch eine neue Liebesbeziehung? Oder einfach nur auf für das Unternehmen positive Marktveränderungen?

Als Faustformel kann gelten: Je komplexer die Tätigkeit einer beratenen Person, desto schwieriger wird es, eine konkrete Leistungsverbesserung auf eine bestimmte Maßnahme zurückzuführen. Bei einer Fließbandarbeiterin – also einer Tätigkeit im technischen, wertschöpfenden Kern eines Unternehmens – mag es noch möglich sein, die Effekte von Maßnahmen in Dollar oder Euro zu bestimmen und diese auch kausal zuzurechen. Aber sobald die Tätigkeiten komplexer werden, wird die Messung von Leistungssteigerungen, die eventuell auch noch monetär bestimmt werden sollen, zunehmend schwieriger.

Es ist besonders der psychologischen Attributionsforschung zu verdanken, dass sich die Beobachtung von Kausalität – gerade bei Tätigkeiten mit Technologiedefizit – verschoben hat. Die Attributionsforschung fragt nicht mehr danach, „welche Ursache welche Wirkung hat", sondern „wie eine Zuordnung von Wirkung auf Ursachen und von Ursachen auf Wirkung konstruiert wird", und, noch wichtiger: „Wer bestimmt, was dabei berücksichtigt werden soll" (vgl. Luhmann 1995: 11).

Diese Zurechnungsphänomene sind empirisch sehr gut am Beispiel des Schulunterrichts erklärt worden. Lehrer neigen dazu, Erfolge ihrer Schüler in Mathematik, Englisch oder Sport sich selbst und besonders ihren didaktischen und fachlichen Fähigkeiten zuzuschreiben, Misserfolge werden dagegen auf Seiten ihrer Schüler verbucht (vgl. Luhmann 1979: 244). Vermutlich kann man ähnliche Zurechnungsphänomene auch in der Beratung beobachten. Es ist den Erkenntnissen der Attributionsforschung zufolge nicht unwahrscheinlich, dass Berater Erfolge in Beratungsprojekten eher sich selbst zuschreiben, die Misserfolge aber auf die Widerwilligkeit oder die Unfähigkeit der Klienten zurückführen. Personenorientierte Berater werden dazu tendieren, eine positiv wahrgenommene Verhaltensänderung auf eine brillante beraterische Intervention, ihr Ausbleiben aber auf die Widerwilligkeit der betroffenen Mitarbeiter zurückzuführen. Auf diese Weise halten sie ihr eigenes Rollenverständnis als „gute Berater" stabil und beraten auf der Basis von „Rollensicherheit".

Fluktuierende Ziele bei Beratungsvorhaben

In der Evaluationsliteratur wird davon ausgegangen, dass eine Evaluation exakt definierte Ziele voraussetzt. Die meisten Auftraggeber suggerieren, dass sie sehr genau wissen, was sie eigentlich mit ihrer Beratung erreichen wollen. Es finden sich dann häufig, in fast schon ritualisierter Form, Aussagen wie „nach dem Training können Sie …", „das Ziel dieses Coachings ist es …" oder „mit dieser Beratung wollen wir die Organisation befähigen…".

Aber ähnlich wie die Probleme können sich auch die Zielsetzungen im Laufe eines Vorhabens verschieben: Eine Supervision beginnt mit dem Ziel, die Behandlung einer bestimmten Klasse von psychisch Kranken zu standardisieren. Während der Beratung stellt sich dann aber heraus, dass Behandlungsfehler überwiegend auf Wissensdefizite der Supervisanden zurückzuführen waren. Das Coaching einer neuen Führungskraft wird durch dessen Vorgesetzte angeregt, um seine Durchsetzungsfähigkeit zu verbessern. Im Coaching stellt sich dann aber heraus, dass die Probleme vielmehr in einer Spannung zwischen der Führungskraft und der Vorgesetzten liegen.

Die radikalste Beschreibung solcher Prozesse stammt von Michael Cohen, James March und Johan Olsen. Die Organisationsforscher haben Entscheidungsprozesse mit dem Bild des Mülleimers beschrieben. Organisatorische Prozesse bestehen, so die Autoren, häufig nicht darin, dass Akteure Lösungen für Probleme suchen. Vielmehr befinden sich in einem „Mülleimer" eine ganze Reihe von Akteuren, Problemen und Lösungen, die sich mehr oder minder zufällig treffen. Computer werden nicht nur zur Lösung von Problemen angeschafft, sondern interessierte Akteure suchen für die bereits vorhandenen Computer Lösungen in Form zusätzlicher Aufgaben. Nach der offiziellen Rhetorik wird Personal in Organisationen eingestellt, um Aufgaben abzuarbeiten. Nicht selten sehen aber Entscheidungsprozesse so aus, dass für vorhandenes Personal förmlich Probleme gesucht werden (vgl. Cohen/March/Olsen 1972).

Auch Beratungsprozesse sind nicht selten durch solche „Mülleimer-Modelle" der Entscheidungsfindung gekennzeichnet. Ein Berater-Team wird zur Moderation einer Klausur auf oberster Führungsebene angefragt. Weil sich die Klausur im Weiteren zerschlägt, überlegt man, ob die Berater nicht stattdessen ein „Kontinuierliches Verbesserungsprogramm" im operativen Bereich durchführen können. Die Personalentwicklung propagiert ein Konfliktmoderationstraining, das aber von den Teilnehmern wegen dringender Probleme in der Abstimmung zwischen Abteilungen zu einem Strategie-Workshop umgewandelt wird.

Dieser Prozess der Zielverschiebung macht eine Evaluation nicht einfach. Bei wechselnden Zielen wird das häufig zugrunde liegende klassische Zweck-Mittel-Schema unterlaufen. Wie sollen bei wechselnden Zielen stabile Aussagen über die geeigneten Maßnahmen getroffen werden? Wie kann bei häufig eher zufälligen Kombinationen von Problemen und Lösungen eine stabile Aussage darüber getroffen werden, was die richtigen Mittel zur Zielerreichung sind?

Zwischenfazit: Schwierigkeiten bei der Evaluation

Das Technologiedefizit führt dazu, dass es in der personenorientierten Beratung keine sicheren Anleitungen oder klaren Erfolgsrezepte gibt. Das bedeutet natürlich nicht, dass es in diesem Feld keinerlei Regelhaftigkeit gibt. Die Arbeit der Berater wird durch eingespielte Problemdeutungen, erfahrungsgestützte Routinen und bewährte Heuristiken strukturiert, aber letztlich können diese nie den Charakter einer erfolgssicheren Technologie erhalten.

Ein Aspekt darf bei dieser Einschränkung nicht übersehen werden: Das Technologiedefizit in der Beratungstätigkeit schließt nicht aus, dass alle möglichen Personen Urteile über das abgeschlossene Beratungsprojekt fällen. Diese

Urteile entsprechen vielleicht nicht den Kriterien, die in der Evaluationsliteratur vorgeschlagen werden. Sie mögen häufig eher ad hoc in Form von Spontanbeurteilungen gebildet werden, aber bei allen Schwierigkeiten scheinen die Berater und Klienten nicht völlig darauf verzichten zu können, sich ein – wenn möglich – gemeinsames Bild von dem beendeten Vorhaben zu bilden.

3.3 Zum überraschenden Erfolg von Beratung: Das Zusammenwirken von Beratern und Klienten in der Evaluierung

Nachdem Berater gerade in der Wirtschaftspresse lange Zeit als „Propheten der Effizienz" (vgl. zum Begriff Ebrahimchel/Mohe/Sternzeld 2006) gefeiert wurden, sind jetzt eher harte Kritiken zu vernehmen: Geklagt wird über den „Reibach der Berater", der durch das „Versagen der Manager" ermöglicht wird (Staute 1996). Es wird von „Scharlatanen" berichtet, die für „miese Psychotricks horrende Rechnungen stellen" (vgl. Werle 2007), von „Versagern in Dreiteilern", die als Unternehmensberater „die Wirtschaft ruinieren" (vgl. Steppan 2003). Es wird über die „Abzocke" von Klienten geklagt, die die „Geldmaschine" der Berater am Laufen hält (vgl. Craig 2005) und es ist die Rede von „Lügengebäuden", mit denen Berater ihren Klienten „erst die Uhr klauen und dann die Zeit mitteilen" (vgl. Kihn 2006).

Diese massenmedial aufgepeppten Klagen über Berater stehen in einer auffälligen Differenz zu den positiven Berichten, die Klienten bei Befragungen über ihre Beratungsprojekte abgeben. Es mögen überraschend wenig systematische Evaluationen von Beratungsprojekten existieren, aber wenn Klienten über den Erfolg oder Misserfolg ihrer Projekte berichten, dann finden sich häufig Aussagen von Zufriedenheit. Es fällt auf, wie vielfältig die Beschreibungen von Beratungserfolgen sind und wie häufig sich die Einschätzung von Beratern und Klienten bezüglich des Beratungserfolges treffen. Bei den von Werner Hoffmann (1991: 1962ff.) vorgenommenen Untersuchungen über die „Beratungseffizienz" von Projekten stellte sich heraus, dass sich Berater und Klienten in ihrer Einschätzung des Beratungserfolges weitgehend einig waren. Auch in den Arbeiten von Guy G. Gable (1996: 1175) gibt es eine hohe Übereinstimmung von Berater- und Klientenaussagen bezüglich der abschließenden Bewertung von Beratungsprozessen (siehe auch die Überblicke bei Ernst 2002: 55ff.; Ernst/Kieser 2004: 42ff.).[73]

Wie lässt sich diese Differenz zwischen der massenmedialen Beraterverdammung einerseits und den Berichten von hoher Zufriedenheit andererseits erklären? Handelt es sich um massenmediale Effekte, die bekanntlich einen Ansatz, einen Stil oder eine Person erst hochjubeln, um dann zeitversetzt über eine Skandalisierung des ehemals Gefeierten erneut Effekte zu erzielen?

Die Ensemble-Bildung zwischen Beratern und Beratenen

In der Beratungsliteratur wird häufig von einem grundlegenden Interessengegensatz zwischen Beratern und Klienten ausgegangen. Gerade der aus der Betriebswirtschaftslehre stammende institutionenökonomische Ansatz geht davon aus, dass sich auf Märkten Kunden und Anbieter von Leistungen mit entgegengesetzten Zielen gegenüberstehen. Während die Berater versuchten, ihr Honorar durch möglichst wenig Arbeit zu erlangen, sei es im Interesse der Klienten, möglichst viel Leistung zu einem möglichst geringen Honorar einzukaufen. Die konflikthaften Aushandlungen würden dabei durch unterschiedliche Optionen der Informationsbeschaffung auf beiden Seiten und durch Unsicherheiten über das Verhalten der Vertragspartner nach Vertragsabschluss beeinflusst (vgl. Kaas/Schade 1995: 1067ff.).

Auch in der Beratungsforschung, die sich für den dramaturgischen Kompetenzauftritt von Beratern interessiert, wird von unterschiedlichen Interessen auf Seiten der Berater und Klienten ausgegangen. Weil Beratungen so schwer greifbar seien, versuchten Berater, ihre Klienten durch ein „Impression Management" (vgl. Clark 1995: 7ff.) zu beeindrucken. Bei der nahezu „theaterartigen Darstellung" von Kompetenzen durch die Berater nähmen die Klienten eine passive Publikumsrolle ein und folgten den Kompetenzdarstellungen der Berater kritiklos (vgl. Clark 1995: 108; siehe auch Saam 2007: 88).

Aber diese Gegenüberstellung der Interessen von Beratern und Klienten ist nur eine Seite der Medaille. Soziologisch interessanter ist, dass Berater und Klienten häufig ein Ensemble bilden, das das Beratungsprojekt nach außen hin als erfolgreich darstellt. Mit dem Begriff des „Ensembles" bezeichnet Erving Goffman (1983: 73ff.) eine Anzahl von Personen, die in Face-to-Face-Interaktionen eine gemeinsame Darstellung gegenüber Dritten liefern. Jedes Mitglied wirkt dabei an dem Schaffen eines „guten Eindrucks" mit und muss sich auf das „gute Benehmen" der anderen Ensemble-Mitglieder verlassen können. Streit zwischen Ensemble-Mitgliedern droht den guten Eindruck zu beschädigen, weswegen häufig die stillschweigende Übereinkunft herrscht, Auseinandersetzungen ausschließlich auf der Hinterbühne auszutragen. Selbst bei Verfehlungen in der Darstellung verzichten die anderen Ensemble-Mitglieder häufig auf eine offene Sanktionierung, weil dies das Publikum nur verwirren würde.

Wie kommt es zu dieser Ensemble-Bildung von Beratern und Beratenen? Berit Ernst (2002: 104) verweist darauf, dass durch die gemeinsame Arbeit in

Beratungsprozessen die „Abgrenzung zwischen Beratern und Klienten“ in Teilen aufgehoben wird und so schrittweise ein Gruppengefühl entsteht. Eine Supervisorin verarbeitet in mehreren Gesprächen mit einer Gruppe von Krankenpflegern den mitverschuldeten Tod eines Patienten und produziert auf diese Weise ein dauerhaftes „Wir-Gefühl“. Zwischen Coach und Coachee entsteht ein Arbeitsbündnis, durch das ein Konflikt des Coachees behandelbar gemacht wird. In der Folge entsteht sowohl beim Berater als auch beim Beratenen der Eindruck, man arbeite „gemeinsam“ an diesem Konflikt.

Zugespitzt ausgedrückt: Die Ensemble-Bildung wird dadurch gestützt, dass Berater und Beratene das „Produkt“ in Co-Produktion erstellen und sich die Beratenen bereitwillig an die Qualität des Produktes binden. Einen Videorekorder kauft man als Fertigprodukt ein und kann die Qualität des gekauften Produktes weitgehend unabhängig von der eigenen Leistung evaluieren. Auch zum Gelingen eines Haarschnitts trägt der Klient – außer durch Stillhalten – wenig bei und kann deswegen ein distanziertes Qualitätsurteil abgeben. Bei Beratungsprojekten gerät jedoch der Beratene in die Rolle des Co-Produzenten, dem es zunehmend schwerfällt, sich selbst von dem „Produkt“ zu distanzieren.

Die Entscheidungsmöglichkeiten des Beratenen als Kriterium für die positive oder negative Evaluierung eines Beratungsprojektes

Eine zentrale Rolle bei der gemeinsamen, häufig positiven Evaluation von Beratungsprojekten spielen die Selbstbindungseffekte, die im Rahmen eines Projektes auftreten. Die Mitwirkung eines Klienten bei Beratungen wird dadurch für ihn selbst und für andere sichtbar, dass er im Beratungsprozess Entscheidungen trifft. Er entscheidet sich, der Supervisorin Informationen zu geben, und bindet sich auf diese Weise zugleich an den Prozess der Supervision.

Hier zeichnet sich möglicherweise ein zentrales Kriterium für die „Garantie“ einer positiven Evaluierung von Beratungsvorhaben ab – nämlich das Kriterium, wie stark die Beratenen an der Entscheidung für eine Maßnahme, an der Entscheidung für konkrete Berater oder an der Entscheidung für die Fortsetzung einer Maßnahme mitgewirkt haben. Schon durch die Entscheidung, eine Beratung zu beginnen, übernimmt ein Klient Verantwortung für den Prozess. Diese Verantwortung erschwert es ihm, die Beratung später als negativ einzuschätzen. Die Bindung der Beratenen wird verschärft, wenn außerdem auch die Berater selbst ausgesucht wurden. Je länger ein Beratungsprozess andauert, desto ausgeprägter wird zudem die Selbstbindung der Beratenen, die sich ja mit jeder weiteren Sitzung dafür entschieden haben, das Beratungsprojekt fortzuführen.

Hier kann man deutliche Unterschiede zwischen den verschiedenen Beratungsformaten feststellen. Bei der vom Vorgesetzten angeordneten Teilnahme an einem Coaching oder einer Supervision ist die Wahrscheinlichkeit für eine negative Evaluation durch die Teilnehmer höher, weil sie für die Teilnahme an der Maßnahme nicht selbst verantwortlich zeichnen. In einem Coaching-Prozess, bei dem sich der Coachee selbst für die Durchführung der Beratung entschieden hat und auch seinen Berater aus einem von der Personalentwicklungsabteilung vorselektierten Spektrum an Coachs ausgewählt hat, erhöht sich die Wahrscheinlichkeit einer positiven Einschätzung. Der Beratene fühlt sich für die Initiierung der Beratung, die Person des Beraters und die Fortsetzung der Beratung verantwortlich.

Das Paradox der Evaluation: Weswegen der Prozess der Evaluation zum Erfolg eines Beratungsprozesses beitragen kann

Die zentrale Rolle bei einer Ensemble-Bildung zwischen Beratern und Beratenen spielt die Tatsache, dass es Dritte gibt, die die Beratung objektiv beurteilen und die Berater und Beratenen auf diese Weise zu einer Ensemble-Bildung drängen. Der Supervisand und der Supervisor geben gegenüber der Personalabteilung eines Krankenhauses oder einer anderen öffentlichen Einrichtung einen Bericht über den Erfolg oder Misserfolg einer Reihe von Beratungssitzungen ab. Sowohl der Supervisor als auch der Supervisand würden in Rechtfertigungsnöte kommen, wenn die Darstellung des Projektes zu unterschiedlich ausfiele. Hätten sie doch – so der drohende Vorwurf – gemeinsam eine Arbeitsgrundlage schaffen können. Oder: Die durch Wissenschaftler, Berufsverbände oder Zeitungen befragten Leiter von Personalabteilungen sehen sich vermutlich gezwungen, ähnlich wie die Berater über gelungene Coaching-Vorhaben zu berichten, weil man sonst erklären müsste, weswegen andere erfolgreich waren, man selbst aber nicht.

In der Anwesenheit eines Dritten, gegenüber dem man als Beratener und Berater eine gemeinsame Präsentation abliefert, liegt jedoch eine Besonderheit der Evaluation von Beratungsprozessen. In einer Therapie sind Therapeut und Klient weitgehend auf sich selbst zurückgeworfen und meistens nicht gezwungen, einem Dritten gegenüber Rechenschaft über das Gelingen der Behandlung abzulegen. Auch bei juristischer Beratung außerhalb von Organisationen gibt es keinen Dritten, dem gegenüber man Erfolge präsentieren muss. Beratungssituationen finden dagegen (meistens) in Organisationen statt und sind deswegen durch ein Dreiecksverhältnis bestimmt. Die Coaching-Situation beispielsweise ist durch das Dreiecksverhältnis von Coach, Personalentwickler (als Repräsentant der Organisation) und Coachee bestimmt.

Interessanterweise gibt es eine Situation, in der sich sowohl Berater als auch der – zahlende – Auftraggeber gezwungen sehen, eine gemeinsame Darstellung gegenüber Dritten zu liefern: Wenn sie evaluiert werden. Diese Evaluation kann in einer strikt formalisierten Form erfolgen – zum Beispiel dadurch, dass die Personalentwickler, die eine Reihe von externen Coachs beauftragt haben, durch das Controlling aufgefordert werden, den ökonomischen Nutzen dieser Maßnahmen nachzuweisen. Oder: Die Ensemble-Bildung kann dadurch angestoßen werden, dass Journalisten und Wissenschaftler bei einer organisationsübergreifenden Evaluation nachfragen, wie zufrieden eine Organisation mit ihren Coaching-Reihen gewesen ist. Sie kann aber auch dadurch initiiert werden, dass der Vorstand eines Unternehmens „einfach mal wissen will", welche Effekte durch die personenorientierten Beratungen erzielt worden sind.

Vielleicht besteht das grundlegende Paradox der Evaluation bei Anwesenheit Dritter darin, dass die Ensemble-Bildung zwischen Beratenen und Beratern durch die Evaluation gestärkt wird und also erst durch die Evaluation ein gutes Ergebnis von Beratungsprojekten produziert wird. Erst die Nachfrage nach der Zufriedenheit mit einer Maßnahme und deren ökonomischem Nutzen führt dazu, dass Berater und Beratene eine gemeinsame Darstellung liefern, die dann in der Regel den Nutzen des Projektes für die Organisation zelebriert.

3.4 Zu den gegensätzlichen Funktionen der Evaluation: Lernen und Legitimation

Wenn danach gefragt wird, welche Funktionen eigentlich die Evaluation von Beratungen erfüllt, erhält man in der Regel mehr oder minder geordnete Aufzählungen: Evaluationen sollen eine Kontrolle, Steuerung und Unterstützung von Coachings und Supervisionen ermöglichen. Sie sollen den Nachweis erbringen, dass die durch die Beratung angestrebten Ziele auch wirklich erreicht wurden. Es wird betont, dass die Evaluation der Beratungen eine permanente Verbesserung der betriebsinternen Prozesse ermöglicht und Rationalisierungsmöglichkeiten aufzeigt. Evaluationen sollen, so jedenfalls die Darstellung, ferner ermöglichen, die Wirkung zukünftiger Projekte genauer einzuschätzen (vgl. für solche und ähnliche Sammlungen beispielsweise Easterby-Smith 1986: 32ff.; Nork 1989: 38ff.; gute deutschsprachige Überblicksdarstellungen liefern zum Beispiel Neuberger 1991: 273ff.; Niehoff/Werth/Deller 2006: 34ff.).

Diese Aufzählungen erwecken häufig den Eindruck, als seien sie das Ergebnis eines weitgehend ungeordneten, mehr oder minder wissenschaftlich inspirierten Brainstorming-Prozesses. Die verschiedenen Funktionen der Evaluation werden aneinander gereiht, suggerierend, dass sie sich gut miteinander vertragen und gleichzeitig verwirklichen lassen. Eine gute Evaluation, so die Annahme, kann alles zugleich erfüllen: die Steuerung und Kontrolle der Maßnahmen durch das Management, die Herstellung von Legitimation gegenüber dem Auftraggeber, die Produktion von Lerneffekten und die Einschätzung der Wirkung zukünftiger Projekte.

Diese Vorstellung soll im Folgenden in Frage gestellt werden, indem anhand von zwei zentralen Funktionen der Evaluation – der Funktion des Lernens und der Funktion der Legitimation – gezeigt wird, dass eine Evaluierung häufig eine Funktion auf Kosten der anderen Funktion steigert.

Zur Funktion des Lernens und der Legitimation bei der Evaluation

Als eine erste zentrale Funktion der Evaluation wird immer wieder das „Lernen" von Organisationen und ihrer Mitglieder angegeben. Durch Evaluationen könnte, so die Vorstellung, die Beratung von Organisationen verbessert werden. Erst durch die Evaluation laufender oder abgeschlossener Beratungsmaßnahmen sei es möglich, schrittweise das optimale Setting für ein Vorhaben, die richtige Methode oder das geeignete Personal zur Durchführung zu finden.

Beim Lernen handelt es sich um die Änderung von Strukturen – beispielsweise die Strukturen im menschlichen Bewusstsein, die Strukturen der Erlebnisverarbeitung oder die Strukturen einer Organisation. Lernen wird häufig durch einen Impuls ausgelöst, der es erschwert, die Strukturen so beizubehalten, wie sie bisher gewesen sind. Die Korrektur von Fehlern im Englischtest setzt Anreize, diese Fehler zukünftig zu vermeiden. Die negative Beurteilung einer Führungskraft im 360-Grad-Feedback erschwert es dem Mitarbeiter, so jedenfalls die Idee, die bestehenden Führungsroutinen fortzuführen wie bisher (vgl. Staehle 1987: 225).

Eine zweite Funktion von Evaluationen ist es, Legitimation für den Prozess herzustellen. Bei Legitimation geht es darum, Zustimmung für eine Maßnahme, ein Vorhaben oder ein Projekt zu produzieren – und zwar eine Zustimmung, die allein durch die „Kraft des Vorhabens" noch nicht geschaffen wurde. Bei Legitimation spricht eine Maßnahme nicht für sich, sondern die Zustimmung wird mit zusätzlichem Aufwand erst produziert.

Es ist ein Charakteristikum moderner Organisationen, dass sie sich systematisch um die Beschaffung von Akzeptanz für Entscheidungen bemühen. Für die Produktion von Legitimation werden in Organisationen eigene Programme, Stellen oder gar ganze Abteilungen geschaffen, aber der Aufwand für die Herstellung von Legitimation stellt sich nahezu bei jeder Entscheidung neu (vgl. Martens 1997: 299): Man beruft sich auf allgemein anerkannte Werte wie Beschäftigungssicherung oder Frauengleichstellung, führt umfassende Investitionsrechnungen durch, um ein Projekt zu begründen, oder bezieht die Belegschaft in ein Vorhaben mit ein, um so mit einer „breiten Basis“ für Entscheidungen zu argumentieren.

Bei der Betrachtung der Evaluation von Beratungsmaßnahmen kann man analysieren, wie stark die Legitimationsfunktion ist: Wird die Zufriedenheitsmessung nach einer Teamsupervision nicht nur zur internen Auswertung der Supervision genutzt, sondern auch als Aktenvermerk an das Management geschickt, so erkennt man den Legitimationscharakter der Evaluation. Kommuniziert eine Beratungsfirma einen beeindruckenden Return on Investment gegenüber dem Klienten, geht es weniger um das eigene Lernen, sondern vielmehr um die Legitimation der eigenen Maßnahmen. Drängen die Auftraggeber die Berater dazu, den Nutzen ihrer Beratungsmaßnahmen zu quantifizieren, dann ist die Wahrscheinlichkeit groß, dass dies nicht nur als Vorbereitung weiterer Entscheidungen, sondern auch zur Rechtfertigung der bereits getätigten Investitionen dient.

Mit der wachsenden Kritik an der Beratung wird die Legitimationsfunktion der Evaluierung immer wichtiger. Es fällt auf, dass die Versuche, ein Weiterbildungs-Controlling einzuführen, in dem Moment prominent wurden, als erste Zweifel an der Wirksamkeit von Trainings und Seminaren aufkamen (vgl. Fisch/Fiala 1984). Die Bestrebungen, den ökonomischen Nutzen für Coachings und Supervisionen zu berechnen, gewannen in dem Moment an Gewicht, als die erste Kritik an ihrer Wirksamkeit öffentlich wurde. Der unter dem bombastischen Begriff der „Consultant's Scorecard“ eingeführte Versuch, die Ergebnisse von Beratung systematisch zu erheben, kam Ende der neunziger Jahre des letzten Jahrhunderts auf, als die Kritik an der Beratung auch massenmediale Aufmerksamkeit erhielt.

Man darf dieses Argument sicherlich nicht überstrapazieren. Nicht alles und jedes lässt sich in Organisationen legitimieren. Manchmal sind Fehlentscheidungen so offensichtlich, dass alle Legitimationsversuche im Sande verlaufen. Umgekehrt spricht jedoch einiges dafür, dass eine effektive Leistung allein nicht ausreicht, sondern dass Leistungen dramaturgisch aufbereitet werden müssen. Erst wenn die Leistung allgemein anerkannt wird, zieht diese dann auch sozialen Erfolg in Form von Ressourcen, Optionen, Privilegien oder Reputation nach sich (vgl. Dreitzel 1962: 99f.; Pfadenhauer 2003: 99f.).

Das Dilemma zwischen Legitimations- und Lernfunktion in der Praxis

Die beiden Funktionen unterscheiden sich grundlegend in dem Maße, in dem sie innerhalb einer Organisation kommunizierbar sind. Lernen durch Evaluation ist – um einen Begriff von Robert Merton (1949: 71ff.) zu verwenden – eine manifeste Funktion. Die manifesten Funktionen sind gut kommunizierbar. Man kann mit dem Verweis auf die Funktion des Lernens Mittel für Evaluationen beantragen und in Sitzungen an die Notwendigkeit dieser Funktion appellieren, ohne schräg angeschaut zu werden. Die Funktion der Legitimation ist dagegen, auch hier wieder in der Begrifflichkeit Robert Mertons, latent: Mit Latenz wird nicht, wie etwa in der Psychologie Sigmund Freuds, die Unbewusstheit eines Prozesses bezeichnet, sondern vielmehr die Schwierigkeit, diese Funktion offen zu benennen. Die Legitimationsfunktion ist nicht ohne weiteres in Sitzungen mit Mitarbeitern verschiedener Bereiche ansprechbar. Vermutlich würde eine Personalentwicklungsabteilung auch keine Mittel für die Evaluation genehmigt bekommen, wenn sie den Bedarf lediglich mit der Notwendigkeit der Legitimation eigener Anstrengungen begründet.

Aus soziologischer Perspektive gibt es keinen Grund, die manifeste Funktion des Lernens wichtiger einzuschätzen als die latente Funktion der Legitimation. Wir wissen spätestens seit den Arbeiten von John Meyer und Brian Rowan (1977), dass Organisationen oder Organisationseinheiten nicht nur dadurch überleben können, dass sie über Lernprozesse ein hohes Maß an technischer Rationalität erreichen. Sie sind außerdem darauf angewiesen, in ihrem Umfeld ein hohes Maß an Legitimität zu produzieren. Die Produktion von Daten zum Nachweis der Sinnhaftigkeit des eigenen Handelns gehört genauso wie die permanente Rationalisierung der internen Prozesse zur Kunstfertigkeit einer jeden Organisation.

Die Problematik bei der Evaluierung von Beratungsleistungen besteht darin, dass sich die beiden Funktionen der Evaluation – Lernen und Legitimation – nicht gleichzeitig optimieren lassen. Die Versuche, Maßnahmen durch eine Evaluation zu legitimieren, führen, so könnte man zugespitzt ausdrücken, zu einer Behinderung der Lernprozesse in der Organisation. Oder umgekehrt formuliert: Die Versuche, über Evaluationen Lernprozesse zu initiieren, tragen häufig nicht zur Legitimation der Maßnahme bei.

Etwas präziser: Legitimationsdruck verlangt, dass Fehler nicht als Fehler markiert werden, dass Scheinerfolge als wirkliche präsentiert werden und dass jede Verbesserungsidee mit der Vorbemerkung versehen wird, dass die Maßnahme insgesamt ein großer Erfolg war. Man darf sich die Produktion von Legitimation nicht so denken, dass sich die Mitglieder einer Organisationseinheit bewusst entscheiden, aus Legitimationsgründen heraus auf das Lernen zu verzichten. Vielmehr führt der Legitimationsdruck dazu, dass sich die ursprünglich zum Anstoß von Lernprozessen erhobenen Daten verselbstständigen. Die mit einer „Schulnote“ von 1,3 ausgedrückte Zufriedenheit mit einem Coaching mag von der Beraterin mit einigen kleinen Interaktionsfeuerwerken am Ende der Coachingsitzung aus Legitimationsgründen produziert worden sein, die Fokussierung auf diese Endnote bringt jedoch möglicherweise die Gefahr mit sich, die vielen kleinen Schwächen in der Sitzung nicht wahrzunehmen. Die Berechnung eines Return on Investment von 751% für eine Coachingmaßnahme mag in der ursprünglichen Sitzung, in der diese Rechnung aufgestellt wurde, noch auf ihre Konstruiertheit hin reflektiert worden sein, sie verselbstständigt sich aber im Laufe der Zeit durch die Kommunikation dieser Zahlen.

Man kann das Problem der Evaluation aber auch umgekehrt denken: Der Versuch, aus einem Coaching oder einer Supervision wirklich zu lernen, bringt für Personalentwickler oder Berater immer das Risiko mit sich, dass die Maßnahme damit an Legitimation verliert. Das offene Ansprechen von Fehlern mag zwar in der konkreten Situation Respekt beim Gegenüber produzieren, aber spätestens, wenn sich das Wissen über diesen Fehler unkontrolliert in der Organisation verbreitet, gibt es ein Rechtfertigungsproblem. Man mag beispielsweise einen Webfehler in einer Personalentwicklungsmaßnahme offen ansprechen, um daraus zu lernen, aber insgesamt droht damit die eigene Professionalität in Zweifel gezogen zu werden.

3.5 Ein spekulativer Ausblick: Umgekehrte Kopplung von Außendarstellung und realer Handlungspraxis

Welche Trends zeichnen sich bezüglich der Evaluation von Beratungen ab? In einer mehr oder minder unsystematisierten Form wird es immer Auswertungen von Beratungsvorhaben geben. Eine Supervisorin überlegt sich, was sie beim nächsten Mal anders machen kann. Die auftraggebende Personalentwicklungsabteilung wird sich mit den Trainern zusammensetzen, um zu überlegen, welche Module sich bewährt haben und was man ersetzen sollte. Die Leiterin eines Beratungsteams wird sich vielleicht beim Abschluss eines Projektes mit den Klienten darüber verständigen, was gut und was weniger gut gelaufen ist.

Gleichzeitig wird aber – auf einer anderen Ebene – die Klage über die fehlende Systematik bei der Evaluation von Beratungsleistungen weitergehen: Das Technologiedefizit bei Beratungstätigkeiten ignorierend, wird weiterhin festgestellt, dass Beratungsfirmen und Klienten ihre Beratungsaktivitäten überraschend wenig evaluieren. Es wird weiterhin massenmedial aufgepeppte – aber letztlich vergebliche – Versuche geben, die Bestimmung des Return on Investment von

Beratungsleistungen einzufordern. Und es wird weiterhin mit Begriffen wie „Consultant's Scorecard“ die Vorstellung propagiert werden, dass sich Beratungsprojekte ähnlich gut evaluieren und steuern lassen wie Tätigkeiten in den wertschöpfenden Bereichen von Fertigungsunternehmen.

Eine Idee des schwedischen Organisationsforschers Nils Brunsson aufgreifend, kann man einen Prozess „umgekehrter Kopplung“ bei der Evaluation von Beratungsleistungen vermuten. Brunssons originelle Beobachtung ist, dass in Unternehmen, Verwaltungen, Krankenhäusern und Kirchen häufig nicht eine Entkopplung von Außendarstellung (Talk) und realer Handlung (Action) zu beobachten ist, sondern dass diese häufig sogar umgekehrt gekoppelt sind. Je weniger die Stadt Stockholm in der Lage ist, den Straßenverkehr innerhalb von 15 Jahren um die versprochenen 30% zu reduzieren, desto zentraler wird eine auf den öffentlichen Nahverkehr ausgerichtete Verkehrspolitik in der Außendarstellung der Stadt. Je stärker der Hersteller für Mobilfunk Sony Ericsson seine Aktivitäten aus Schweden auslagert, desto mehr Geld investiert der Konzern in eine Werbekampagne, in der schwedische Folklore gepriesen wird (vgl. Brunsson 2003: 201ff.).

Angesichts der Diskrepanz zwischen der Forderung nach einer Evaluation von Beratungsleistungen und den eher rudimentären Ansätzen in der Beratungspraxis kann man einen ähnlichen Prozess auch hier vermuten. Fällt die Auswertung eines Beratungsprojektes dem Druck neuer Projektakquisitionen zum Opfer, so besteht nach wie vor die Möglichkeit, in Werbebroschüren mit einem Projektzyklus zu werben, in dem am Ende eines jeden Projektes die Evaluation des Vorhabens steht. Tut man sich – verständlicherweise – schwer, den Nutzen eines Coachings oder einer Supervision in einem Fall nachzuweisen, so erhöht man dennoch als Praktiker die Frequenz, mit der in Vorstandsvorlagen, Personalermessen oder Fachartikeln eine auch ökonomische Evaluation von Beratungsleistungen eingefordert wird. Gibt es Schwierigkeiten, den Return on Investment einer Personalentwicklungsmaßnahme zu berechnen, so gibt man weitere Diplomarbeiten im Bereich Bildungs-Controlling in Auftrag, in denen Berechnungsverfahren entwickelt werden sollen.

4 Das Scharlatanerieproblem – Zwischen Professionsbildung und Professionalisierung

Die personenorientierte Beratung in Organisationen hat ein Scharlatanerieproblem. Für den Praktiker der personenorientierten Beratung mag dies keine überraschende Aussage sein. Dass es Scharlatane in der Szene gibt – darüber sind sich die personenorientierten Berater in der Regel sehr schnell einig. Christopher Rauen (2003a: 24) beispielsweise stellt fest, dass, wenn man „als Kunde fünfzig Coachs einlädt und feststellt, dass vierzig davon für eine Beratungsleistung im Unternehmen nicht im Geringsten geeignet sind", man zwangsläufig zu dem Urteil komme, dass „der Coaching-Markt wenig Qualität bietet". Auch Uwe Böning und Brigitte Fritschle (2005: 57) klagen über die Scharlatane, die den Ruf der Szene zerstören.[74]

Die reine Tatsache, dass es Scharlatane in einem Feld gibt, reicht aus einer soziologischen Perspektive jedoch nicht aus, um bereits ein grundlegendes Scharlatanerieproblem zu identifizieren. Ein Scharlatanerieproblem liegt erst vor, wenn es innerhalb einer Gruppe von Leistungsanbietern gar nicht möglich ist, sich kollektiv darauf zu einigen, wer eigentlich die Scharlatane sind. Jeder und jede redet von Scharlatanen, aber es gibt kaum Übereinstimmung, woran man diese erkennt. Pointiert ausgedrückt: Die Scharlatane sind immer die anderen.

Es fällt auf, dass sich bisher in der personenorientierten Beratung – vielleicht mit Ausnahme des Vertraulichkeitsaspektes – kaum ein übergreifender Konsens ausgebildet hat, was einen Scharlatan auszeichnet. In der personenorientierten Beratung erkennt man das Scharlatanerieproblem daran, dass je nach Perspektive des Dienstleisters ganz unterschiedliche Punkte als unprofessionell angesehen werden: Die Beratung über mehrere hierarchische Ebenen einer Organisation mag für die einen Coachs und Supervisoren als unprofessionell gelten, für andere aber sehr wohl vertretbar sein. Die Gewinnung von Kunden durch aktive Ansprache auf den Fluren der Organisation ist für den einen Teil der Berater Ausdruck von Scharlatanerie, für den anderen Teil einfach nur eine effektive Akquisestrategie. Die Bereitschaft von Coachs, ihren Coachees positive Beurteilungen für deren Sozialkompetenzen für die internen Assessment-Center ihrer Unternehmen auszustellen, stellt für die einen bereits einen Ausdruck mangelnder professioneller Standards dar, für die anderen gehört es zu den selbstverständlichen Service-Leistungen für den Kunden.

Um das Scharlataneriepoblem der personenorientierten Beratung zu verstehen, hilft es, diese mit Feldern zu vergleichen, in denen es auch Scharlatane gibt, der Umgang mit ihnen jedoch beherrscht wird. Selbstverständlich wird auch bei Professionen wie den Ärzten oder Juristen und bei Semi-Professionen wie den Sozialarbeitern oder Hebammen Scharlatanerie identifiziert. Patienten werden falsch operiert und wachen mit der berühmt-berüchtigten Schere im Bauch wieder auf. Klienten bekommen eine falsche Rechtsberatung und verlieren trotz guter Ausgangsbasis ihren Prozess. Gläubige werden vom Theologen falsch beraten und kommen trotz der Befolgung aller Anweisungen durch das christliche Fachpersonal in die Hölle. Man kann feststellen, dass selbst bei einer ausgeprägten Standardisierung der Ausbildung, der Entwicklung von verbindlichen Verfahren und Versuchen der übergreifenden medizinischen, anwaltlichen oder theologischen Qualitätskontrolle enorme Leistungsunterschiede innerhalb einer Profession existieren.

Auffällig ist dort jedoch das hohe Maß an Übereinstimmung, wer ein Scharlatan ist: Dass der als „falscher Doktor“ bekannte Postbote Gert Postel, der sich als Vitamindoktor gebärdende Matthias Rath oder der von den Massenmedien als „Dr. Horror“ titulierte Hamburger Zahnarzt und Schönheitschirurg „Dr. Dr. Roland“ Scharlatane sind, darüber gibt es unter Medizinern so gut wie keine Kontroversen. Auch die Entfernung dieser Scharlatane aus der beruflichen Praxis funktioniert in der Regel gut.

Sicherlich: Professionen zögern es lange hinaus, bevor ein Fehlverhalten eines Professionsmitglieds angekreidet wird oder gar die Ausübung eines Berufes untersagt wird. Haben Ärzte, Rechtsanwälte, Lehrer oder Geistliche erst einmal ihr zweites Staatsexamen, ihre Approbation oder ihre Ordination erhalten, dann sind die Hürden hoch, bevor die Mechanismen der Qualitätssicherung greifen. Das häufig auf Professionen angewandte Sprichwort, dass die eine Krähe nicht der anderen das Auge aushackt, hat beim Blick auf professionsinterne Qualitätssicherungsmechanismen ihre Berechtigung. Aber bei allen Einschränkungen: Durch Professionen können prinzipiell Scharlatanerie, Kunstfehler und Stümpereien benannt und sanktioniert und dadurch das Scharlatanerieproblem notfalls öffentlichkeitswirksam kontrolliert werden. Dieser Mechanismus steht Nichtprofessionen nicht zur Verfügung.

4.1 Zum Umgang mit Qualitätsproblemen: Markt, Hierarchie und Profession als Alternativen

Qualitätsprobleme lassen sich bei vielen Berufsgruppen feststellen. Wenn es bei Klempnern, zum Beispiel wegen mangelnder Berufsausbildung, immer wieder Qualitätsprobleme gibt, hört man die Rufe nach der Etablierung professioneller Standards. Als Reaktion auf die häufigen Qualitäts- und Effizienzprobleme sind Hausmeister inzwischen wenigstens verbal zu Facility Managern aufgewertet worden. Und mancher Gast in einer Kneipe mag schon mal angesichts eines schlechten Service dem bedienenden Personal eine Qualitätsoffensive gewünscht haben.

Wie kann innerhalb eines Tätigkeitsfeldes auf Qualitätsprobleme reagiert werden? Welche Handlungsmöglichkeiten gibt es, um das Scharlatanerieproblem in den Griff zu bekommen?

Drei unterschiedliche Reaktionsmuster auf Qualitätsprobleme: Markt, Hierarchie und Profession

Der Soziologe Eliot Freidson hat auf die Frage nach den Möglichkeiten der Beherrschung des Qualitätsproblems die fast lakonische Antwort gegeben: Markt, Hierarchie oder Profession.[75] Bei diesen drei Möglichkeiten handelt es sich nicht um eine abstrakte, wissenschaftlich begründete Konzeption, sondern um die Beobachtung, wie in der Praxis Qualitätsprobleme gelöst werden (Freidson 1994: 49ff.).

Bei der Kontrolle der Qualität über *Marktmechanismen* bestimmen die Kundennachfrage und der freie Wettbewerb unter den Anbietern, welche Arbeit getan wird, wer sie tut, wie sie getan wird und wie viel dafür bezahlt wird. Der Kunde entscheidet selbst, wer sein Problem am besten lösen kann, und strukturiert darüber maßgeblich die Art und Weise, in der Leistungen erbracht werden: Ein Klempner, dessen Rohre lecken, bekommt irgendwann keine Aufträge mehr. Ein Hausmeister, der seinen Job nicht zur Zufriedenheit macht, wird durch eine Facility Management Firma ersetzt. Eine Gaststätte, in der das Personal regelmäßig den Gästen Getränke auf die Hosen gießt, wird irgendwann einmal nicht mehr besucht werden.

Bei einer *hierarchischen Kontrolle* der Qualität bestimmt der Chef oder die Chefin, welche Produkte hergestellt oder welche Dienstleistungen erbracht werden. Wenn bei einem Zulieferer für Air-Bag-Schaltungen Qualitätsprobleme auftreten, wird dieses Problem – häufig nach einer Beschwerde des Kunden – über die Hierarchie angegangen. Die Werksleitung zitiert die Produktionsleiter und die Leiter der Qualitätssicherungsteams zu sich und fordert sie auf, das Problem in den Griff zu bekommen. Dann greifen die Produktionsleiter und Qualitätssicherer hierarchisch auf die operativen Bereiche zu und versuchen so, das Qualitätsproblem zu lösen.

Bei einer Bearbeitung des Qualitätsproblems durch eine *Profession* findet eine Selbstkontrolle durch die Professionellen selbst statt. Eine Profession stellt sich als eine sich selbst kontrollierende Gemeinschaft von Leistungsanbietern dar, die für ihre Klientel – häufig in staatlicher Lizensierung – Dienstleistungen erbringt. Die Sicherung professioneller Standards bei Juristen findet über Rechtsanwalts- und Notarkammern statt, die bei Beschwerden von Klienten tätig werden. Die Regulierung des Zugangs zum Feld der Gesundheit hat sichergestellt, dass Kunstfehler durch die Professionals selbst benannt und Abweichungen von einem allgemein festgelegten Standard selbst sanktioniert werden können. Damit liegt die letzte Einschätzung der Qualität einer Leistung nicht beim Klienten, sondern bei der Gemeinschaft der Professionellen. Diese Gemeinschaft garantiert den Klienten – und häufig auch dem Staat – dass die Tätigkeiten der Leistungsanbieter nach den Regeln der Kunst einer Profession durchgeführt werden und Scharlatane durch die Selbstkontrollmechanismen der Profession entfernt werden.

Es macht wenig Sinn, eine generalisierte wertende Gewichtung dieser drei Mechanismen – Märkte, Hierarchien und Professionen – vorzunehmen. Profession mag in manchen Ohren attraktiver klingen als Markt oder Hierarchie. Für andere mag der Begriff des Marktes positivere Assoziationen auslösen als die eher mit Steuerung verbundenen Begriffe der Hierarchie oder der Profession. Aus einer soziologischen Perspektive gibt es jedoch erst mal keinen Grund, den einen oder anderen Mechanismus zu favorisieren. Professionsbildung kann immer auch als Herrschaft von Experten verstanden werden, weil Professionsbildung immer eine Reduzierung von „Klientenautonomie" zur Folge hat und weil über Fehler der Leistungsanbieter nicht mehr Klienten entscheiden können. Professionsbildung bedeutet auch immer eine Reduktion von „Kreativität", weil die Methoden, die angewandt werden, durch einheitliche professionelle Standards festgelegt werden (vgl. beispielsweise die fulminante Professionskritik von Ivan Illich; siehe sehr kompakt Illich 1979).

Soziologisch interessant ist vielmehr, dass sich diese drei Strategien der Qualitätssicherung als Alternativen oder – komplizierter, aber präziser ausgedrückt – als funktionale Äquivalente verstehen lassen. Existiert in einem Tätigkeitsfeld ein Qualitätsproblem, dann sind Märkte, Hierarchien und Professionen funktionale Äquivalente, um dieses Qualitätsproblem in den Griff zu bekommen. Stimmt beispielsweise die Qualität einer medizinischen Leistung, einer Beratungsleistung oder einer professoralen Unterrichtsleistung nicht, dann kann man entweder darauf setzen, dass der Klient den besten Leistungsanbieter selektiert und darüber ein Qualitätswettbewerb stattfindet, oder, dass es eine Kontrolle der Qualität über starke Hierarchien (einen „Obermediziner“, den „Oberberater“ oder den „Oberlehrer“) gibt, oder eben, dass sich eine Profession bildet, die dieses Problem über Selbstkontrolle löst.

Während man in der Regel von den Begriffen Markt und Hierarchie ein klares Bild hat, wird der Begriff der Profession jedoch häufig unpräzise gehandhabt.[76]

Was heißt Profession: Zur nicht ganz unwichtigen Unterscheidung von Professionsbildung und Professionalisierung

Der Begriff der Professionalität wird häufig ganz selbstverständlich im Mund geführt. Eine Schauspielerin, die ihr Geld am Theater verdient, versteht sich als „professionelle Darstellerin“. Berater propagieren ihre Konzepte der „systemischen Professionalität“. Eine Führungskraft preist sich für das „professionelle Management“ einer Produktentwicklung. Für Prostituierte hat sich in ähnlicher Weise der Begriff der „Professionellen“ eingebürgert.

Das Aufwerten von Professionalität zur Allerweltsvokabel verdeckt jedoch, dass mit Professionalität zwei ganz unterschiedliche Sachen gemeint sein können (vgl. hierzu auch beispielsweise Kurtz 1998 oder Buer 2004). Bei einem engen Verständnis von Professionalität (Professionsbegriff 1) geht es um Qualitätssicherung durch Verordnung verbindlicher Handlungsstandards, eine Homogenisierung der Ausbildung und eine Restriktion der Zugänge zu einem Berufsfeld. In diesem Verständnis sind Professionen ein Mechanismus der Marktschließung, bei dem die Professionen selbst darüber entscheiden, wer als Anbieter auf dem Markt auftreten wird und wer aufgrund von fehlenden Standards vom Markt entfernt wird (vgl. früh Goode 1957). Der *Professionelle* hat dabei nicht die Autonomie in der Bestimmung von Professionalität, sondern muss sich den in einem *Professionsbildungsprozess* entstandenen Standards einer *Profession* unterwerfen (zu diesem engen Professionsbegriff siehe zum Beispiel Parsons 1968).

Bei der Nutzung eines weiten Professionalitätsbegriffs (Professionsbegriff 2) geht es um „Professionalität ohne Profession“, um individuell definierte Formen professionellen Handelns, bei denen jeder in einem Feld Tätige nach Professionalität strebt, aber möglichst wenig durch von Berufsverbänden verordnete und verbindlich gesetzte Handlungsstandards, Ausbildungsinhalte oder Zugangsrestriktionen betroffen sein will.[77] Es gibt keine genau abgegrenzte, ihre Zugänge regulierende Profession, sondern lediglich ein breiteres Verständnis von *Professionalismus*. Der *Professional* muss sich deswegen nicht den regulierenden

Zwängen eines Kollektivorgans unterwerfen, sondern entwickelt auf freiwilliger Selbstverpflichtung basierende Vorstellungen von *Professionalisierung* (vgl. Evetts 1999; Evetts 2003a; Evetts 2003b; eher populärwissenschaftlich Maister 1997 oder Schmid 2003).[78]

	Enger Professionalitätsbegriff (Professionsbegriff 1)	**Weiter Professionalitätsbegriff (Professionsbegriff 2)**
Bezeichnung für die soziale Form	Profession	Professionalismus
Bezeichnung für den Tätigen	Professioneller	Professional
Bezeichnung für den Ausdifferenzierungsprozess	Professionsbildung	Professionalisierung

Das Merkmal einer fehlenden Professionsbildung (im Sinne des Professionsbegriffs 1) muss nicht der Mangel an Professionalität der einzelnen Akteure sein. Es ist sehr wohl möglich, dass sich durch Professionalismus hervorragend arbeitende Experten ausbilden (im Sinne von Professionalität 2), ohne dass die Tätigkeitsfelder selbst als Professionen begriffen werden können. Es gibt sicherlich – im Selbst- und Fremdverständnis – sehr professionell arbeitende Manager, ohne dass Management eine Profession darstellt. Auch bei Prostituierten mag es Leistungsanbieterinnen geben, die sich als sehr professionell verstehen und von ihren normalerweise männlichen Klienten auch so wahrgenommen werden, ohne dass die Leistungsanbieter selbst als Profession organisiert sind (vgl. dazu Girtler 2004). Es ist geradezu das Charakteristikum von fehlender Professionsbildung, dass Professionalität im Handeln postuliert wird, es aber an objektivierten Standards dafür fehlt, woran die Professionalität festgemacht werden kann oder nicht.

Bei allem drohenden Begriffswirrwarr durch die unterschiedliche Verwendung von Begrifflichkeiten wie Profession, Professionalismus, Professioneller, Professional, Professionsbildung oder Professionalisierung darf man einen zentralen Gedanken nicht aus den Augen verlieren: Bei einem breiten Verständnis von Professionalität (Professionsbegriff 2) entsteht an sich kein Mechanismus der kollektiven Qualitätssicherung. Man mag sehr wohl Professionalität als individuelles Ziel formulieren und versuchen, andere von seinem Professionalitätsverständnis zu überzeugen. Aber letztlich intendiert das breite Verständnis von Professionalität, dass der Markt aus den unterschiedlichen professionellen Praxen die beste herausselektiert oder dass hierarchisch vorgegeben wird, welche professionelle Praxis in einer Organisation gewünscht ist oder nicht.

Während man in jedem Tätigkeitsfeld davon ausgehen kann, dass nach Professionalität im Sinne des weiten Professionsbegriffs gestrebt wird, ist für unseren Zweck die Frage interessanter, wovon es abhängt, ob sich in einem Tätigkeitsfeld Professionen im engeren Sinne bilden – und weiterführend – wie die Professionsbildungschancen der personenorientierten Beratung in Organisationen sind.

4.2 Möglichkeiten und Grenzen der Professionsbildung personenorientierter Beratung in Organisationen

Für die Ausbildung von Professionen im engeren Sinn gibt es – sehr grob skizziert – zwei unterschiedliche Erklärungsstränge. Im ersten Erklärungsstrang, der durch Vertreter des subjektorientierten Berufsansatzes (vgl. z.B. Bolte/Beck/Brater 1988), des Machtansatzes (vgl. z.B. Larson 1977, Anwendung bei Groß 2003) und – mit Abstrichen – der marxistischen Professionssoziologie (vgl. z.B. Johnson 1977) vertreten wird, wird die Bildung von Professionen auf die klugen Verhandlungsstrategien und geschickten Machtstrategien der Leistungsanbieter zurückgeführt. Warum herrscht bei Friseuren ein harter Qualitäts- und Preiswettbewerb, während Ärzte den Zugang zu ihrem Tätigkeitsfeld kontrollieren und lange Zeit hohe Preise gegen Klienten durchsetzen konnten? Überspitzt ausgedrückt ist die Antwort des ersten Ansatzes, dass es am geschickteren Agieren der Mediziner besonders im achtzehnten und neunzehnten Jahrhundert lag, dass es ihnen gelang, Marktschließungsmechanismen durchzusetzen.

Der zweite Erklärungsstrang, der unter anderem von Vertretern der strukturfunktionalistischen Professionstheorie (siehe z.B. Parsons 1939; Parsons 1968), der aus der objektiven Hermeneutik kommenden „revidierten Professionalisierungstheorie“ (siehe besonders Oevermann 1997; Oevermann 2002) und des systemtheoretischen Professionsansatzes (vgl. Luhmann 1974; Stichweh 1996) vertreten wird, macht es von der Art und der Relevanz der Tätigkeit für die Gesellschaft abhängig, ob sich bei der Kontrolle der Qualität eher die Mechanismen des Marktes, der Hierarchie oder der Profession durchsetzen. Auch hier wieder simplifiziert ausgedrückt: Dass es die Ärzte im Gegensatz zu den Friseuren geschafft haben, sich als Profession zu etablieren, hängt mit der höheren Komplexität ihrer Tätigkeit und den schwerwiegenderen Konsequenzen bei Behandlungsfehlern zusammen. Ein missratener Haarschnitt mag ein individuelles Drama sein, aber er wächst sich – anders als die Ergebnisse eines medizinischen Behandlungsfehlers – aus. Für die Durchsetzung hierarchischer Kontrolle bei Produktionsarbeitern im Gegensatz zu einer Durchsetzung professioneller Standards unter Therapeuten spielt, so das Argument, der unterschiedliche Charakter der

Tätigkeiten eine wichtige Rolle. Therapeutische Tätigkeiten ließen sich, so jedenfalls die Behauptung, nicht in der gleichen Art und Weise hierarchisch kontrollieren wie Tätigkeiten am Montageband und würden deswegen über Professionen strukturiert.

Bei der Betrachtung von Professionsbildungsprozessen ist es sinnvoll, diese beiden Erklärungsstränge parallel in Anwendung zu bringen. Bei Bezugnahme auf den ersten Erklärungsstrang wäre es naiv davon auszugehen, dass sich die Tätigkeit der Aromatherapie oder des Einzelhandels selbst bei geschicktem Auftreten ihrer Verbandsvertreter genauso gut als Profession etablieren lassen wie die Tätigkeit der medizinischen oder seelsorgerischen Versorgung. Der zweite Erklärungsstrang wiederum darf nicht so verstanden werden, dass es eine Art funktionalistisches Naturgesetz gibt, dass sich bei komplexen, gesellschaftlich relevanten Tätigkeiten quasi automatisch Professionen ausbilden. Die Bildung von Professionen im engeren Sinne ist ein so unwahrscheinliches gesellschaftliches Phänomen, dass es selbst bei „professionsbildungsbedürftig“ erscheinenden Tätigkeiten nicht gesagt ist, dass sich dort auch in Realität Professionen ausbilden.

In diesem Sinne soll im Folgenden erst die „Professionsbildungsbedürftigkeit“ personenorientierter Beratung untersucht werden, um dann den realen Verlaufsprozess der Professionsbildungsversuche im Coaching und in der Supervision unter die Lupe zu nehmen (vgl. dazu auch Allert 1998: 42).

Faktoren der Professionsbildung: Komplexität der Tätigkeit und kritische Relevanz

In der Tradition des zweiten professionssoziologischen Erklärungsansatzes lassen sich in Anlehnung an den Soziologen David L. Torres (1991: 47ff.) zwei zentrale Faktoren bestimmen, von denen die Professionsbildung abhängt: erstens die Komplexität des Wissensbestandes und zweitens die kritische Relevanz des Wissensbestandes. Komplexität entsteht immer, wenn keine klaren Kausalverbindungen zwischen Ausgangslage und Soll-Zustand existieren, die Ausgangslagen sich teilweise dabei noch verändern können und selbst die Ziele eines Vorhabens fluktuieren können. Die kritische Relevanz zeigt sich darin, wie stark ein Versagen sich auf die Gesellschaftsmitglieder auswirkt. Auch wenn die moderne Gesellschaft eine hohe Zahl von frühzeitig Sterbenden verkraften kann, so gilt der Tod von Klienten aufgrund von (Be-)Handlungsfehlern des Leistungsanbieters als deutliches Indiz für kritische Relevanz.[79]

Wenn man es mit einer geringeren gesellschaftlichen Relevanz beim Versagen zu tun hat, werden die Qualitätsprobleme häufig – wie zum Beispiel im Fall von Face-Stylistinnen (siehe zu diesem Berufsfeld aufschlussreich Moers 1991:

28) – über den freien Markt gelöst. Eine hohe Komplexität des Wissens bei nur geringer Relevanz beim Versagen liegt häufig bei wissenschaftlichen Tätigkeiten vor. Soziologen können die Gesellschaft sicherlich nicht mit dem Instrumentarium für Trivialmaschinen erklären, aber ob diese Erklärungen am Ende stimmen oder nicht, ist für die gesellschaftliche Praxis ziemlich irrelevant. Haben wir es sowohl mit einer hohen Komplexität als auch mit einer kritischen Relevanz von Wissensbeständen zu tun, bilden sich nicht notgedrungen, jedoch empirisch häufig zu beobachten, Professionen aus.[80]

„Hohe Komplexität" und „kritische Relevanz" liegt bei allen Tätigkeiten vor, die versuchen, „lebenspraktische Probleme" von Personen mit „Hilfe wissenschaftlicher Erkenntnis- und Analysemittel" zu lösen (vgl. Oevermann 1996: 135). Diese Probleme können – wie eine Analyse von Ärzten, Therapeuten und Geistlichen zeigt – aus der Perspektive der einzelnen Person mehr oder minder existenzkritisch sein. Es geht um das „Arbeiten an individuellen Personen", die häufig hohen Risiken ausgesetzt sind – den Risiken des „nicht eindämmbaren Streites", der „Gesundheit", des „Seelenheils" oder des „Lernens falscher Wahrheiten" (vgl. Luhmann 1974: 2). Die trost- oder heilungsbedürftigen Personen, die kranken Personen oder die streitenden Personen suchen nach Möglichkeiten, dass andere sich dieser Risiken annehmen und sie bei der Bearbeitung dieser Risiken unterstützen – quasi eine Art „stellvertretende Krisenbewältigung" (vgl. Oevermann 2002: 21ff.; siehe auch Allert 1998: 21).

Wegen der häufig existenzkritischen Problemlagen sind Ärzte, Therapeuten, Juristen oder Geistliche zum „raschen Entscheiden" gezwungen, und zwar ganz unabhängig davon, ob das vorhandene Wissen eine ausreichende Sicherheit für dieses Handeln liefert. Während man sich in Berufen wie Makler, Werkzeugbauer, Steward oder Sekretär darauf verlassen kann, dass man alle entstehenden Probleme und Aufgaben mit einem vorher erlernten Standardrepertoire an Fertigkeiten und Fähigkeiten bewältigen kann, müssen einige Berufe auch für unerwartete Probleme und Aufgaben schnelle Handlungsformen finden. Der Mediziner kann sich gezwungen sehen, auch eine ihm bisher nicht bekannte Krankheit oder Verletzung zu behandeln und dafür eine gegenüber Kollegen zu rechtfertigende Vorgehensweise zu finden. Auch wenn bei einer Vielzahl von Rechtsfällen häufig nur der Sachstand ermittelt werden muss und sich daraus dann fast automatisch die Rechtsfolgen ergeben, gibt es doch immer wieder auch Situationen, in denen ein Jurist mit einem Rechtsproblem konfrontiert wird, für das es bisher keine Präzedenzfälle gibt (vgl. früh schon Luhmann 1974: 3).

Sehr schematisch lassen sich Berufe und Professionen in einer Tabelle gegenüberstellen.

Beruf	Profession
Beispiel: Maurer, Steward, Verkäufer, Makler, Fernsehtechniker	Beispiele: Arzt, Priester, Rechtsanwalt – mit Abstrichen Lehrer, Offiziere
Standardisierbare Aufgaben mit eindeutiger Erfolgsmessung	Unstandardisierbare Aufgaben mit problematischer Erfolgsmessung
Bezahlung vorwiegend nach Erfolg (Fernsehtechniker wird nur vergütet, wenn der Fernseher repariert wurde)	Bezahlung unabhängig von Erfolg (Soldat wird auch bezahlt, wenn es ihm nicht gelungen ist, seinen Feind zu töten)
Sach- oder personenbezogene Dienstleistungen	Personenbezogene Dienstleistungen (People-Processing)

Der Blick auf die Ärzte, Therapeuten, Juristen, Geistlichen und Lehrer zeigt, dass es für eine Professionsbildung nicht ausreicht, dass sich Leistungserbringer stellvertretend an lebenspraktischen Problemen von Personen abarbeiten – das tun auch Architekten oder Makler, die versuchen, zukünftigen Hausbesitzern eine neue Heimat zu geben, oder Kosmetiker, die das häufig sehr relevante lebenspraktische Problem von Hässlichkeit zu reduzieren versuchen. Für Professionsbildung scheint zentral zu sein, dass es gesellschaftlich anerkannt wird, dass eine tendenziell existenzbedrohende Problemlage von Personen vorliegt.

Es fällt auf, dass sich in der modernen Gesellschaft Professionen in den gesellschaftlichen Feldern (oder systemtheoretisch gesprochen: Funktionssystemen) gebildet haben, in denen solche existentiellen Problembezüge des Menschen anfallen: in der Religion, im Rechtswesen, in der Medizin und in der Erziehung. In anderen gesellschaftlichen Feldern wie der Wirtschaft, der Politik, den Massenmedien, dem Sport oder dem Tourismus bilden sich zwar auch vielfältige Berufe aus, es gibt in ihnen aber keine „Leitberufe“, an denen sich alle anderen Berufe des entsprechenden Feldes orientieren (vgl. Stichweh 2008: 335ff.; sehr früh schon Stichweh 1992).[81]

Die Einschätzung, wie komplex und wie kritisch relevant eine Tätigkeit angesehen wird, kann sich mit der Zeit verändern. Hufschmiede waren beispielsweise im frühen zwanzigsten Jahrhundert in einigen Bundesstaaten der USA professionsähnlich organisiert. Ihre Tätigkeit wurde damals nicht nur als komplex, sondern wegen der vielen Unfälle mit pferdebetriebenen Wagen auch als gesellschaftlich relevant angesehen. Auch die Bestatter hatten lange Zeit wegen des Verseuchungsrisikos einige Merkmale einer Profession. Die Selbstregulierungen wurden jedoch schrittweise zurückgenommen, so dass beispielsweise in den USA jeder ohne längere Ausbildung sich zum Bestatter oder zur Bestatterin ernennen kann (vgl. Torres 1991: 50ff.; für interessante ironisierende Studien siehe Ball/Poul 2005). In den letzten Jahren hat es Professionsbildungsversuche der Sozialarbeit gegeben, deren Erfolg maßgeblich davon abhängt, ob sich die Soziale Hilfe als gesellschaftliches Feld mit ganz eigenen Logiken etabliert (vgl. zur Kontroverse von Sozialer Hilfe als Funktionssystem Baecker 1994 und Scherr 2001). Bei Therapeuten kann man beobachten, dass die gesellschaftliche Relevanz ihrer Tätigkeiten zunehmend akzeptiert wird und so die Therapielandschaft zunehmend durch eine Profession strukturiert wird, wobei sich dadurch neben den Ärzten im Feld der Gesundheit eine zweite zentrale Profession auszubilden droht (vgl. Reiter/Steiner 1996: 159ff.; Lane et al. 2004a: 6ff.).

Wie sieht es jetzt mit der personenorientierten Beratung in Organisationen aus? Haben wir es mit einer Tätigkeit zu tun, die „Professionsbildungschancen" (im Sinne des Professionsbegriffs 1) hat, oder liegt vielmehr eine Tätigkeit vor, die „zwar den Anspruch auf professionellen Status erheben kann" und „doch schließlich einsehen muss, dass niemand diesen Anspruch honoriert, außer ihnen selbst" (vgl. Wilensky 1972: 211f.)?

Zur Professionalisierungsbedürftigkeit personenorientierter Beratung in Organisationen

Die personenorientierte Beratung in Organisationen entspricht in vielen Merkmalen Tätigkeiten, die von Ulrich Oevermann (1996: 135) als „professionalisierungsbedürfig" bezeichnet worden sind (oder präziser: „professionsbildungsbedürftig"). Ähnlich wie bei Medizinern, Juristen, Geistlichen, Erziehern und Therapeuten werden bei Supervisoren, aber auch bei Coachs komplexe „lebenspraktische Probleme" von Personen mit „Hilfe wissenschaftlicher Erkenntnis- und Analysemittel" zu lösen gesucht.[82] Die personenorientierte Beratung in Organisationen scheint ähnlich wie die therapeutischen Tätigkeiten durch eine hohe Komplexität der Wissensbestände gekennzeichnet – jedenfalls wenn man die standardisierbaren Formen des Coachings in Feldern wie dem Auftritt in Massenmedien, der Rhetorikschulung oder der Fitness-Schulung herausnimmt. In der Wahrnehmung auf der Klientenseite wird auch die Intervention als so kritisch für die Einzelpersonen betrachtet, dass hier übergreifende Qualitätssicherungsmaßnahmen als sinnvoll erachtet werden (vgl. Oevermann 1983: 142, siehe auch Oevermann 1997; 2001).

Aber im Vergleich zu den Bereichen der Medizin, der Therapie und der Seelsorge fallen mindestens drei Unterschiede auf, die durch den Organisationsbezug dieser Tätigkeiten entstehen.[83] Ein erstes Merkmal ist, dass sich Leistungen von Ärzten, Therapeuten, Geistlichen, Anwälten und – mit Abstrichen – von Lehrern an ganze Personen richten, während sich Supervision und Coaching an Personen in der Ausübung einer (Berufs-)Rolle richten. Bei einem medizinischen, juristischen, theologischen oder erzieherischen Problem wird offensichtlich immer die ganze Person adressiert, während es bei Coaching und Supervision (aber auch zum Beispiel bei der klassischen Berufsberatung im Arbeitsamt, bei der Weiterbildung oder beim Training) um die Optimierung des Rollenverhaltens einer Person geht. Einen Gedanken Veronika Tackes (2005: 183ff.) paraphrasierend, geht es beim Coaching und bei der Supervision nicht um die Beratung einer ganzen Person, sondern um die Stützung der Selbstmanagementfähigkeiten einer Person in ihrer Rolle als Organisationsmitglied.

Damit hängt auch das zweite Merkmal zusammen: Die Möglichkeiten der Lösung des Problems durch Entzug. Bei lebenspraktischen (oder sollte man sagen rollenpraktischen) Problemen von Organisationsmitgliedern gibt es in der Regel eine Lösung: das Verlassen der Organisation. Das mag in der Praxis nur unter großen Verlusten möglich sein, weil in diesem Falle ökonomische Probleme, ein Wohnortwechsel, eine Stigmatisierung oder das gleiche Problem in einer anderen Organisation drohen. Aber es fällt hier ein zentraler Unterschied zu lebenspraktischen Problemen in den Feldern der Gesundheit, des Rechts, der Religion oder der Erziehung auf. In diesen liegen die „Lösungen" durch einen Ausstieg nicht in der gleichen Form auf der Hand: Man kann ein gesundheitliches Problem nicht oder nur sehr begrenzt durch den Wechsel des Körpers, ein Sinnproblem durch den Wechsel des Geistes oder ein Rechtsproblem durch den Wechsel des Landes lösen. Während in den Feldern der Gesundheit, der Religion und des Rechts ein Exit tendenziell immer auf einen Exit der ganzen Person hinausläuft, steht bei lebenspraktischen Problemen in Organisationen zunächst nur der Exit aus einer Rolle – als Mitglied dieser spezifischen Organisation oder gar von Organisationen – im Raum.

Das dritte Merkmal ist, dass bei der personenorientierten Beratung der Klient häufig nicht der direkte Auftraggeber ist. Die Beauftragung und häufig auch die Bezahlung werden durch das Unternehmen, das Krankenhaus oder die Verwaltung vorgenommen, für die das Organisationsmitglied tätig ist. Solche Prozesse kennt man auch aus professionalisierten Feldern – wenn der Schüler aufgrund von Schulpflicht in die Schule geschickt wird, ein Angeklagter einen Pflichtanwalt zugewiesen bekommt oder die Polizei eine psychisch Kranke ins Krankenhaus bringt. Das Besondere ist aber, dass die Organisation im Fall von Coaching und Supervision eine Qualitätssicherungsfunktion für den Klienten übernehmen kann und sicherstellt, dass die Leistungserbringung im Sinne des Klienten und der Organisation erfolgt.

4.3 Wie weit trägt die Professionsbildung? Zur Einschätzung der Professionsbildungstrends in Supervision und Coaching

Auch auf die Gefahr der sträflichen Vereinfachung lässt sich die Situation in der personenorientierten Beratung in einem Satz zusammenfassen: Professionsbildungsbedürftigkeit – ja, aber nur mit starker Einschränkung aufgrund des Organisationsbezuges dieser Tätigkeit; Vorhandensein einer real existierenden Profession – nein (vgl. für die Professionalisierungsbedürftigkeit der Supervision z.B. Oevermann 1993). Die fehlende Professionsbildung ist daran zu erkennen, dass die Berufsbezeichnungen Coach oder Supervisor nicht geschützt sind, sich also folglich jeder und jede als personenorientierter Berater am Markt bewegen kann, dass im Bereich der Coaching-Ausbildung keine, im Bereich der Supervisions-Ausbildung nur verbandsbezogene Standards herrschen und einheitliche Regeln für die Herangehensweise an personenorientierte Beratung kaum existieren.

Welche Entwicklungslinien zeichnen sich bei der personenorientierten Beratung in Organisationen ab?

Die Kontroverse zwischen Anhängern des Professionsbegriffs 1 und des Professionsbegriffs 2

In der Szene der personenorientierten Berater gibt es zurzeit zwei grundlegend verschiedene Strategien, wie mit dem Scharlatanerieproblem umgegangen werden soll. Die eine Richtung beruft sich auf die Kraft des „freien Marktes." Es liege, so die Position, einzig und allein in der Kompetenz der Kunden, die Spreu vom Weizen zu trennen. Zwar können im Sinne von „Professionalisierung" (Professionsbegriff 2) von der Anbieterseite Qualitätssignale gesetzt werden, aber nur auf dem Markt von Anbietern und Kunden dürfe entschieden werden, wer sich durchsetzt. Das Motto ist: „Lasst den Kunden selbst auf sich Acht geben" (vgl. McKinlay 1973: 66). Die andere Richtung bezieht sich auf die Kraft der Selbststeuerung von „Professionen". Nur über die Schließung des Anbietermarktes könnten die Berufsvereinigungen „Kompetenzgarantien" aussprechen und dem Klienten die Sicherheit geben, dass Leistungen immer auf der Basis eines Minimalstandards eingekauft werden (Larson 1977: 14). Das Motto ist dabei: „Lasst den Kunden an uns glauben" (vgl. McKinlay 1973: 66f.).

Dahinter stecken zwei unterschiedliche Konzepte des kollektiven Lernens. Bei einer Haltung „der Markt soll es richten" kommt es in der Regel zu einer hohen Produktion von Variationen: Man kann völlig neue Ansätze der Gesprächsführung einführen, innovative Trainingskonzepte ausprobieren oder Ausbildungen von Grund auf nach eigenem Gutdünken gestalten – über die Durchsetzung entscheidet am Ende allein der Klient. Auffällig ist jedoch, dass wegen der hohen Subjektivität bei der Bestimmung von Qualität die Selektion und Durchsetzung von vermeintlich „besten Praktiken“ lange dauert – vielleicht auch nie stattfindet. Bei Professionen ist die Variationsintensität sehr viel geringer, weil viele neue Praktiken erst mit den Standards einer Profession abgeglichen werden müssen. Professionen sind letztlich ein Handlungsdogmatismus mit nur begrenzter und stark kontrollierter Lernfähigkeit. Hat sich jedoch einmal ein neuer Standard herausgebildet, geschieht die Selektion und Durchsetzung einer „besten Praxis“ in der Regel schnell und für alle verbindlich.

Die Debatte zwischen Anhängern des Professionsbegriffs 1 und des Professionsbegriffs 2 spitzt sich dabei besonders in der Frage zu, ob ein staatlich abgesegneter Schutz der Berufsbezeichnung „Coach“ oder „Supervisor“ angestrebt werden soll oder nicht. Gerade in den einzelnen Coaching-Verbänden, in denen die Debatte relativ neu ist, herrschen dazu unterschiedliche Auffassungen. Einige Vertreter plädieren für eine Professionsbildung im engeren Sinne und plädieren für „eine staatliche Zulassung für Coachs“ als Ziel eines Berufsverbandes (vgl. Schwertfeger 2005: 43). Andere wiederum setzen sich für ein breites Verständnis von Professionalismus ein und plädieren gegen eine verbindliche Regulierung des Anbietermarktes. „Wenn ich staatliche Zulassung höre“, so ein Vertreter eines Berufsverbandes, „fange ich an zu gähnen.“ (vgl. Pichler 2005: 44; siehe Schmid 2003 für eine ausführliche Darstellung dieser Position).

Diese Debatte, die unter personenorientierten Beratern geführt wird, hat in anderen Tätigkeitsfeldern Tradition: In den achtziger und neunziger Jahren des letzten Jahrhunderts wurde unter Organisationsentwicklern heftig gestritten, welche Strategie zur Qualitätssicherung man anstreben sollte. In der Organisationsentwicklung gab es beispielsweise Anfang der achtziger Jahre des letzten Jahrhunderts in verschiedenen Ländern starke Kräfte, die über Berufsverbandsgründung, Standardisierung der Ausbildung, Akademisierung und Durchsetzung von Berufsethiken eine Professionsbildung betrieben. Das Scheitern dieser Professionsbildung wurde von einem Teil der Organisationsentwickler bedauert, während andere es begrüßten, dass nur die Nachfrage am Markt und nicht die Kontrolle durch Professionelle über Erfolg und Misserfolg eines Beraters entschied (vgl. für den englischsprachigen Raum Weidner/Kulick 1999: 321; für den deutschsprachigen Raum Kühl 2001).

Professionsbildungstendenzen mit der Etablierung verbindlicher Ausbildungsstandards, der Organisation der in dem Feld Tätigen in Berufsverbänden und der Verpflichtung der Professionellen auf einen durchsetzbaren ethischen Berufskodex sind bisher vorrangig bei den Supervisoren zu finden. Besonders über die großen Verbände, den Berufsverband Deutscher Psychologinnen und Psychologen und die Deutsche Gesellschaft für Supervision, aber auch über die kleinen Berufsverbände wie die Deutsche Gesellschaft für Systemische Therapie und Familientherapie oder die Systemische Gesellschaft wurden bisher für Supervisoren weitergehende Standards als für Coachs etabliert. Ein großer Teil dieser Berufsverbände hat sich in den siebziger und achtziger Jahren des letzten Jahrhunderts gebildet. Sie setzten zwar keine Marktschließung über einen staatlichen Schutz der Bezeichnung Supervisor durch, konnten aber über Zusätze zur Berufsbezeichnung wie „Supervisor (BDP)" oder „Supervisor (DGSv)" gewisse Qualitätssignale in den Markt geben (vgl. Gerhardt/Webers 2005: 55).

Die Professionsbildungstendenzen in der Supervision hängen eng mit der immerhin begrenzt erfolgreichen Professionsbildung in der Sozialarbeit zusammen (vgl. dazu aus unterschiedlichen Theorierichtungen Peters 1973; Bommes/ Scherr 2000). Die Entstehung der Supervision als Tätigkeitsfeld kann als Reaktion auf die Umstellung von der klassischen Fürsorgetätigkeit auf die moderne Sozialarbeit verstanden werden. Während es sich bei der Fürsorgetätigkeit um eine eindeutige Rollendefinition handelte – nämlich den Armen, Gebrechlichen und Gefallenen zu helfen –, sah sich die moderne Sozialarbeit mit einem neuartigen Rollenwiderspruch konfrontiert. Es ging nicht mehr nur um eine helfende Tätigkeit, sondern auch darum, den Klienten in die Lage zu versetzen, sich selbst zu helfen. In einer verklärenden Sichtweise mögen diese beiden Zielrichtungen sich ergänzen, in der Praxis der Sozialarbeit geraten diese Tätigkeitsfelder jedoch häufig in einen Konflikt (Schütze 1992). Eine zentrale Funktion der Supervision bestand deswegen darin, Sozialarbeitern Reflexionsangebote zu machen, um diese und andere Zielwidersprüche zu bearbeiten. Das Segment, das die Supervision innerhalb der Sozialarbeit erfolgreich besetzte, war also das einer Reflexionspraxis (und Reflexionstheorie) für den am bedürftigen Klienten arbeitenden Sozialarbeiter.

Durch diese enge Orientierung an der Sozialarbeit war die Supervision in der Lage, auf deren teilweise standardisierten Wissenskanon zurückzugreifen. Zwar ist die Sozialarbeit genauso wenig wie die Sozialpädagogik eine eigenständige wissenschaftliche Disziplin, aber als anwendungsorientiertes Berufsfeld wurde über längere Zeit auf Wissensbestände aus der Psychologie, Soziologie, Medizin, der Betriebswirtschaftslehre oder Pädagogik zurückgegriffen und so ein eigener Bestand an kondensiertem, organisiertem Wissen entwickelt. Der Rückgriff auf dieses bereits kondensierte Wissen hat es ermöglicht, dass auch in der Supervision ein doch recht überraschend homogener Wissensbestand für Interventionen verbreitet war.

Jedoch hat sich die Supervision immer mehr von der ursprünglichen Zubringerfunktion der Sozialarbeit getrennt. Erst nachdem dieser Abspaltungsprozess von der Sozialarbeit in den siebziger Jahren des letzten Jahrhunderts weit fortgeschritten war, konnte die Supervision Personen aus anderen Berufsfeldern als der Sozialarbeit integrieren. Der systematischere Zugang von Psychotherapeuten zur Supervision setzte beispielsweise in diesem Zeitraum ein, nachdem die Psychotherapeuten über die Gruppentherapie- und Gruppendynamikwelle für Themen der Supervision sensibilisiert worden waren. Auch die Popularisierung der Supervision unter Theologen begann zu dieser Zeit und hatte ebenfalls die punktuelle Loslösung der Supervision von der Sozialarbeit als Voraussetzung (Bauer 2004: 122).

Supervisoren fingen an, sich Berufsfelder zu suchen, die nur noch wenig mit ihren ursprünglichen Tätigkeiten für sozial Bedürftige zu tun hatten. Man konnte sich nun auch Supervisionen in Schulen, Kirchen, Universitäten, Verwaltungen und Unternehmen vorstellen. Es wurde innerhalb der Supervision als immer selbstverständlicher angesehen, dass die Kompetenzen der Supervision nicht auf die Sozialarbeit begrenzt, sondern auch als Handwerkszeug für die Beratung von Professionals in ganz anderen Feldern geeignet sind.

Die Entwicklungslinie der Supervision ist charakteristisch für einen der Pfade, die man bei der Ausbildung neuer Berufe oder Professionen beobachten kann. Neue Professionen entstehen aus einem Segment einer bereits etablierten Profession, das sich dann schrittweise von der Profession löst. Die genetische Diagnostik beispielsweise kann als ein Prozess der Loslösung von der Medizin einerseits und der Allgemeingenetik andererseits erklärt werden (vgl. Pfadenhauer 1998: 19; Pfadenhauer 2003: 62). Letztlich sind neue Professionen also häufig über lange Jahre Parasiten etablierter Professionen, die sich dann schrittweise von ihrem Wirt gelöst haben (vgl. zur neutralen Nutzung des Begriffs des Parasiten in der Soziologie Bardmann 1997).

Wie gut eine Profession positioniert ist, bemisst sich auch daran, wie problemlos es gelingt, Konkurrenzbestrebungen ins eigene Tätigkeitsfeld zu integrieren. So war es für die Medizin als ausdifferenzierte Profession die Frage, ob sie neuere Ansätze aus der Homöopathie oder aus der Akupunktur integrieren sollte oder diese sich in eigenständigen professionellen Assoziationen organisieren lassen sollte. Für die Priester und Pastoren als eine eng an die Kirche angebundene Profession stellte sich die Frage, wie mit Laienpredigern umgegangen werden sollte. Konnten sie als „Zuarbeiter“ an die eigene Profession gebunden werden oder musste man zulassen, dass sie sich als eigene Interessengruppe diesseits der Profession etablierten?

Für Beobachter der Professionalisierung der Supervision ist interessant, dass sich in den letzten zehn Jahren jenseits der etablierten Ausbildungsgänge und Berufsverbände der Supervisoren unter dem Begriff des Coachings eine Konkurrenz ausbilden konnte und unter Labeln wie Deutscher Bundesverband für Coaching, European Coaching Association, Professional Coaching Association, Interessengemeinschaft Coaching oder Deutscher Verband für Coaching und Training eine Vielzahl von Berufsverbänden gegründet wurde.

Dass sich jenseits der Supervision eine sehr ähnliche Beratungsrichtung mit kürzer ausgebildeten Beratern und geringeren verbandsspezifischen Standards ausbilden konnte, hängt mit dem zeitweise so erfolgreichen Parasitentum der Supervision an der Sozialarbeit zusammen. Die Ausweitung der Supervisionstätigkeit auf die Beratung von Professionals in Organisationen aller gesellschaftlichen Teilbereiche – von Kirchen und Krankenhäusern über Parteien und Nichtregierungsorganisationen bis hin zu Verwaltungen und Unternehmen – ist nur unzureichend gelungen, weil die Supervisoren Hemmungen hatten, für Unternehmen, aber auch für Verwaltungen zu arbeiten, da dieser Arbeit lange Zeit ein Beigeschmack des Unsauberen, des Unreinen und des Nicht-Helfenden anhaftete. Zwar hat die Supervision es im Rahmen ihrer Professionalisierung geschafft, sich von der festen Kopplung an die helfenden Berufe zu lösen. So verzichten die Definitionen der Supervision darauf, dieses Feld auf einen Typus von Professional oder einen Typus von Organisation einzugrenzen (vgl. Fellermann/Lentze/Leppers 2003: 11), aber in der praktischen Positionierung bleiben die Spuren des alten Wirts Sozialarbeit deutlich.[84]

Coaching – Die Heterogenität der Herkunft

Im Feld des Coachings haben sich die meisten Berufsverbände erst in den letzten Jahren gebildet. Auffällig ist, dass für die in der Öffentlichkeit am stärksten wahrgenommenen Verbände wie den Deutschen Bundesverband Coaching, den Deutschen Verband für Coaching und Training, die European Coaching Association, die International Coaching Federation Deutschland, die Interessengemeinschaft Coaching oder die Professional Coaching Association bisher im Vergleich zu den Supervisoren eher rudimentäre Aufnahmekriterien festgelegt wurden.

Der unterschiedliche Professionsbildungsgrad lässt sich auch in den Selbstbeschreibungen von Coachs und Supervisoren wiederfinden. „Von ganz entscheidender Bedeutung", so beispielsweise einer der Vorreiter der Coaching-Szene, „ist der Bereich der Qualifikation der Berater". „Während die Supervision hier bereits Standards gesetzt hätte“, sei „die Coaching-Branche noch weit davon entfernt.“ Im Coaching setzten die Professionsbildungstendenzen erst ein (vgl. Rauen 2002: 10; siehe auch Eilles-Matthiessen 2003: 14). Eine generalisierte „Absicherung“ über eine „umfassende standardisierte Ausbildung“ und „Maßnahmen der Qualitätssicherung“ kann, so ein prominenter Vertreter der Supervision, das Coaching noch nicht bieten. „Es gibt sicher gute Coachs, die das gleiche Niveau wie die Supervisoren und Supervisorinnen mitbringen, aber eben auch viele weniger gute“ (vgl. Buer 2002: 20).

Wie erklären sich die Schwierigkeiten der Professionsbildung im Coaching? Sind diese Schwierigkeiten auf die wenigen Jahre der Existenz zurückzuführen oder gibt es strukturelle Gründe dafür?

Die Wurzeln der Coachs sind wesentlich heterogener als die der Supervisoren: Ausgebildete Psychoanalytiker, die über zwanzig Jahre Erfahrung in Unternehmen haben, ehemalige Führungskräfte mit einem Crashkurs von lediglich sieben mal zwei Tagen, Sporttrainer, die Führungskräfte jetzt nicht mehr nur in körperlicher, sondern auch in psychischer Fitness betreuen wollen, Personen, die direkt nach dem Studium mit einem Beratungsangebot an Unternehmen herantreten, etablierte Trainer, die ihr Angebot auf Beratungen unter vier Augen ausweiten.

Diese Heterogenität hat auch dazu geführt, dass nicht in der gleichen Form wie bei der Supervision an den kondensierten Wissensbeständen einer anderen Disziplin parasitiert werden konnte. Während die ja breit an den Fachhochschulen verankerte Sozialarbeit die Wissensbestände aus Psychologie, Soziologie, Medizin, Wirtschaftswissenschaften und Pädagogik für die Supervision wenigstens teilweise vorkondensiert hatte, werden diese sehr unterschiedlichen Wissensbestände im Coaching in jeder Ausbildungseinrichtung neu zusammengestückelt. Diese Notwendigkeit muss für das Coaching nicht negativ sein, weil nicht in der gleichen Weise vorsortiertes Wissen einer anderen Disziplin übernommen wird, aber die wissenschaftliche Verankerung (falls überhaupt gewünscht) erschwert dies sicherlich.

Diese Heterogenität macht es für die Coaching-Verbände auch schwierig, überhaupt Minimalanforderungen an ihre Mitglieder zu formulieren. Wie das Beispiel der gescheiterten Professionalisierung der Organisationsentwicklung zeigt, ist es für Tätigkeitsfelder, die sich nicht aus einer „Wirtsprofession“ abgespalten haben, schwierig, sich überhaupt nur auf die Formulierung von Grundanforderungen zu einigen. Die Verbände schwanken dann zwischen der Formulierung von sehr vagen, fast tautologischen Standards – „Mitglied im Coaching-Verband kann werden, wer eine bestimmte Zeit lang als Coach gearbeitet hat“ – und der Formulierung von scharfen Kriterien, die dann – so die Kritik von außen – noch nicht einmal von Gründungsmitgliedern erfüllt werden (vgl. Schwertfeger 2004).[85]

4.4 Reaktionen der Klienten auf die fehlende Professionsbildung: Coaching- und Supervisions-Pools

Die Situation im Feld der personenorientierten Beratung stellt sich zurzeit so dar, dass über Berufsverbände versucht wird, Qualitätssignale auszusenden, die Auswahlmechanismen jedoch über den Markt geregelt werden. Dabei stößt man dann auf das Problem, dass die Bestimmung der Qualität einer Leistung aufgrund des Technologiedefizits deutlich schwerer ist als beim Kauf eines CD-Players, eines Fahrrades oder einer Pauschalreise. Anders als bei den beliebten Tests von Stiftung Warentest oder Computer-Bild lassen sich bei der personenorientierten Beratung nicht ohne weiteres „Leistungssieger" oder gar „Preis-Leistungssieger" bestimmen.

Weil besonders der Coaching-Markt, aber auch der Supervisions-Markt durch die Anbieter sehr wenig strukturiert wird und von Anbieter-Seite kaum Qualitätskontrollen durchgesetzt werden, gleichzeitig aber die Probleme bei der Evaluierung von Qualität existieren, findet die Kanalisierung der Anbieter zurzeit häufig auf eine ungewöhnliche Weise statt: über die Personalentwickler der Organisation. Die Personalentwickler, die in den Kirchen, sozialen Einrichtungen, Krankenhäusern, Verwaltungen und Unternehmen eingestellt sind, begründen diese Kanalisierung damit, dass nicht „Hinz und Kunz" mit „welchem Gedankengut auch immer" einfach in der eigenen Organisation anfangen kann zu coachen. Da die Endabnehmer – also die über Beratungsbedarf verfügenden Führungskräfte, Sozialarbeiter oder Mediziner – häufig nicht wissen können, was der personenorientierte Berater in Wirklichkeit verkauft, scheint über die Personalentwickler das Angebot kontrolliert werden zu müssen.

Das Hauptinstrument zur Kanalisierung des Angebots ist dabei die Einrichtung von so genannten „Coaching- oder Supervisions-Pools". „Coaching-Pool" oder „Supervisions-Pool" klingt zunächst einmal eindrucksvoll, diese Pools sind aber letztlich nichts anderes als handschriftlich oder elektronisch geführte Listen von Coachs und Supervisoren, die in der Organisation eingesetzt werden dürfen. In vielen größeren Organisationen, die mit Coaching-Pools arbeiten, müssen die personenorientierten Berater ein Auswahlverfahren durchlaufen, um in die Pools aufgenommen zu werden. In einigen Modellen müssen die Coachs und Supervisoren dabei nicht nur Fahrt- und Unterbringungskosten für das Auswahlverfahren, sondern auch die Zertifizierung selbst bezahlen.

Die Rigidität, mit denen die Pools in den Organisationen gehandhabt werden, ist unterschiedlich. In einigen Organisationen werden die Coachs oder Supervisoren in den Pools lediglich bevorzugt empfohlen. Wenn ein Manager oder eine Managerin aber einen Berater, der nicht im Pool ist, haben möchte, kann dieser trotzdem engagiert werden. In anderen Organisationen besteht die Regelung, dass nur Coachs und Supervisoren aus dem Coaching-Pool zum Einsatz kommen dürfen. Anderen Beratern wird die Arbeit in der Organisation untersagt. Dort wird den Beratern mitgeteilt, dass sie keine Chance haben, einen Auftrag zu erhalten, wenn sie nicht eine (häufig kostenpflichtige) Zertifizierung für den Berater-Pool erhalten haben.

Wie in den Organisationen, die über solche Pools verfügen, die Auswahl faktisch stattfindet, ist bisher kaum untersucht worden. Weil aber die Personalentwicklung in der Regel – von den Machtressourcen her betrachtet – ein eher schwacher Bereich in der Organisation ist, ist zu vermuten, dass sich jenseits von formalen Vorgaben nach dem Motto „Führungskräfte – Ihr dürft nur Berater aus dem Pool wählen", abweichende Praktiken ausbilden. Eine Vorstandsvorsitzende wird „ihren Coach" engagieren und sich in vielen Fällen nicht um die Vorauswahl der Personalentwickler scheren. Führungskräfte im mittleren Management werden in vielen Unternehmen Strategien entwickeln, mit denen Berater auch jenseits der Vorgaben der Personaler engagiert werden können.[86]

Weswegen sich die Pools als Instrument der Selektion der Anbieter durch den Klienten durchsetzen

Die Einrichtung der „Coaching-Pools" oder der „Supervisions-Pools" ist organisatorisch interessant, weil die Einrichtung von Pools – also verpflichtende Listen zu verwendender Leistungsanbieter – für das Beratungsgeschäft unüblich ist. Pools für Organisationsentwickler existieren nur sehr selten, obwohl man auch in diesem Feld noch weit weniger Bemühungen einer übergreifenden Qualitätssicherung der Anbieter beobachten kann als bei der Supervision oder beim Coaching.[87] Strategieberatungsunternehmen wie McKinsey oder die Boston Consulting Group werden von Unternehmen oder Verwaltungen häufiger aufgrund von „Pitches", also durch Präsentationen in einem Verfahren mit konkurrierenden Beratungsfirmen, ausgewählt. Diese Auswahlverfahren beziehen sich jedoch auf ein konkretes Vorhaben und haben keine Wirkung auf andere Beratungsprojekte in der Organisation.

Die „Coaching-Pools" bzw. „Supervisions-Pools" orientieren sich am Modell der „Trainer-Pools", mit denen seit den siebziger Jahren des letzten Jahrhunderts in Unternehmen, Verwaltungen und sozialen Einrichtungen gearbeitet wird. Auch die Trainer-Pools waren (und sind) letztlich nichts anderes als Listen, die in der Personalentwicklung oder in der Personalabteilung vorgehalten werden, um schnell die Konfliktmanagementseminare, die Moderationstrainings oder Ausbildungen in interkultureller Kommunikation besetzen zu können. Für diese Trainer-Pools existieren in der Regel nicht gesonderte Auswahlverfahren, sondern Trainer, die sich in einem ersten Training bewährt haben, werden einfach in die Liste aufgenommen.

Die Einrichtung von Coaching- oder Supervisions-Pools lässt sich für die Organisationen deswegen praktikabel handhaben, weil sich das Leistungsangebot der personenorientierten Berater sehr gut standardisieren lässt und das Volumen der angebotenen Leistung sehr ähnlich ist (eine Serie von ein- bis zweistündigen Sitzungen). Die Personalentwickler einer Organisation müssen also einmal in eine Selektion der personenorientierten Berater investieren und können die ausgewählten Berater dann in einer Vielzahl von Beratungsprozessen in der eigenen Organisation vermitteln.

Letztlich wird die Entwicklung aber durch die Notwendigkeit einer Qualitätssicherung im Bereich der personenorientierten Beratung angetrieben. Aufgrund der Verortung der personenbezogenen Beratungssituation im Unternehmen, in der Verwaltung, im Krankenhaus oder in der sozialen Einrichtung hat ein schlecht verlaufener Einzelfall gleich eine andere Konsequenz als bei einem Beratungs-Setting außerhalb der Organisation: Eine nicht erkannte Erkrankung oder eine durch eine Sekte beeinflusste Beratungssituation ist gleich ein „Organisationsfall".

Eine Paradoxie der Pools: Selektion durch eine nicht professionalisierte Berufsgruppe

Der durch die Pools erzeugte Effekt ist eindeutig: Einschränkung der Marktprozesse. Die Endabnehmer der Beratung in den Organisationen sollen, das ist der intendierte Effekt, nur noch aus einer eingeschränkten Gruppe vorselektierter Personen „ihren Berater" oder „ihre Beraterin" auswählen können.

Dabei bildet sich ein Spannungsfeld. Als Auswahlkriterium für die Berater gilt offiziell die zu erwartende Zufriedenheit der Endabnehmer, die Auswahl der Berater findet aber durch die Personaler entsprechend ihrer Standards „guter Beratung" statt. Aber jede Abteilung einer Organisation entwickelt ihre eigenen Logiken, Standards und Denkstile: Im Produktionsbereich herrschen andere Auffassungen als in der Qualitätssicherung, die Stabstellen „ticken" bekanntlich anders als die operativen Bereiche. Die Personalabteilung vertritt häufig eine andere Auffassung von Professionalität als die die Beratung in Anspruch nehmenden Führungskräfte.

Wie sich diese unterschiedlichen Logiken auswirken, ist bisher nicht im Detail untersucht worden, aber es gibt Indizien, die näher zu prüfen sind. Es lässt sich beispielsweise in einigen Organisationen die Tendenz von Personalentwicklern beobachten, vorrangig Personen mit einem therapeutischen Hintergrund einzusetzen. Zwar wurde und wird immer wieder der Unterschied zwischen Therapeuten einerseits und Coachs und Supervisoren andererseits herausgestellt, aber gerade in der Phase, in der personenorientierte Beratung in einer Organisation noch nicht etabliert ist, greifen die Personalentwickler auf Coachs mit therapeutischer Ausbildung zurück. Hier scheint man am ehesten eine Qualitätsvermutung zu haben und sich einigermaßen sicher zu wähnen, dass psychische Probleme rechtzeitig identifiziert werden.

Die Situation ist paradox: Einerseits gewinnt die Personalentwicklung aufgrund der mangelnden Professionsbildung im Coaching bei der Auswahl von Coachs an Einfluss. Anders als in der Organisationsberatung, in der die Auswahl fast einzig und allein beim Management liegt, kann die Personalentwicklung bei der Auswahl von Coachs und Supervisoren das Angebot stark kanalisieren und Standards für die Prozesse definieren. Die Personalentwicklung profitiert so ungewollt von den Professionalisierungsschwierigkeiten der personenorientierten Berater und kann dadurch ihre insgesamt schwache Position im Unternehmen stärken. Andererseits ist die Personalentwicklung – wie die meisten anderen Tätigkeitsfelder in der Organisation auch – wenig professionalisiert (im Sinne des Professionalitätsbegriffs 1) und muss im Konfliktfall mit Anbietern immer noch auf organisationsinterne Mikropolitik zurückgreifen, um diese aus der Organisation zu entfernen (vgl. zur fehlenden Professionsbildung im Personalbereich Lane et al. 2004b; zu Pools ausführlicher Kühl 2006b; Taffertshofer 2007).[88]

4.5 Professionalität ohne Profession? Zur Einschätzung von Entwicklungstrends

Die Reaktionen auf das Scharlatanerieproblem sind vielfältig. Neben anbietergetriebenen Versuchen der Qualitätssicherung über standardisierte Ausbildungen, Berufsverbände und Beschwerdestellen und den nachfragegetriebenen Qualitätssicherungsversuchen der Coaching- und Supervisions-Pools gibt es verschiedene andere Versuche, über Zertifizierungs- und Auditierungsstellen Qualitätssicherungen vorzunehmen. So bilden sich parallel zu den Berufsverbänden im Coaching Akkreditierungsstellen aus, über die – parallel zu der zurzeit vorzufindenden Tendenz an Hochschulen – die Qualität der Ausbildung überprüft werden soll. Das Verfahren einer wissenschaftlichen Auditierung hat eine ähnliche Funktion, überprüft aber eher anhand eines konkreten Beratungsfalles die „Ergebnisqualität" des Coachs und nicht vorrangig die Ausbildung (Geißler 2004a; 2004b; siehe auch Jumpertz 2005). Auch der Versuch, eine Deutsche Industrienorm für Coaching zu entwickeln, ist ein Versuch, den Markt zu strukturieren.

So kann man sich bei einer Gesellschaft für Konformitätsbewertung als „DIN-geprüfter Business Coach“ zertifizieren lassen. Der DIN-normierte Business Coach erscheint dann in einer Reihe mit dem DIN-zertifizierten Beschichtungsinspektor oder dem DIN-genormten Fachpersonal für Bauisolierung (vgl. Gerhardt/Webers 2005: 56).[89]

Als Reaktion auf das Scharlatanerieproblem lassen sich alle drei von Eliot Freidson beschriebenen Mechanismen beobachten: Es gibt die Reaktion von Leistungsanbietern, dass es der „Markt schon richten wird“ und die Scharlatane allein aufgrund fehlender Nachfrage als Anbieter verschwinden werden. Die Einrichtung von „Coaching- und Supervisions-Pools“ ist der Versuch, Qualitätssicherungskompetenzen beim Nachfrager aufzubauen und über die Hierarchie der Organisation vorzuschreiben, welche Berater genutzt werden dürfen und welche nicht. Die Berufsverbandsgründungen können – bei aller Unterschiedlichkeit in ihrer Ausrichtung – als Versuche gesehen werden, Qualität darüber zu sichern, dass Ausbildungen harmonisiert werden, Standards „guten Arbeitens“ festgelegt werden und Mechanismen zur Vorselektion der Anbieter etabliert werden.

Idealtypisch betrachtet sind Markt, Hierarchie und Profession konkurrierende – ja weitergehend sogar sich gegenseitig ausschließende – Mechanismen zur Kontrolle des Scharlatanerieproblems. Die Hoffnung, dass sich „Qualität am Markt durchsetzt“, ist nur schwer vereinbar mit der Bildung von Professionen, bei der es in letzter Konsequenz immer um eine „Schließung“ des Anbietermarktes geht. Die Vorstellung, dass über „Coaching- und Supervisions-Pools“ die Auswahl an Coachs und Supervisoren begrenzt wird und diese Auswahl über die Hierarchie als verbindlich durchgedrückt wird, steht in Konkurrenz zur Vorstellung eines freien Marktes, in dem sich jeder Supervisand und Coachee die ihm geeignet erscheinenden Berater aussucht. Das Prinzip des „Coaching- und Supervisions-Pools“ ist ein Kontrast zur Vorstellung einer Professionsbildung, weil die Qualitätssicherung im einen Fall über die eine „Makler-Stelle“ der Nachfrager und im anderen Fall über die Profession stattfindet. Es ist wahrscheinlich, dass Dienstleister für Professionen typische standesethische Disziplinierungsinstrumente gar nicht erst entwickeln, wenn ihnen das von Organisationen mit ihren hierarchischen Durchgriffsmöglichkeiten abgenommen wird.[90]

In der Praxis können sich diese drei Mechanismen jedoch vermischen: Berufsverbände können nicht – wie das Beispiel der Therapeuten zeigt – von einem Moment auf den anderen eine Schließung des Anbietermarktes durchsetzen und bestimmen, wer als Leistungsanbieter auftritt und wer nicht. Deswegen ist es eine zentrale Funktion von Berufsverbänden in „Vor-Professions-Phasen“, Qualitätssignale in den Markt zu senden. Motto: „Liebe Nachfragerinnen und Nachfrager, es entscheidet der Markt, aber bei den Mitgliedern unseres Berufsverbandes könnt ihr euch darauf verlassen, dass eine Reihe von Standards erfüllt wird." Coaching- und Supervisions-Pools reduzieren zwar die Anzahl der Anbieter, die sich innerhalb einer Organisation um Aufträge bewerben, aber die Marktmechanismen werden damit nicht außer Kraft gesetzt. Vielmehr bilden sich zwei stärker strukturierte Märkte, die ineinander greifen: ein Markt zur Vorauswahl der Berater durch die Personalentwickler und ein zweiter, organisationsinterner Markt, in dem der Mitarbeiter der Organisation die Möglichkeit hat, aus einer begrenzten Auswahl von Personen zu wählen. Coaching- und Supervisions-Pools reduzieren die Autonomie von Professionen, aber es fällt gerade im Fall der in Krankenhäusern, Psychiatrien und sozialen Einrichtungen eingerichteten Pools von Supervisoren auf, dass die Standards und Auswahlverfahren für die Pools sich nicht selten an den Standards der Berufsverbände der Supervisoren orientieren.

Welche Konflikte es zwischen Markt, Hierarchie und Profession zukünftig geben wird und wie diese „Instrumente der Qualitätssicherung" (um hier die Praktikersprache zu verwenden) mehr oder minder konfliktuös ineinander greifen, ist weitgehend offen. Wegen der deutlichen Indizien von „Professionalisierungsbedürftigkeit" der Beratung ist nicht zu erwarten, dass sich ähnliche Entwicklungen wie im Feld der Organisationsberatung einstellen, in dem nach einigen schnell scheiternden Versuchen der Professionsbildung die Selektion einzig und allein durch einen freien Markt aus Anbietern und Nachfragern stattfinden wird.

Welche Strategien im Feld der personenorientierten Beratung die Oberhand gewinnen werden, ist schwer abzusehen. Dies hängt damit zusammen, dass sich weder bei Marktprozessen noch bei Professionsbildungsprozessen oder hierarchisch durchgesetzten Qualitätssicherungsmaßnahmen automatisch das „durchdachteste Konzept", die „professionellsten Berufsverbände" oder die „originellsten Ideen" durchsetzen. Vielmehr lassen sich gerade in frühen Professionsbildungsprozessen „Tipping-Point-Effekte" beobachten (Gladwell 2000). Ganz nach dem Matthäus-Prinzip „Wer hat dem wird gegeben" verbreiten sich ab einem bestimmten Punkt Professionalisierungs- oder Marktstrategien allein dadurch, dass andere diese Strategie auch einschlagen – ganz unabhängig von der Qualität und den Kosten des Angebots. Die Akkreditierung einer Ausbildung wird irgendwann allein deswegen gemacht, weil sich auch andere Ausbildungsgänge dort haben evaluieren lassen und deswegen Marktteilnehmer zunehmend auf das Siegel achten. Mitglied eines Berufsverbandes wird man allein deswegen, weil irgendwann eine kritische Masse von Personen sich entschieden hat, dort Mitglied zu sein.

5 Die Kompetenzdarstellungsschwierigkeiten von Coachs und Supervisoren

Der Begriff der Kompetenz wird in der Pädagogik, Psychologie und Betriebswirtschaftslehre häufig positiv besetzt. Sowohl für kleine Kinder als auch für große Unternehmungen wird die Notwendigkeit von „Kompetenzentwicklung" betont. Es wird die Bildung von „Kompetenznetzwerken" gefordert, in denen die „Kompetenzpartner" am Ende kompetenter sein sollen als vorher. Unter dem Begriff der „sozialen Kompetenz" werden so unterschiedliche Merkmale wie „Empathiestärke", „Menschenkenntnis", „Sensibilität", „Motivierungsvermögen" oder „Konfliktfähigkeit" zusammengefasst und damit suggeriert, dass diese Fähigkeiten notwendig sind, um sich als Person heutzutage zurechtzufinden.

Soziologisch gesehen beschreibt Kompetenz lediglich zugerechnete Zuständigkeit – die Zuständigkeit, einem psychisch Kranken zu helfen, ein schwieriges Problem in einer Verwaltung oder einem Unternehmen anzugehen oder für die öffentliche Ordnung in einer Stadt zu sorgen. Schon die Herkunft vom lateinischen Begriff „competere" (sowohl „zustehen" als auch „fähig sein") macht darauf aufmerksam, dass man diese Zuständigkeit auf der Basis von zwei Grundlagen erlangen kann: Kompetenz qua Amt und Kompetenz qua Wissen (vgl. Luhmann 2000: 320f.).

In der Praxis werden die sich als zuständig erklärenden Leistungserbringer daher immer im Hinblick auf diese beiden Gesichtspunkte beobachtet: „Darf der das?" und „Kann der das?". Häufig können die beiden Aspekte von Kompetenz zusammenfallen. Eine Managerin hat kraft ihres Amtes als Geschäftsführerin eines Unternehmens eine formal abgesicherte Zuständigkeit für Entscheidungen, und diese Zuständigkeit könnte auch dadurch gestützt werden, dass ihre Mitarbeiter sie von ihrem Wissen her als fähig einschätzen, wichtige Entscheidungen zu treffen. Aber häufig ist auch ein Auseinanderfallen dieser beiden Komponenten zu beobachten. Es wird festgestellt, dass ein Berater zwar für zuständig erklärt wurde, aber aufgrund seiner begrenzten Fähigkeiten nicht die „richtige Intervention" findet. Oder es wird vermutet, dass eine Supervisorin wohl die Fähigkeit habe, eine Problemlage „aufzuklären", ihr aber nicht die Zuständigkeit dafür gegeben wird (vgl. Luhmann 1964: 278).

Bei beiden Fällen von Kompetenz besteht die Funktion darin, Rückfragen des Gegenübers zu entmutigen (vgl. Luhmann 2000: 204). Man geht davon aus, dass der „Kompetente" sehr gute Gründe hat, so zu handeln, wie er handelt. Bei der Entmutigung dieser Rückfragen ist es erst einmal eine zweitrangige Frage, ob diese Gründe durch organisatorische Rollen, ein staatliches Gewaltmonopol oder durch staatliche Lizenzierungen gestützt werden oder aufgrund von angenommenen Wissensvorsprüngen zustande kommen.[91]

Von Vertretern des so genannten dramaturgischen, dramatologischen bzw. inszenierungstheoretischen Ansatzes wird die These aufgestellt, dass Kompetenz zu einem erheblichen Teil auf der Kompetenz in der Darstellung von Kompetenz – auf gutem Eindrucksmanagement – basiert. Management, so beispielsweise Iain L. Mangham (1986), fuße darauf, sich im richtigen Moment als „fachlich fähig" und „organisatorisch zuständig" zu präsentieren. Der Kern einer erfolgreichen Beratung, so Timothy Clark (1995), sei die Kunst des „Impression Managements", die von Unternehmensberatern immer weiter verfeinert werde. Der Kern der Tätigkeit von Professionen wie Ärzten, Juristen oder Geistlichen bestehe, so Michaela Pfadenhauer (2003), in einer ausgeprägten und akzeptierten „Kompetenzdarstellungskompetenz", mit der besonders die fachliche Fähigkeit signalisiert werden soll.

Die Gefahr bei solchen Beschreibungen von Eindrucksmanagement und Kompetenzdarstellung besteht darin, dass sie zu einer Form von Entlarvungsliteratur verkommen. Überspitzt ausgedrückt: Es wird nicht nur der ironisierende Spruch „There is no business without show business" (vgl. Neuberger 1990: 90) aufgegriffen, sondern die Interpretation droht häufig auf die Aussage hinauszulaufen „Business is show business". Der König trage zwar scheinbar schöne Kleidung, aber in Wirklichkeit sei er nackt. Man müsse nur genauer hinschauen, dann erkenne man dies.

Dabei wird übersehen, dass es in vielen Bereichen notwendig ist, vom Klienten als kompetent wahrgenommen zu werden, um überhaupt seine Kompetenzen anwenden zu können. Jeder, der mit Klienten arbeitet, ist gezwungen, nicht nur kompetent zu agieren, sondern bei den Kunden auch Kompetenzvermutungen zu mobilisieren: Ein Friseur ist darauf angewiesen, seinen Kunden Kompetenz zu signalisieren, damit ihm diese eine möglichst störungsfreie Beschneidung ihrer Haare erlauben. Ein Beratungsteam muss dem Klienten die Sicherheit vermitteln, dass es ein Problem lösen kann – und zwar auch dann, wenn es das erste Mal auf so ein Problem stößt und keine bewährten Routinen für dessen Lösung hat.[92]

Der Arztbesuch (oder häufig noch schlimmer der Friseurbesuch) kleiner Kinder macht dies deutlich. Bei Kindern herrscht noch keine Kompetenzvermutung gegenüber Ärzten (und häufig erst recht nicht gegenüber Friseuren), die

Behandlung gestaltet sich deswegen in der Regel schwieriger als bei Erwachsenen. Die Interaktionsbestrebungen der Leistungserbringer sind nicht selten darauf ausgerichtet, mühsam Vertrauen beim Klienten aufzubauen. Es werden Vertrautheitssurrogate in Form der beruhigenden Anwesenheit von Eltern aufgebaut, bevor eine Behandlung einsetzen kann. In ihrem weiteren Lebensverlauf entwickeln sich Kinder dann – jedenfalls meistens – zu Klienten, die den Leistungserbringern mehr oder minder berechtigterweise mit einer Kompetenzvermutung gegenübertreten.

Berufe, die ihre Leistung am Klienten (oder noch besser in Kooperation mit dem Klienten) erbringen, stoßen auf ein Paradox: Ein Leistungserbringer muss einem Klienten vermitteln, dass er ihm bei seinen Problemen kompetent helfen kann, weil es sonst nur schwer möglich ist, ihm zu helfen. Dass dem Dienstleister eine Kompetenzvermutung entgegengebracht wird, ist deswegen zentral, weil die Leistungserbringung auf das „Gelingen" von einfachen Face-to-Face-Interaktionen angewiesen ist (Luhmann 1972b: 270). Eine Lehrerin kann ihren Schülern nur dann etwas beibringen, so schon eine alte pädagogische Binsenweisheit, wenn die Schüler – in ihre Kompetenz vertrauend – mitarbeiten. Eine Psychoanalyse setzt eine Aneinanderreihung gelungener Interaktionen zwischen Analytiker und Klient voraus. Damit die Interaktion mit dem Klienten gelingt, ist es notwendig, dass dieser die Aneinanderreihung von „Hmms, Hmms" nicht als Sprachfehler des Analytikers, sondern als kompetente professionelle Gesprächsführung begreift. Auch der Erfolg eines Gesprächs zwischen Supervisor und Supervisand, zwischen Coach und Coachee stützt sich darauf, dass der Klient dem Berater eine Kompetenzvermutung entgegenbringt.

Aber wie macht man das? Wie erzeugt man beim Klienten eine Kompetenzvermutung?

5.1 Die Schwierigkeiten mit der Kompetenzdarstellung oder weswegen es häufig besser ist, auf Kompetenzdarstellungen zu verzichten

Personen versuchen, den Eindruck, den sie bei anderen machen, zu kontrollieren. Gerade bei Leistungserbringern lässt sich beobachten, dass sie versuchen, bei anderen möglichst kompetent zu erscheinen (vgl. grundlegend aus sozialpsychologischer Perspektive Tedeschi 1981). Bei der Darstellung von Kompetenz gibt es jedoch ein großes Problem: Es löst Irritationen aus, wenn jemand versucht, sich selbst als kompetent darzustellen. Wenn eine Studentin nicht nur gute Leistungen bringt, sondern auch noch offensiv mitteilt, dass sie gut ist, dann kommt es in der Regel genauso schlecht an wie die öffentliche Verkündigung eines

Coachs, dass er bereits Top-Führungskräften fast aller 30 DAX-Unternehmen geholfen hat. Auch eine mehr oder weniger verkleidete Variante der Kompetenzdarstellung kann ähnliche Effekte erzeugen. Wenn ein Professor auf seiner Website, in den Klappentexten seiner Bücher oder in den Ankündigungen zu seinen Vorträgen damit wirbt, dass er vom Spiegel einmal als „Zeitmanagement-Papst“ bezeichnet wurde, verweist er zwar auf die Kompetenz- (oder vielleicht eher Prominenz-) Zurechnung anderer, löst aber allein schon durch die Wiedergabe des Zitats auf seiner (!) Website Irritation aus.[93] Eine personenorientierte Beraterin mag sich von einem Berufsverband die Bezeichnung „Senior Coach“ verleihen lassen, gerät aber in Darstellungsprobleme, wenn sie selbst das „Senior“ zu offensiv zu Markte trägt. „So fühlt man Absicht und man ist verstimmt“ (Goethe 1999: II Aufzug, 1. Auftritt).

Die Ächtung des Selbstlobs

Der Hintergrund dieses Problems ist eine der zentralen Grundregeln von Face-to-Face-Interaktionen: die Ächtung von Selbstlob (vgl. Pomerantz 1978).[94] Mit Sprichwörtern wie „Eigenlob stinkt“ oder „Bescheidenheit ist eine Zier“ ist diese Interaktionsregel auch in das Alltagswissen eingegangen. Wir kennen diese Grundregel und die Probleme, die aus ihrer Missachtung entstehen, aus ganz verschiedenen Gesprächssituationen: Der Latin Lover, der allzu offensiv seine Fähigkeiten im Liebesakt preist, weckt bei der potenziellen Geschlechtspartnerin Misstrauen bezüglich seiner realen Fremdbefriedigungskompetenzen. Die Verkäufer von Templeton-Fonds, die allzu offensiv ihre Unterschicht-Herkunft durch Reichtumssignale zu kaschieren suchen, erwecken bei potenziellen Käufern Zweifel angesichts dieser offensiven Zurschaustellung von Auto, Uhr und Anzug.[95]

Bei dem Problem der dargestellten Kompetenz ist es zweitrangig, ob der Leistungsanbieter „in Wirklichkeit“ kompetent ist oder nicht. Allein die „mitgeteilte Kompetenz“ macht misstrauisch. Der Latin Lover mag im Bett eine Kanone sein, aber das Herausstellen dieser Fähigkeiten im Vor-Vorspiel reduziert die Wahrscheinlichkeit, dass er dort auch landen wird. Die Chirurgin mag zu den Koryphäen ihres Feldes gehören, aber allein eine überzogene Darstellung von Kompetenz macht einen Patienten, wenn er denn noch wach ist, misstrauisch. Ein Senior-Supervisor mag bereits eine Reihe von Vorstandsmitgliedern in DAX-Unternehmen aus persönlichen Krisen geführt haben, aber es entsteht Irritation, wenn er dies mit geschwollener Brust auf einer Konferenz mitteilt.

Das Problem liegt darin, dass ein Wortbeitrag, eine Geste oder ein Symbol zu offensichtlich instrumentell eingesetzt wird, um die eigene Kompetenz darzustellen. Man kennt dies aus ganz alltäglichen Situationen. Man sagt etwas, aber letztlich will man etwas ganz anderes als das Gesagte zum Ausdruck bringen. Der Berater meldet sich in einem Workshop zu Wort, nicht weil er etwas zu sagen hat, sondern weil er vermutet, dass von ihm jetzt ein kluger Beitrag verlangt wird.[96]

In der Interaktionspraxis wird häufig unklar gehalten, ob es neben dem mitgeteilten Inhalt noch eine versteckte Mitteilung gibt. Der Berater mag einerseits das Ziel verfolgen, die Diskussion mit einem ganz wichtigen Gedanken voranzubringen, andererseits spielt aber auch die Erwartung, dass er in dieser Situation etwas beizutragen hat, eine wichtige Rolle dafür, dass er sich zu Wort meldet. Jede Kommunikation wird vom Empfänger daraufhin gescannt, ob nicht eventuell etwas anderes mitgeteilt wird.

Kompetenzdarstellung über indirekte Kommunikation

Wegen der Ächtung des Selbstlobs beobachten wir Kompetenzdarstellung meistens in der Form indirekter Kommunikation. Fast alle sprachanalytischen, psychologischen und soziologischen Theorien stimmen darin überein, dass Kommunikationen nicht nur in direkter, sondern auch in indirekter Form auftreten können. Während direkte Kommunikation eine Form von verbindlich zu verstehender Kommunikation ist („ich sage, was ich will"), handelt es sich bei indirekter Kommunikation um eine Form der Kommunikation, von der sowohl Empfänger als auch Sender bestreiten können, dass sie stattgefunden hat.[97] Durch den „unterschwelligen Sinn ausdrücklicher Mitteilungen", „durch Betonung", „durch Wahl zweideutiger Begriffe", durch „aufschlussreiches Zögern", „wohlgezielte Pausen" und „durch Nichteingehen auf Anregungen" werden Informationen gesendet, aber wenn der Empfänger den Sender auf diese Informationen anspricht, kann dieser sich arglos geben und die Intentionen bestreiten (vgl. Luhmann 1964: 364).[98]

Wenn Kompetenzen dargestellt werden sollen, dann können sie eigentlich nur in Form von indirekter Kommunikation dargestellt werden. Und dabei gilt die Regel: Je indirekter die Kommunikation, desto besser. Das Misstrauen gegenüber dargestellter Kommunikation entsteht, wenn die Kommunikation sich als eine Kommunikation präsentiert, „die meint, was sie sagt", der Empfänger aber den Eindruck hat, dass noch etwas ganz anderes mitgeteilt werden soll. Der Hinweis auf das gerade erschienene eigene Buch wird nicht dankbar als Hinweis auf zusätzliche Informationsquellen verstanden, sondern misstrauisch als Darstellung eigener Wichtigkeit wahrgenommen und noch dadurch verstärkt, wenn im Klappentext des gekauften Buches der Autor sich als „Coach im Top-

Management (sic!) bei internationalen (sic!) Firmen", „brillanter Berater" und „einer der bedeutendsten Forscher, Modell- und Methodenentwickler" im Bereich der Beratung präsentiert. Das Aushängen von Diplomen ist sicherlich eine eher ungeschickte und auch nur im angloamerikanischen Kontext akzeptierte Praxis. Die Hinweise einer Sekretärin, wie gefragt ihre juristisch, medizinisch, seelsorgerisch, therapeutisch oder beraterisch aktive Chefin ist, belasten eine Interaktion weniger, als wenn es die Chefin selbst vermittelt.

Entscheidend ist die Wahrnehmung beim Empfänger

Für die Interaktion ist es zweitrangig, ob dem Leistungserbringer klar ist, dass er gerade dabei ist, seine Kompetenz darzustellen. Wichtig für die Interaktion ist, wie eine Mitteilung beim Empfänger ankommt. In Gesprächen wird mit Hilfe von Nebenbemerkungen, Betonungen oder kleinen Zeichen von beiden Seiten austariert, worum es genau geht. Dabei wird in der Regel danach gestrebt, die andere Seite nicht in eine unangenehme Situation zu bringen.

Wenn beispielsweise der Empfänger seine Irritation angesichts der zu offensichtlichen Bemühungen um Kompetenzdarstellung zum Ausdruck bringen würde, wäre eine betretene oder gar aggressive Reaktion auf Seiten des Kompetenzdarstellers zu erwarten.[99] Eine Aussage, dass der andere doch bitte nicht zu sehr aufschneiden solle, oder ein zu offensichtlich genervter Blick angesichts der Schilderung eines erfolgreichen öffentlichen Auftrittes eines Soziologen, eines Managers oder eines Beraters in vier verschiedenen Ländern kann zu einer nur noch schwer zu beherrschenden Interaktionskrise führen. Das Thema sind dann nicht mehr die erfolgreichen Auftritte in Dänemark, Schweden, Norwegen und Finnland, sondern es verlagert sich zu der häufig konfliktuös geführten Diskussion der Frage, ob und weshalb der vermeintliche Kompetenzdarsteller sich gezwungen sieht, seine Kompetenz so penetrant darzustellen oder – als Verteidigungsreaktion – weshalb der Empfänger eine Schilderung so missverstehen konnte.

Aber diese Interaktionskrisen sind auch bei offensiv dargestellter Kompetenz eher selten. Der Takt verlangt vom Klienten in der Regel, über unglaubhafte Kompetenzdarstellungen hinwegzusehen und den anderen im Interesse der Fortführung des Gesprächs in seiner Selbstdarstellung zu unterstützen. Statt deutlich zum Ausdruck zu bringen, dass einem die Aufschneiderei lästig ist, wird freundlich und unterstützend genickt. Man ignoriert die kompetenzdarstellende Komponente in der Kommunikation und behandelt den Hinweis des Coachs auf sein neues Buch als Information, oder man bricht angesichts der Schilderung der erfolgreichen Auftritte in den vier skandinavischen Ländern in Bewunderung aus.

Diese Form des Taktes ist gegenüber Personen, von denen man abhängig ist (interaktionell zu pflegende Chefs, wichtige Kunden, neue Schwiegereltern), wahrscheinlich. Aber die freundliche Stützung der Kompetenzdarstellung lässt sich häufig auch bei Personen beobachten, zwischen denen eine Machtbalance herrscht. Vielleicht wird durch ein indirektes Zeichen – durch Körperhaltung, einen Blick oder ein Lächeln – eine Irritation angesichts der Kompetenzdarstellung zum Ausdruck gebracht. Sehr selten wird es dazu kommen, dass der Klient den Leistungserbringer direkt darauf anspricht (zu Takt allgemein siehe Goffman 1983: 212ff.; zu Takt in Organisationen siehe Luhmann 1964: 358ff).

Das Paradox der Kompetenzdarstellung

Aufgrund der Ächtung des Selbstlobs kommt es zu einem Paradox der Kompetenzdarstellung. Je weniger ein Leistungsanbieter darauf angewiesen ist, seine Kompetenz als Kompetenz zu bewerben, desto höher ist die Wahrscheinlichkeit, dass er beim Empfänger auch auf eine Kompetenzvermutung trifft. Eine Künstlerin, die allseits gefeiert wurde und deswegen Bescheidenheit zelebrieren kann, trifft nicht nur wegen ihrer Reputation – des Lobes anderer – auf Kompetenzvermutungen, sondern auch deswegen, weil sie nicht durch aggressive Vermarktung ihrer Kompetenz Misstrauen bei den Betrachtern ihrer Bilder auslöst. Eine Organisationsberatungsgruppe, der ein guter Ruf vorauseilt, braucht sich nicht selbst aktiv zu loben und verstärkt dadurch noch die Kompetenzvermutungen bei den Klienten.

5.2 Der Nutzen von Professionen: Die Entlastung von der Notwendigkeit der individuell zurechenbaren Kompetenzdarstellung

Die Notwendigkeit, seine Kompetenzen darzustellen, kann je nach Tätigkeit unterschiedlich verteilt sein. Eine Polizistin braucht ihre Kompetenz zur Nutzung einer Pistole in der Regel nicht unter Beweis zu stellen. Man bringt ihr – jedenfalls meistens – schon aufgrund ihrer durch die Uniform signalisierten Zugehörigkeit zu einer Berufsgruppe eine Kompetenzvermutung bei der Nutzung einer Pistole entgegen. Einem Piloten begegnet der Kunde – vorausgesetzt, er leidet nicht unter pathologischer Flugangst – mit einem so hohen Maß an Kompetenzvermutung, dass in der Regel keine zusätzlichen Kompetenzdarstellungen durch den Piloten benötigt werden. „Echte Profis“, so könnte man überspitzt formulieren, brauchen keine Kompetenzdarstellungskompetenz.[100]

Vom Vorteil der Profession: Der Nutzen der Kompetenzvermutung

Die Berufs- und Professionssoziologie hat sich in Berufsprestigestudien immer wieder mit der Frage beschäftigt, welche Berufsgruppen von der Bevölkerung am kompetentesten und vertrauenswürdigsten eingeschätzt werden.[101] Bei der quantitativen Messung der Reputation von Berufen schneiden die Professionen fast immer am besten ab. Wenn gefragt wird, welche Berufsgruppe sie am meisten schätzen und bei wem sie am meisten Kompetenz vermuten, gehören die Professionen der Ärzte, Richter und Anwälte, Lehrer und Geistlichen immer zu den am höchsten bewerteten Berufsgruppen. Auf den hinteren Rängen landen immer Berufe wie Politiker, Prostituierte oder Manager, die zwar ihre Leistungen in Interaktionen mit ihren Klienten erbringen, aber nicht als Profession etabliert sind. Die Ergebnisse dieser mehr oder minder gut umgesetzten Reputationsmessungen sind seit den zwanziger Jahren des letzten Jahrhunderts überraschend stabil und variieren zwischen den einzelnen Ländern auffällig wenig (vgl. früh schon den empirischen Überblick bei Hodge/Siegel/Rossi 1964; siehe zur theoretischen Einordnung Kieserling 2004).[102]

Diese Kompetenzvermutungen gegenüber Professionen werden nicht nur – und dieser Gedanke ist zentral – durch konkrete Erfahrung von Klienten mit Professionsangehörigen generiert. Sie werden vielmehr durch eine Vielzahl von „Institutionen“ [103] gestützt, die jenseits der eigentlichen Interaktion zwischen Leistungserbringern und Klienten liegen: das Sich-darauf-Verlassen, dass der Tätigkeit des Professionellen ein standardisierter Verhaltenskodex zugrunde liegt; eine wissenschaftliche Verankerung dieses Verhaltenskodexes; die Gewissheit, dass der Professionelle sich diesen Verhaltenskodex in einer mehrjährigen Ausbildung angeeignet hat, und die Sicherheit, dass sich die Profession in einer Form selbst kontrolliert, die es ermöglicht, Kunstfehler zu identifizieren und zu sanktionieren.

Durch die Verselbstständigung der Kompetenzvermutung haben Professionen „Inszenierungsvorteile“ gegenüber Nichtprofessionen. Die Familienanwältin braucht der nach Scheidung strebenden Ehefrau nicht erst die zentralen Paragraphen des Familiengesetzbuches aufzusagen, damit sich diese auf ein Arbeitsbündnis einlässt. Der Geistliche kann sich jedenfalls im Erstkontakt auf die Reputation seines Berufsstandes verlassen, und der Klient vermutet erstmal, dass er einigermaßen predigen, die Beichte abnehmen und die zu kritischen Lebenslagen passenden Bibelstellen rezitieren kann. Dem Mediziner wird insofern vertraut, als dass man – jedenfalls bei Standardbehandlungen – bereit ist, sich einen Praktiker aus dem Telefonbuch herauszusuchen. Erst bei schwerwiegenderen Eingriffen zieht man dann weitere Quellen wie persönliche Empfehlungen oder allgemeinere Mund-zu-Mund-Propaganda heran.[104]

Diese Kompetenzvermutung gegenüber Professionen kann man an dem wohl prominentesten Kleidungsstück einer Profession verdeutlichen: dem Arztkittel. Vorsoziologisch wurde der Arztkittel immer wieder als notwendiges Instrument zur Kompetenzdarstellung einer Profession interpretiert. Der Arztkittel sei, so die auch immer wieder in Cartoons aufgegriffene Vermutung, Ausdruck ärztlichen Standesbewusstseins. Erst im und durch den weißen Kittel werde der Arzt zum Arzt (siehe für solche Interpretationen des Arztkittels zum Beispiel Huczynski 2004: 31). Aber schon empirisch fällt auf, dass viele medizinische Praktiker keinen Kittel tragen: Psychiater tragen ihn in der Regel nicht, Kinderärzte legen sehr selten einen an, und Hausärzte tragen ihn immer weniger (siehe hierzu und zum Folgenden die populärwissenschaftliche Darstellung von Murphy 2007).

Wie wenig Ärzte auf eine Kompetenzdarstellung über den Arztkittel angewiesen sind, lässt sich zur Zeit in einem Realexperiment beobachten. Mediziner in Großbritannien sollen – einer Vorgabe des britischen Gesundheitsministeriums folgend – seit 2008 keine weißen Kittel mehr tragen. Hintergrund: In vielen Staaten haben gerade die Infektionen durch gegen Antibiotika resistente Stämme wie Staphylococcus aureus oder Clostridium difficile in den letzten Jahren stark zugenommen. Neben den Krawatten der männlichen Leistungserbringer sind dabei die Arztkittel die Hauptüberträger dieser Infektionen, weil sie, so zeigen Studien, seltener gereinigt werden als Alltagskleidung. Statt des Kittels empfiehlt das britische Gesundheitsministerium das Tragen von Hemden mit kurzen Ärmeln oder T-Shirts, die tagtäglich gewechselt werden. Nur wenn mit Blut, Eiter oder Exkrementen hantiert wird, sollte mit Plastikschürze, Einmalhandschuhen und Mundschutz gearbeitet werden, die dann unmittelbar nach der Behandlung entsorgt werden (vgl. Bartens 2007).

Überraschend ist, wie problemlos sich die Abschaffung des Arztkittels in Großbritannien durchzusetzen scheint. Mehrere Studien haben gezeigt, dass die hauptsächliche Funktion von Arztkitteln darin besteht, besonders in Krankenhäusern den Patienten eine schnelle Identifikation des ärztlichen Personals zu ermöglichen (siehe z.B. Ikusaka et al. 1999). Aber gerade dafür gibt es auch andere, weniger infektiöse Möglichkeiten: Namensschilder.[105]

Die Notwendigkeit von „Kompetenzhygiene" durch Professionsangehörige

Selbstverständlich kann dieser hier nur idealtypisch dargestellte Prozess in der konkreten Interaktion zwischen Professionsangehörigen und ihren Klienten immer wieder gebrochen werden. Wenn ein Mandant durch den Hinweis eines befreundeten Anwalts einen Schnitzer bei der Erstellung einer Urkunde durch seine Notarin entdeckt, führt dies in dem konkreten Fall zu einer Reduktion der Kompetenzvermutung. Ein Zahnarzt, der für seine Klienten sichtbar nicht die habituelle Selbstverständlichkeit bei der Behandlung von Karies zeigt, sondern regelmäßig bei seiner Arzthelferin nachfragt, was er denn jetzt machen soll, reduziert Kompetenzvermutungen beim Patienten. Dabei besteht dann natürlich auch die Möglichkeit, dass eine Enttäuschung mit einem Angehörigen einer Profession auf alle Angehörigen dieser Berufsgruppe übertragen wird und negative Urteile über die Lehrer, die Ärzte oder die Juristen entstehen (vgl. Luhmann 1974: 3).

Die Professionellen reagieren auf solche reduzierten Kompetenzvermutungen ihrer Klienten häufig mit übermäßig inszenierter Kompetenzdarstellung, die die Interaktionskrisen dann weiter verschärfen. Wenn junge Ärzte mit einem für sie unbekannten Problem konfrontiert werden, stellen sie gegenüber dem Patienten häufig übertrieben ihre Kompetenz dar. Bei jungen Lehrern, die durch eine Klasse unter Druck gesetzt werden, lässt sich nicht selten beobachten, dass sie die Situation noch dadurch verschlimmern, indem sie aggressiv versuchen, ihre Kompetenzen, die von den Schülern in Frage gestellt werden, darzustellen (vgl. für eindrucksvolle Reaktionen von Professionellen bei Krisen aufgrund von Kompetenzzweifeln besonders anschaulich Moers 1990: 12).

Zur Vermeidung von solchen Interaktionskrisen müssen Angehörige von Professionen in ihrer Beziehung zu Klienten „Kompetenzhygiene“ betreiben – um die Idee des Hygienefaktors von Frederick Herzberg zu paraphrasieren. Kurz: Sie müssen darauf achten, dass ihre Klienten nicht an ihren durch Institutionen abgesicherten Kompetenzen zweifeln. Wenn ein Patient stirbt oder ein Schüler nicht lernt, muss sichergestellt werden, dass dies nicht auf Fehler des Professionellen zugerechnet wird, sondern entweder auf ein nicht beeinflussbares Schicksal („jeder muss mal sterben“, „warum habe ich einen so dummen Sohn“) oder auf den Klienten selbst („hätte er doch die Medikamente genommen“, „hätte er doch mehr gelernt“). Unterschiedliche Auffassungen über eine Vorgehensweise, die immer wieder in einem Ensemble von Professionellen auftreten können, gehören, so die häufig herrschende Interaktionsregel, nicht vor dem Klienten ausdiskutiert, um nicht Kompetenzzweifel aufkommen zu lassen. Unsicherheiten eines Professionellen in Bezug auf die nächsten Arbeitsschritte werden häufig auf der Hinterbühne unter Zuhilfename des „Klinikleitfadens“ geklärt und dem Klienten gleichzeitig eine „Sicherheitsfassade“ geboten.

Die Leistung von Hochstaplern ist, dass sie diese „Kompetenzhygiene“ hinbekommen, ohne dass sie die entsprechenden Fachkenntnisse anerzogen oder über lange Jahre einen professionellen Habitus ansozialisiert bekommen haben. Ob man sich die in der Regel hervorragend gemachten Imitationen eines Offiziers durch Wilhelm Voigt (siehe Zuckmayer 1995 für eine romanhafte Aufarbeitung), eines Augenarztes durch Karl May (siehe Hülsman 1969), eines Psychiaters durch Gert Postel (siehe Postel 2001), eines Piloten durch Frank W. Abagnale jr. (siehe Abagnale/Redding 2003) oder die Imitationen des Habitus von Oberschichten durch Anlagebetrüger wie Jürgen Harksen (siehe Harksen 2006) anschaut: Die Kunst besteht darin, einen sehr spezifischen Habitus darstellen zu können, den man in der Regel nur über langjährige Sozialisation erwerben kann (siehe zur Theorie der Hochstapelei Kieserling 2008).[106]

Abgesehen von solchen Krisensituationen sind Mitglieder von Professionen, so die These, vom Zwang zur übermäßig offensiven Kompetenzdarstellung befreit, weil sie sich zu einem nicht unerheblichen Teil auf die Kompetenzvermutungen der Klienten gegenüber Professionen stützen können. Um den Gedanken zusammenfassend noch einmal zuzuspitzen: Professionen entlasten die Leistungserbringer davon, ihre Kompetenz zu inszenieren. Die Kompetenzvermutung der Klienten gegenüber Professionen reduziert für die Leistungserbringer die Notwendigkeit, ihre Kompetenz offensiv darzustellen und dadurch in das Problem des Selbstlobs zu geraten.

5.3 Der Fall von Coachs und Supervisoren: Authentizität als Suchschema für Inkompetenzkompensationskompetenz

In den Selbstbeschreibungen von Coachs und Supervisoren fällt auf, dass immer wieder ein Begriff beschworen wird, wenn es um die Kompetenzen von Coachs und Supervisoren geht: „Authentizität“. Uwe Böning und Brigitte Fritschle (2005: 194) stellen beispielsweise in ihrem Kompendium für „Business-Coaching“ eine „Forderung“ an die Coachs nach „Authentizität und Ehrlichkeit“ auf. Bei Michael Mötter (2007: 50) werden Klienten darauf hingewiesen, dass das Gefühl, dass der „Coach nicht authentisch“ ist und beispielsweise „Sprache und Körpersprache“ nicht zusammenpassen, ein „Alarmzeichen“ sei. In der Studie „Kompetenter Coach“ von Thomas Brandenberger und Nadine Gassmann (2006) wird „Authentizität“ als zentrales Merkmal der „Selbstkompetenz“ präsentiert.[107]

Eine interessante Frage ist, was man angesichts dieser Empfehlung als Coach oder Supervisor machen kann? Wie soll man authentisch wirken? Die verbreitete Forderung nach Authentizität läuft letztlich auf ein „Sei-authentisch-Paradox“ hinaus. Ähnlich wie das „Sei-spontan-Paradox“ liegt auch dem „Sei-authentisch-Paradox“ das Problem zugrunde, dass etwas eingefordert wird, was nicht auf Anforderung produziert werden kann.

Das Argument kann man sogar noch verschärfen: Je stärker Authentizität eingefordert wird, desto unwahrscheinlicher ist es, dass sie sich ausbildet. Die Aufforderung, authentisch zu sein, oder auch nur das Wissen, dass man im Hinblick auf „Authentizität" beobachtet wird, führt zu einem Phänomen, das Erving Goffman (1957: 50) als „Ich-Befangenheit" bezeichnet hat. Der Leistungsanbieter richtet seine Aufmerksamkeit immer mehr auf sich selbst und beobachtet sich daraufhin, ob er im Gespräch mit dem Klienten authentisch wirkt. Damit entfremdet er sich, so Goffman, immer mehr von der Interaktion, und die Wahrscheinlichkeit, dass er authentisch wirkt, reduziert sich damit noch weiter. Kurz: Je mehr man versucht, authentisch zu wirken, desto weniger wirkt man so.

Was steckt hinter dieser auffälligen Zelebrierung von Authentizität? Hat man es hier mit Effekten einer Sozialpädagogisierung oder Therapeutisierung personenorientierter Beratung zu tun? Ist es die Übertragung der beliebten Forderung von personenorientierten Beratern, dass Manager authentisch sein sollen, auf die eigene Berufsrolle? Es verlangt nach einer Erklärung, dass man bei einem Vater oder einer Mutter, bei einem Polizisten oder einer Polizistin oder auch bei einem Fußballhooligan nicht auf den Gedanken kommt zu fragen, ob sie „authentisch" sind, während diese Debatte die personenorientierten Berater umzutreiben scheint.

Die Diskussion um die „Authentizität" personenorientierter Berater ist ein deutliches Indiz dafür, dass sich das Thema offensichtlich übertriebener Kompetenzdarstellung auf dem Radarschirm der Berater befindet, man aber noch nach geeigneten Worten ringt, um das Problem zu beschreiben. Mit dem Begriff der Authentizität umkreisen die personenorientierten Berater meines Erachtens ein Phänomen, das sich mit einer Begriffsschöpfung von Odo Marquard (1974) als Inkompetenzkompensationskompetenz bezeichnen lässt. Genauso wie der Dozent für Arbeitssoziologie versuchen kann, seine Schwächen durch medial aufgepeppte Powerpoint-Präsentationen zu kompensieren, lässt sich auch bei Beratern der Versuch beobachten, die Infragestellung ihrer Interventionen oder ihre Unsicherheit bei überraschenden Problemlagen durch ein übertriebenes Kompetenzgebaren zu kompensieren.

Die Zurechnung von Kompetenz auf Personen oder Rollen

Es soll hier – um Missverständnissen vorzubeugen – noch einmal deutlich darauf hingewiesen werden, dass es nicht möglich ist, Beratern kollektiv ein Kompetenzproblem zuzuweisen. Man mag über die „Beratungsteufel" (vgl. Pinault 2001), die „Scharlatane" (vgl. Werle 2007) und die „Versager in Dreiteilern" (vgl. Steppan 2003) klagen. Mit diesen häufig massenmedial aufgemachten Dramatisierungen wird nichts über die Leistungsfähigkeit eines einzelnen Coachs oder eines einzelnen Supervisors ausgesagt. Es gibt immer wieder Schilderungen, in denen auf die hohe Qualität eines Coachs oder eines Supervisors verwiesen wird (siehe zu den systematisch erhobenen Daten den Überblick bei Künzli 2005). Es wird hervorgehoben, wie wichtig eine Supervisorin gewesen ist, um eine Konfliktsituation in einer Einrichtung der sozialen Hilfe beherrschbar zu machen. Oder es wird von einem Manager darauf hingewiesen, dass ein Coach eine ganz wichtige Rolle in den ersten Monaten auf einer neuen Stelle gespielt hat.

Bei diesen häufig erfahrungsgeschwängerten Kompetenzvermutungen ist jedoch ein Aspekt wichtig. Die Kompetenzvermutung gilt in der Regel einer spezifischen Person (in einer Rolle) und nicht einer Berufsrolle an sich. Es ist der eigene Coach – also eine konkrete Frau oder ein konkreter Mann –, dem man mit hohem Vertrauen begegnet, es sind nicht die personenorientierten Berater allgemein. Die Kompetenzvermutungen basieren auf persönlicher Kenntnis genau dieser Person und setzen in der Regel eine gemeinsame Geschichte voraus. Es ist die eigene Supervisorin, der ein Team von Sozialarbeitern zutraut, ein akutes Problem zu lösen, es sind nicht die Supervisoren generell. Man zögert, die positive Erfahrung mit einer Person nicht nur auf die Person, sondern auf die dahinter steckende Rolle zuzurechnen. Man ist sich nicht ganz sicher, ob die Erwartungen nicht nur von der konkreten Supervisorin, sondern auch von anderen sich als Supervisoren bezeichnenden Rollenträgern erfüllt werden können.

Niklas Luhmann hat diesen häufig übersehenen zentralen Unterschied von Kompetenzzurechungen auf Rolle oder Person am Beispiel Bergrettung illustriert. Die sich persönlich kennenden Bewohner eines kleinen Bergdorfes erwarten „kraft dieser Bekanntschaft" voneinander Hilfe in der Bergnot. Die Bereitschaft, Hilfe zu leisten, basiert dabei nicht auf einer Rolle, sondern vielmehr darauf, dass sich die Dorfbewohner als Personen immer wieder in einer Vielzahl von Rollen – als Mitglied im Gemeinderat, als Mittrinker in der Dorfkneipe und als freiwilliger Feuerwehrmann (oder -frau) begegnen. Von Bergführern – und erst recht von Beschäftigten der Bergwacht – erwartet man dagegen, dass sie helfen, auch wenn keine persönliche Bekanntschaft zwischen Retter und Opfer besteht. Die Erwartung – und häufig auch die Kompetenzvermutung auf Seiten des zu Rettenden – kommt nicht aufgrund der konkreten Kenntnisse von der „Hilde" oder dem „Alois" zustande, sondern aufgrund der an die Rolle gebundenen Kompetenzvermutungen (vgl. Luhmann 1972a: 85ff.).

Ob Kompetenzvermutungen – letztlich ja nichts weiter als eine spezifische Form von Erwartung – sich jetzt vorrangig an Personen oder vorrangig an Rollen richten, hängt unter anderem davon ob, mit welchem Maß an Sicherheit die Rollenerwartungen versehen sind (oder unter Verwendung eines beliebten, aber leider häufig zu breit ausgelegten soziologischen Begriffs: wie stark eine Rolle „institutionalisiert" ist). Wenn man jetzt Professionen mit (Noch-)Nicht-Professionen vergleicht, dann fällt auf, dass die Rollenerwartungen an Professionen deutlich spezifizierter sind als Rollenerwartungen an Tätigkeitsfelder, die nicht als Professionen organisiert sind. Man hat eine Vorstellung davon, welche Ausbildung die Personen genossen haben, erkennt ein hohes Maß an Ähnlichkeit in der Art und Weise, wie Leistungsanbieter arbeiten und weiß, dass hinter dem einzelnen Leistungserbringer vielleicht eine professionelle Organisation steht, die Funktionen der Auswahl und der Überwachung der einzelnen Personen übernimmt.

Es fehlt bisher weitgehend an empirischen Studien zur Kompetenzzurechnung gegenüber Beratern. Aber es spricht einiges dafür, dass sich beim Fehlen von Erwartungssicherheiten gegenüber Rollen (z.B. aufgrund fehlender Professionsbildung) die Kompetenzvermutung in Richtung personeller Zurechnungen verschiebt. Es wird dann von der Kompetenz des Coachs Margarita Meier oder des Supervisors Felix Schmidt ausgegangen, ohne dass diese Kompetenzen auf andere Berufsangehörige übertragen werden.

Stärken und Schwächen verschiedener Kompetenzsignale

Die idealtypische Gegenüberstellung zwischen Professionen und Nichtprofessionen führt zugegebenermaßen nur zu einer holzschnittartigen Argumentation. Das Argument ist nicht – das soll hier noch einmal ausdrücklich klargestellt werden –, dass Angehörige etablierter Professionen kompetenter sind als Angehörige von Berufen, die nicht in der gleichen Form als Profession organisiert sind. Das Argument ist vielmehr, dass Klienten Nichtprofessionen nicht die gleiche Form von rollenbezogenen Kompetenzvermutungen entgegenbringen.

Aber das hier näher in Augenschein genommene Feld der personenorientierten Beratung ist in Bewegung. Es lassen sich deutliche Versuche beobachten, Kompetenzsignale auszusenden, mit denen Berater nicht in den Verdacht des Selbstlobs geraten. Es wird nach der hohen Kunst der Kompetenzdarstellungskompetenz gestrebt, die darin besteht, dass die Kompetenzdarstellung nicht als Kompetenzdarstellung wahrgenommen wird. Bei der Kompetenzdarstellung kommt es – so die Argumentation oben – darauf an, die Interaktionspeinlichkeit zu vermeiden, die mit einer zu offensiven Darstellung der Kompetenz einhergeht. Eine Kompetenzdarstellung muss in einer Form stattfinden, die beim Empfänger gar nicht erst den Verdacht aufkommen lässt, dass man es mit einem pathologischen Fall von „Egozentrik", „Narzissmus" oder „Eitelkeit" zu tun hat.[108]

Die Kompetenzdarstellungen im Feld der personenorientierten Beratung sind – anders als im Feld der Organisationsberatung (vgl. besonders Clark 1995) und im Feld des Managements (vgl. Huczynski 2004) – noch nicht ausführlich empirisch untersucht worden (siehe aber neuerdings Gruber/Hansmeyer 2008).

Aber eine erste Möglichkeit zur Ordnung verschiedener Mittel der Kompetenzdarstellungen besteht schon jetzt.

Für Kompetenzsignale eignet sich alles das nicht, was käuflich zu erwerben ist. Teuere handgenähte Schuhe, edle Anzüge und Kostüme oder eine professionell gestaltete Website mögen ein „Hygienefaktor" sein, um einen Begriff Frederick Herzbergs zu paraphrasieren. Angemessene Kleidung und ein angemessener öffentlicher Auftritt können dazu dienen, Irritationen bei Klienten auszuschließen. Aber sie sind nur begrenzt geeignet, um Kompetenzen auszustrahlen. In der Wahrnehmung des Klienten bleiben, bildlich gesprochen, die Preisschilder hängen und signalisieren, dass letztlich jeder in der Lage wäre, sich zu verschulden, um einen solchen Auftritt hinzulegen (eine andere Interpretation findet sich bei Gruber/Hansmeyer 2008: 19f.).

Das macht deutlich, weswegen Merkmale, die nicht ohne weiteres käuflich erworben werden können, sich wesentlich besser als Kompetenzsignale eignen. Die Biologie verhindert es, dass sich jeder Coach als fünfzigjähriger Mann mit Führungserfahrung präsentiert – vermutlich die Figur, die am ehesten Kompetenzvermutung beim Klienten auslösen würde. Alter oder Geschlecht lassen sich eben nicht beliebig verändern und reduzieren die Wahrscheinlichkeit, dass diese Merkmale als Kompetenzinszenierung begriffen werden.

Als Kompetenzsignal eignet sich insbesondere all das, was als Zurechnung durch andere und nicht durch einen selbst erscheint. Vorträge auf Fachkonferenzen, Artikel in Journalen, Bücher zum besseren Coaching oder zur besseren Supervision oder Interviews in der Fachpresse sind deswegen interessante Kompetenzsignale, weil der Eindruck erweckt wird, dass der Veranstalter der Konferenz, der Herausgeber der Fachzeitschrift, der Lektor des Verlages oder der Redakteur der Tageszeitung den Beitrag auf eigene Veranlassung und nicht auf Initiative des Coachs oder Supervisors bringt.[109] Zwar wird dieser Eindruck dadurch getrübt, dass sich häufig herumspricht, dass man sich Buchpublikationen über Druckkostenzuschüsse kaufen kann, dass die Veröffentlichung von Artikeln über Berater häufig vom Schalten von Anzeigen abhängt und dass Berater nicht selten versuchen, sich für Konferenzen einladen zu lassen und ihre Leistungen kostenlos anbieten. Aber letztlich bleibt die Möglichkeit, solche Auftritte immer als Kompetenzzurechnung anderer zu präsentieren.

Für die Untersuchung der gerade im Feld des Coachings aus dem Boden sprießenden Berufs- und Fachverbände ist es interessant zu prüfen, wie hier Effekte der Kompetenzdarstellungen produziert werden. Wenn Verbände hervorheben, dass sich in ihnen „bekannte und profilierte Coaching-Experten" befinden, die als „Wegbereiter" für personenorientierte Beratung dienen, dann ist der Clou, dass sich die einzelnen Mitglieder dieser Beschreibung bedienen können, ohne sich gleichzeitig dem Verdacht des Selbstlobes auszusetzen.

5.4 Zum Zusammenhang von Kompetenz und Kompetenzdarstellung

Dem dramatologischen Ansatz wird von Vertretern anderer Theorieschulen vorgeworfen, dass er sich zu viel mit Kompetenzdarstellung und zu wenig mit Kompetenzen auseinander setzt. Der Ansatz, so beispielsweise der Vorwurf von Vertretern der objektiven Hermeneutik, verkenne, dass es gerade bei professionalisierungsbedürftigen Tätigkeiten wie dem Recht, der Therapie, der Medizin oder der Religion nicht darauf ankomme, Kompetenzen darzustellen, sondern die Probleme der Klienten kompetent zu bearbeiten.

Diese Kritik am dramatologischen Ansatz ist sicherlich berechtigt, aber ein Aspekt wird aus meiner Sicht übersehen. Häufig ist es erst die Kompetenzvermutung des Klienten, die es den Leistungserbringern ermöglicht, den Arbeitsrahmen zu kontrollieren. Und erst durch die Kontrolle des Arbeitsrahmens können sie nach den eigenen Standards „guter Arbeit" wirken. Schon frühe Studien über so unterschiedliche Arbeitsfelder wie Restaurants, Schnellzüge und Psychiatrien haben gezeigt, dass der Erfolg eines Arbeitsverlaufs davon abhängt, dass der Angestellte die Initiative ergreift: Der Kellner vermittelt Kunden zwar das Gefühl, dass er ihnen zu Diensten steht, aber er strebt danach, die Kontrolle über den Arbeitsablauf zu behalten (Whyte 1949). Die Zugbegleiterin bietet zwar dem Kunden ihre Serviceleistungen in Form von Zugauskünften oder Kaffee an, aber sie lässt keinen Zweifel daran, dass sie die Oberhand behält (Heindl 2005). In der Psychiatrie verlangt zwar das Krankheitsbild der Klienten, dass die Psychiater auf Feindseligkeit mit Wärme und Verbindlichkeit reagieren, aber gleichzeitig sind sie darauf angewiesen, die Arbeitssituation komplett zu kontrollieren (vgl. Goffman 1956).

Eine solche Kompetenzvermutung des Klienten muss gerade in der Anbahnungsphase mobilisiert werden. Erving Goffman (1983:15) hat darauf hingewiesen, wie wichtig der Erstkontakt gerade in Interaktionen zwischen Professionellen und Klienten ist.[110] Besonders deutlich wird dies bei Dienstleistern, die es mit einer eher widerständigen Klientel zu tun haben. Viele Lehrer nähmen, so Goffman, den Standpunkt ein, dass es zentral sei, „von Anfang an den richtigen Eindruck zu machen". Man müsse von Anfang an zeigen, wer der „Stärkere ist", sonst könne man gar nicht erst seine Kompetenzen darstellen. Bei manchen Wärtern in Nervenheilanstalten sei es, so Goffman, eine feste Überzeugung, dass man dem Patienten gleich am ersten Tag klar machen müsse, wer „der Herr im Haus ist". Damit würde man später viele Schwierigkeiten vermeiden. Aber auch bei Dienstleistern, die es mit einer Klientel zu tun haben, die freiwillig kommt und auch bereit ist, für die Dienstleistung zu bezahlen, gibt es die Notwendigkeit, in einem sehr frühen Stadium beim Klienten eine Kompetenzvermutung gegenüber dem Dienstleister zu erzeugen.

Ist das Arbeitsbündnis zwischen Leistungserbringer und Klient erst einmal etabliert, reduziert sich dieses Problem der Kompetenzvermutung erheblich. Genauso wie dem Patienten, der sich, wenn er über längere Zeit in der Behandlung durch eine Ärztin ist, irgendwann nicht mehr die Frage nach deren Kompetenz stellt, wird es auch dem Klienten gehen, der nach einer Reihe von erfolgreichen Beratungssitzungen Kompetenzvermutungen gegenüber dem Supervisor aufbaut.

6 Zur begrenzten Hebelwirkung. Über die Funktion von Coaching und Supervision

Zwei Fliegen mit einer Klappe – das ist das häufig zu hörende Versprechen von personenorientierter Beratung. Bei Coachs und Supervisoren besteht vielfach die Hoffnung, dass die mit der „individuellen Beratung" verbundenen personenorientierten Ziele und die personalentwicklerischen organisationsbezogenen Ziele der „Steigerung der Effizienz" ineinander greifen. Bei personenorientierter Beratung in Organisationen, so beispielsweise Astrid Schreyögg (2005: 160), würden berufliche Selbstgestaltungspotenziale der Person und die Optimierung der einzelnen Personen kombiniert. Personenorientierte Beratung stehe, so die Einschätzung von Kurt Buchinger und Klaus Götz (2000: 33), vor der Herausforderung, gleichzeitig „wertschöpfende Beiträge zur Erreichung persönlicher Ziele der in den Organisationen tätigen Personen" und „Erreichung strategischer Ziele der Organisation" zu leisten.

Dabei werden häufig Anleihen beim Sport gesucht: Im Sport korreliere eine Förderung des einzelnen Sportlers unmittelbar mit den Zielen seines Vereins. Die Verbesserung der Kondition, die Erweiterung des technischen Repertoires und die Stärkung der psychischen Fitness komme dem einzelnen Sportler zugute, bringe aber auch unmittelbar Leistungssteigerungen beim Verein mit sich. Wenn Michael Ballack durch das bekannt harte Konditionstraining bei Chelsea London dazu gebracht wird, seine beidfüßige Schussfähigkeit über die vollen 90 Minuten in Anwendung zu bringen, dann nützt dies schließlich gleichermaßen Ballack und Chelsea: Ballack durch die Steigerung seiner fußballerischen Fähigkeiten (und seines Marktwertes) und Chelsea aufgrund besserer Siegesmöglichkeiten (vgl. Schreyögg 2005: 171).

Diese Position steht in der Tradition der Organisationsentwicklungsansätze der siebziger und achtziger Jahre des letzten Jahrhunderts, in der danach gestrebt wurde, Veränderungen der Organisationsmitglieder und Veränderungen der Organisation miteinander zu takten. Der Organisationsentwicklung liege, so sehr früh bereits Burkard Sievers, die „doppelte Überzeugung zugrunde, dass einerseits Organisationen als soziale Systeme nicht durch eine bloße Veränderung der personalen Systeme ihrer Mitglieder wandelbar sind, und dass andererseits gelernte Verhaltensweisen, die sich für Individuen und Kleingruppen als funktional und adäquat erweisen mögen, zur Realisierung von Organisationszielen häufig dysfunktional sein können. Über die Veränderung und das Lernen personaler Systeme hinaus bedarf es vielmehr eines nachhaltigen Wandels der jeweiligen Organisationskultur, der ihr zugrunde liegenden Erwartungen, Ideologien und Werte sowie der daraus abgeleiteten Strategien der Zielverwirklichung" (Sievers 1977: 11f.).[111]

In der Nachfolge dieser Diskussion in der Organisationsentwicklung fand die Erweiterung der personenorientierten Beratung in Richtung auf Organisationsentwicklung zuerst in der Supervision statt. Während das Aufgabenspektrum der Supervision anfangs sehr eng an den „Fällen" der Supervisanden mit ihren Klienten ausgerichtet war, kamen dann zunehmend die personenorientierte Beratung der Supervisanden und die Fokussierung auf die Zusammenarbeit im Team und schließlich auch die Organisationsberatung hinzu. Titel wie „Supervision – von der Praxisberatung zur Organisationsentwicklung" (Belardi 1992), „Integrative Supervision" (Petzold 1998), „Der Supervisor als Organisationsberater" (Möller 2001) oder „Organisationssupervision" (Wacker 2002) stehen programmatisch für diese Verlockung, das Interventionsfeld der Supervision auf unterschiedliche Leistungsangebote der Organisationsberatung auszudehnen.[112]

Während es aufgrund der starken Verankerung der Supervision in der Fallarbeit von Ärzten, Geistlichen, Juristen oder Sozialarbeitern immer prominente Kritik an der Expansion der personenorientierten Beratung gegeben hat (vgl. z.B. nur Leuschner 1999: 7ff.; Gaertner 2004: 79f.), scheint es beim Coaching kaum systematische Schranken gegenüber einer Öffnung in Richtung auf Organisationsberatung zu geben. Auf vielen Visitenkarten von Coachs steht nicht nur „Seniorcoach ICV", sondern auch noch „Personalentwickler", „Organisationsentwickler" und „systemischer Institutionenberater".

Man hat den Eindruck, dass sich die personenorientierte Beratung auf einer „slippery slope" befindet – einer Rutschbahn, auf der es irgendwann keinen Halt mehr gibt. Man expandiert von der Personenentwicklung zur Personalentwicklung. Weil Personalentwicklung allein schnell an Grenzen stößt – Menschen lassen sich nun mal (glücklicherweise) nur sehr ungern entwickeln –, entdeckt man effizientere Mittel, um an der „Schraube Personal" zu drehen: die Einstellung neuer Mitarbeiter (Stichwort Assessment-Center), die Versetzung innerhalb der Firma (Stichwort 360-Grad-Feedback) oder die Umsetzung von Entlassungsprogrammen (Stichwort Outplacement-Beratung). Aber weil Personal nur ein Mittel zur Entscheidungsstrukturierung in Organisationen ist und dieses auch nur in Bezug auf Hierarchien, Zielvorgaben, Regeln und so weiter zu verstehen ist, ist es nur ein kleiner Schritt von der Personalentwicklung zur Organisationsentwicklung. Salopp ausgedrückt, kann man den Eindruck bekommen, dass ungewollt der Trend hin zum „beraterischen Tausendsassa" oder zur „Supernanny der

Organisation" geht, die das gesamte Spektrum beraterischer Interventionen in der Organisation anzuwenden wissen und in der Lage sind, alle beraterischen Bedürfnisse der Organisation zu befriedigen.

Das sich dahinter verbergende Organisationsverständnis von Teilen der Supervisoren und Coachs ist, dass Veränderungen in Organisationen nur durch eine geschickte Kombination von Personal- und Organisationsentwicklung möglich sind. Motto: Ein modernes Management braucht beides – sowohl gezielte Eingriffe in das Regelwerk der Organisation, den hierarchischen Aufbau, die Karrierestrukturen als auch die Weiterentwicklung des vorhandenen Personals – und diese Leistungen sollten, aufeinander abgestimmt, durch die gleichen Berater erbracht werden.

Solche „Sammler-Positionen" haben immer die Spontanplausibilität auf ihrer Seite: „Wir machen alles, was zu einer modernen Personalarbeit gehört" klingt erstmal gut. Arbeit am Menschen *und* Arbeit an den Organisationsstrukturen; Experten- *und* Prozessberatung; Friede *und* Freiheit – oder wie es in den siebziger Jahren des letzten Jahrhunderts ironisierend hieß „Friede, Freude *und* Eierkuchen". Diese Positionen klingen gut, weil sie suggerieren, dass alles gleichzeitig optimiert werden kann: Wir optimieren den Menschen und die Organisationsstruktur. Wir sind Experten in einer Sachfrage und gestalten gleichzeitig die Prozesse. Wir bekommen Frieden, Freiheit, Freude und Eierkuchen.

In der Abstraktion kann man sich mit dieser Sowohl-als-auch-Position immer im Recht wähnen: Sie macht sich als Statement in Politikerreden, auf Wahlplakaten oder in den Leitbildern von Unternehmen und Verwaltungen ganz hervorragend. Niklas Luhmann hat – unter anderem in seinen Überlegungen zum CDU-Parteiprogramm – darauf hingewiesen, dass in Organisationen Widersprüche schnell „sprachlich homogenisiert" werden. Im Bereich der Erziehung werde bei den Christdemokraten gleichzeitig Chancengleichheit und die Aufteilung der Schüler in Haupt-, Realschulen und Gymnasien propagiert – als wenn sich diese beiden Ansprüche parallel konkretisieren ließen. Im Bereich des Staatswesens würden die CDU-Politiker einerseits die Achtung vor den Gesetzen einfordern und andererseits die sittliche Verantwortung predigen, ohne zu bemerken, dass zwischen diesen beiden Werten Konflikte auftreten können (vgl. Luhmann 1977: 167f.).

Eine soziologische Betrachtungsweise sperrt sich gegen solche „Sammler-Positionen" und fragt stattdessen, welche Spannungen zwischen Positionen existieren, die in der Literatur sprachlich häufig schnell homogenisiert werden: Wie verhält sich ein personenorientierter Berater, wenn es in dem letztlich durch das Unternehmen bezahlten Beratungsprozess um die Wechselüberlegungen des Klienten geht? Wie geht ein Coach oder Supervisor damit um, wenn sein Klient unter dem Stichwort Work-Life-Balance vorrangig nach Strategien zur Schonung seiner Arbeitskraft sucht? Wie ist es um die gleichzeitige Veränderung von Personen und Organisationsstruktur bestellt? Um das Argument zu entwickeln, ist es nötig, sich etwas genauer anzusehen, wie Personen und Organisationsstrukturen zusammenhängen und welche Möglichkeiten es überhaupt zur Veränderung von Personen in Organisationen gibt. Dafür soll ein bisschen weiter ausgeholt werden.

6.1 Personen als Teil der Organisationsstruktur – eine „anti-humanistische" Sichtweise von Organisationen

In der Organisationsforschung wurden Verwaltungen, Unternehmen, Krankenhäuser und Universitäten lange Zeit als weitgehend entpersonalisierte Systeme wahrgenommen. Diese in verschiedenen theoretischen Strängen der Organisationsforschung vertretene Auffassung geht auf Max Weber zurück, der in seinem Opus Magnum „Wirtschaft und Gesellschaft" behauptet, dass „sachliche Unpersönlichkeit" das Gebaren von Organisationen kennzeichne (vgl. Weber 1972: 578). Diese Ausrichtung auf Unpersönlichkeit mache es möglich, dass sich ein Unternehmen, eine Verwaltung, ein Krankenhaus oder eine Universität wie eine „Maschine" verhalte, die durch „Schnelligkeit, Eindeutigkeit, Aktenkundigkeit, Kontinuierlichkeit, Diskretion, Einheitlichkeit, straffe Unterordnung, Ersparnisse an Reibungen, sachlichen und persönlichen Kosten" gekennzeichnet sei (Weber 1972: 561f.).[113]

Die (lediglich) kritisch gewendete Übernahme dieser Weberianischen Auffassung von Organisationen als entpersonalisierten Systemen ermöglichte es dann, eine Konfliktsituation zwischen den mit Zwängen, Herrschaft und Entfremdung markierten Organisationen und den sich diesen Zwängen ausgesetzt sehenden Individuen aufzubauen. Man denke nur an die These Theodor W. Adornos (1954), dass die moderne Gesellschaft durch eine immer stärkere Durchdringung mit Organisationen gekennzeichnet sei, in denen sich das Menschliche kaum entwickeln kann. Oder man betrachte die Überlegungen von William H. Whyte (1956) über den „Organization Man", der sich den strukturellen Mechanismen von Schulen, Universitäten, Unternehmen oder Verwaltungen anpasse und eine der Organisation angepasste Persönlichkeitsstruktur entwickle, die auch über die eigentliche Organisationsrolle hinaus prägend wirke und letztlich das Familienleben des „Organisationsmenschen" zerstöre.

Das Weberianische Verständnis von Organisation und Person: Stärken und Schwächen

Das hier in aller Kürze präsentierte Verständnis von Organisationen gewinnt (nur) auf den ersten Blick seine Berechtigung. Ein zentrales Merkmal von Organisationen ist – und hier trifft das Weberianische Organisationsverständnis einen wichtigen Punkt –, dass diese nicht die *komplette* Person inkludieren, sondern lediglich einen Teil des Leistungsrepertoires abfragen. Damit unterscheiden sich Organisationen in der modernen Gesellschaft in einem zentralen Punkt von ansonsten auffällig ähnlichen Gebilden wie Gilden oder Klöstern. In diesen Gebilden, die in der Schichtungsgesellschaft dominierten, hatte und hat man es mit einer sehr weit gehenden Totalinklusion der Leistungsträger zu tun, nahmen diese doch für sich in Anspruch, Lebensgemeinschaften zu sein und dementsprechend auch alle Rollen eines Mitglieds zu bestimmen (vgl. Kieser 1989).

Die Organisationen sind gegenüber ihren im Mittelalter und teilweise noch in der frühen Neuzeit dominierenden Vorläufern durch eine *doppelte Ignoranz* gekennzeichnet. Auf der einen Seite kann eine Organisation außerorganisatorische Anforderungen des Mitglieds zurückweisen. Die Frage um eine Gehaltserhöhung, weil man ein neues Haus gebaut hat, erscheint genauso illegitim wie die Bitte, doch nicht entlassen zu werden, weil man eine Großfamilie zu versorgen hat. Das Innehaben eines Amtes in einer Organisation kann nicht mehr wie im Mittelalter als „Besitz einer gegen Erfüllung bestimmter Leistungen ausbeutbaren Renten- oder Sportelquelle" verstanden werden. Heute gilt in Unternehmen, Verwaltungen, Krankenhäusern oder Universitäten bei der Übernahme eines Amtes (neudeutsch würde man „Job" sagen) eine „spezifische Amtstreuepflicht gegen Gewährung einer gesicherten Existenz" (vgl. Weber 1972: 553).[114]

Auf der anderen Seite kann aber auch das Organisationsmitglied erwarten, dass seine anderen Rollen die Organisation nur insofern interessieren, als dass sie Rückwirkungen auf die Organisationsmitgliedschaft betreffen. Der Mitarbeiter eines Unternehmens oder eines Krankenhauses kann erwarten, dass die Mitgliedschaft in der F.D.P., die Herkunft aus einem alten Adelsgeschlecht oder (bzw. und) die Leidenschaft für Outdoor-Sex von der Organisation ignoriert wird. Diese Entwicklung ist auch für die Organisation funktional, weil sie sich bei der Auswahl von Mitgliedern auf „relevante Kriterien" beschränken kann. Bei der Auswahl von Mitgliedern stehen – anders als in stratifizierten Gesellschaften – universelle (und nicht partikulare), an Leistung orientierte (also nicht askriptive) Kriterien im Mittelpunkt (vgl. Eisenstadt 1958: 109ff.).

Die Konzentration auf die Organisationsrolle führt letztlich, so die überspitzte Formulierung, zu einer „Entpsychiatrisierung" der Organisation.[115] Die Ehestreitigkeiten eines Mitarbeiters, die Schwierigkeiten eines türkischstämmigen Managers, die Erwartungen seiner Familie mit denen der Organisation zu vereinbaren, oder die privaten Vorlieben eines Auszubildenden für die Gothic-Szene müssen von der Organisation nicht als Problem begriffen werden. Es müssen für so geartete Vorlieben oder Probleme keine Stellen in der Organisation vorgehalten werden, die sich damit auseinander setzen.

Aber letztlich ist diese Position, die Personen lediglich unter dem Gesichtspunkt der Passung zur Organisationsstruktur betrachtet, falsch. Schon durch einen nur oberflächlichen Blick auf Organisationen fällt auf, dass Personen für die Organisation einen Unterschied machen. Es macht einen Unterschied, ob eine öffentliche Verwaltung mit Juristen, Betriebswirten oder Sozialpädagogen besetzt ist. Wechselt ein Unternehmen einen Teil seiner mittleren Führungsebene aus, dann ist die Organisation danach eine andere. Ein Unternehmen, das seine Vorstandsvorsitzende austauscht, ist danach nicht mehr das gleiche.

Das systemtheoretische Verständnis: Personen als Teil der Organisationsstruktur

Unter Organisationsstrukturen lässt sich all das verstehen, womit eine Organisation ihre eigenen Möglichkeiten einschränkt und so ihren Mitgliedern ein nur sehr begrenztes Verhaltensrepertoire nahe legt. Programme bestimmen, auf welche Art und Weise in Organisationen gehandelt werden soll, Hierarchien legen fest, wer von wem legitimerweise Anweisungen bekommen darf. Diese teilweise manchmal ja sehr beliebig wirkenden Festlegungen in „der Fülle des in der Welt Möglichen" haben einen starken Entlastungseffekt, weil Handlungen dadurch berechenbar werden.

Es lassen sich grundlegend drei Typen von Organisationsstrukturen unterschieden. Der erste Typus von Organisationsstrukturen sind *Programme*, die sich eine Organisation gibt. Diese finden sich in Gesetzen, Policies, Verfahrensanweisungen oder Zielvereinbarungen. Es gibt aber auch eine Vielzahl von Programmen, die nicht extra schriftlich fixiert sind, sondern lediglich mündlich vermittelt werden. Die Organisationsforschung unterscheidet zwei unterschiedliche Programme: In *Zweckprogrammen* werden Ziele vorgegeben, und das Organisationsmitglied ist frei in der Wahl der Mittel, um diese Ziele zu erreichen. Die Zielvereinbarungssysteme in Organisationen sind solche Versuche, über die Vorgabe von Zwecken die Phantasie der Mitarbeiter in der Suche nach adäquaten Mitteln zu stimulieren. Bei *Konditionalprogrammen* handelt es sich um Wenn-dann-Regeln, die vorschreiben, welchen Arbeitsschritt ein Mitarbeiter bei einem bestimmten Impuls zu erfüllen hat (vgl. Luhmann 2000: 262ff.).

Den zweiten Typus von Organisationsstrukturen stellen die *Entscheidungs- und Kommunikationswege* von Organisationen dar (vgl. Luhmann 2000: 302ff.). Dabei wird festgelegt, wie Entscheidungen in Organisationen zu fällen sind und wie Kommunikationen zu verlaufen haben. Die bekannteste Form der Entscheidungs- und Kommunikationswege ist die Hierarchie, die sich eine Organisation gibt. Die Person, die durch ihre Position in der Hierarchie als zuständig angesehen wird, kann davon ausgehen, dass ihre Entscheidungskompetenzen nicht angezweifelt werden und ihre Entscheidungen auch dementsprechend umgesetzt werden. Neben der Hierarchie existieren aber auch noch andere Formen der Strukturierung von Entscheidungs- und Kommunikationswegen: die Mitzeichnungsrechte von Abteilungsleitern, die lateralen Entscheidungsstrukturen in Vorständen oder die basisdemokratisch organisierten Abstimmungen in Vereinen.

Der Clou dieses systemtheoretischen Strukturmodells ist, dass *Personal* gleichrangig als dritter Typus von Organisationsstruktur betrachtet wird, weil die Besetzung von Stellen mit bestimmten Personen Einfluss darauf hat, wie zukünftig Entscheidungen gefällt werden. Es macht einen Unterschied aus, ob Entscheidungen in einer Organisation durch einen Juristen, einen Betriebswirt oder einen Ingenieur getroffen werden. Die Ausrichtung von Entscheidungen unterscheidet sich je nachdem, ob jemand von außen in die Organisation kommt oder ob jemand bereits in der Organisation sozialisiert wurde (vgl. Luhmann 2000: 279).[116]

Das von Niklas Luhmann entwickelte Organisationsstrukturkonzept wird auch als „3K-Modell" bezeichnet. Die Struktur einer Organisation besteht aus den durch Programme festgelegten *Kriterien* für richtiges und falsches Verhalten, aus den *Kanälen,* über die kommuniziert wird, und aus *Köpfen*, die aufgrund ihrer Erziehung, Ausbildung und Sozialisation bestimmte Arten von Entscheidungen fällen. Man kann sich das Luhmannsche „3K-Modell" am Beispiel der Einkaufsabteilung eines Unternehmens deutlich machen. Die relevanten Einkaufsentscheidungen, die in einer Organisation gefällt werden, hängen natürlich davon ab, wie die Einkaufsabteilung in der Hierarchie verankert ist (die Kanäle) und welche Regeln beim Einkauf in der Organisation greifen (die Kriterien). Aber die Entscheidungen werden auch dadurch beeinflusst, welche Person (Köpfe) beispielsweise den Posten des Einkaufsleiters bekleidet.

Stellen in der Organisation werden jetzt unterschiedlich stark durch diese drei Typen von Organisationsstrukturen beeinflusst. Eine Stelle am maschinellen oder administrativen Fließband einer Organisation basiert vorrangig auf einer Konditionalprogrammierung. Eine Stelle im mittleren Management ist sehr häufig ganz besonders durch ihre „Sandwich-Position" zwischen Vorgesetzten und Untergebenen, also durch die Einbindung in die Kommunikationswege, geprägt. Stellen an der Spitze der Organisation fordern besonders den Strukturtypus Personal, weil die obersten Vorgesetztenpositionen nur sehr begrenzt durch die Programme und Kommunikationswege geprägt werden. Hier findet also – sichtbar an den äußerst aufwändigen Auswahlverfahren – eine vergleichsweise starke Form von Personifizierung statt.

6.2 Weswegen die Personalentwicklung ein stumpfes Schwert zur Veränderung von Organisationen ist

Wie können Organisationen konkret an der „Schraube" Personal drehen? Organisationen können die Komponente Personal durch Einstellung, Versetzung, Entlassung und Personalentwicklung beeinflussen. Mit der Einstellung und der Versetzung wird beeinflusst, welcher Typ von Person – oder noch konkreter welche Person – zukünftig Entscheidungen fällen wird. Mit der Entlassung wird festgelegt, welche Entscheidungen einer Person man zukünftig in einer Organisation nicht mehr haben möchte. Mit Personalentwicklung wird versucht, eine Person so zu verändern, dass sie zukünftig andere Entscheidungen trifft (vgl. hierzu Luhmann 1971: 208).[117]

Die genannten vier Kategorien lassen sich zwar in allen Organisationen vorfinden, unterliegen aber jeweils Beschränkungen: Bei der Einstellung kann eine Organisation der Einschränkung ausgesetzt sein, dass nur ein vorher fixierter Lohn gezahlt werden kann und so der vielleicht geeignet erscheinende Bewerber nicht angeworben werden kann. Die Versetzung von Mitarbeitern ist häufig Begrenzungen unterworfen, weil diese erst durch das mikropolitische Netz in Organisationen geschleust werden müssen. Entlassungen – und damit die Möglichkeit zur Neueinstellung – sind häufig allein schon aufgrund arbeitsrechtlicher Beschränkungen kompliziert, wenn nicht sogar gänzlich unmöglich. Personalentwicklungsmaßnahmen müssen in der Regel durch den Betriebsrat genehmigt werden, scheitern nicht selten an dem Widerstand operativer Abteilungen, die für die Kosten aufzukommen haben, oder werden von der eigentlich als Nutznießer identifizierten Klientel in den Seminaren, Trainings oder Workshops geschickt unterlaufen.

Vor dem Hintergrund dieser Beschränkungen lassen sich die verschiedenen Kategorien des Strukturtypus Personal als funktionale Äquivalente verstehen. Wenn die Organisation aufgrund von Budgetbeschränkungen nicht zur Einstellung neuen Personals in der Lage ist, wird – wie das Beispiel von Ministerien nach Regierungswechseln zeigt – durch Versetzungen versucht, neue Entscheidungssituationen herzustellen. Wenn eine Organisation wie zum Beispiel im Falle einiger öffentlicher Verwaltungen durch die weitgehende Verhinderung von Entlassungen und Versetzungen keine Strukturflexibilität hat, kann versucht werden, durch Personalentwicklungsmaßnahmen eine andere Form der Entscheidungsfindung sicherzustellen.

Die vier Kategorien des Strukturtypus Personal lassen sich wiederum untergliedern. So lassen sich beispielsweise organisationsinterne gruppenbasierte Trainings, die Aufstellung von Lernprojekten, die Teilnahme an externen Fortbildungsmaßnahmen und eben personenorientierte Beratung als verschiedene Ausprägungen der Personalentwicklung begreifen. Auch hier werden häufig Abwägungen zwischen diesen Alternativen vorgenommen. Ist das Einzelcoaching oder die Einzelsupervision zu teuer, dann wird stattdessen ein Teamtraining eingesetzt. Nutzen sich die Effekte gruppendynamischer Trainings ab und verlieren ihre Attraktivität, suchen Personalentwickler ihre Effekte über andere Maßnahmen wie zum Beispiel den Nervenkitzel bei Outdoor-Trainings zu erzielen.[118]

Lässt sich aus dieser Betonung von Personal in der systemtheoretischen Organisationssoziologie jetzt auch eine Betonung von Personalentwicklung ableiten?

Die Schwierigkeiten bei der Veränderung von Personen

Bei der Einschätzung der Hebelwirkung von Personalentwicklungsmaßnahmen geht die Perspektive zwischen soziologischer Wissenschaft und beraterischer Praxis grundlegend auseinander. In der Alltagspraxis von Organisationspraktikern wird in der Regel so getan, als stellten die Programme, die Technologien und die Dienstwege die Hardware der Organisation dar, während alles, was „den Menschen" betrifft, unter die Software fällt. Für diese „weichen Aspekte", die so genannten „Softfaktoren", seien dann die aus der Psychologie, Pädagogik oder humanorientierten Betriebswirtschaftslehre stammenden Personalspezialisten zuständig.

Die Organisationssoziologie würde, wenn sie gezwungen wäre, die eher ungeeignete Sprache aus der Informations- und Kommunikationstechnologie zu nutzen, die Aussage umdrehen. Die Strukturen der Organisationen sind die Software. Sie sind bei allen Verhärtungen durch einfache Entscheidungen „umzuprogrammieren". Man ordnet eine Abteilung neu zu oder verändert die Zielvorgaben für eine Projektgruppe. Die Personen sind dagegen die Hardware, weil sie sich diesen einfachen Programmierprozessen entziehen. Zugespitzt: Im Vergleich zu Personen sind Organisationen geradezu ein Wunder der Veränderungsfähigkeit. Während Kommunikations- und Entscheidungswege, Zweck- und Konditionalprogramme und die Zuordnung von Personen zu Stellen häufig durch eine einfache Entscheidung geändert werden können, entzieht sich die Veränderbarkeit der Person den Einflüssen von Entscheidungen. „Organisationspläne und

Aufgabenbeschreibungen lassen sich", so Luhmann, „leicht, praktisch mit einem Federstrich ändern." Dagegen sind Personen „schwer, wenn überhaupt umzustellen" (vgl. Luhmann 2000: 280).

Wie lässt sich diese auf den ersten Blick für Nichtsoziologen überraschende These begründen?

Um es in der an dieser Stelle etwas komplizierten Sprache Luhmanns auszudrücken: Die Gründe liegen im Charakter von Personen als „individuell attribuierte Einschränkung von Verhaltensmöglichkeiten". Eine Person kann sich, so Luhmann, nicht einfach ändern, weil sie sich häufig der Notwendigkeit ausgesetzt sieht, die zu bleiben, die zu sein, die sie vorgetäuscht hat (vgl. Luhmann 2005: 142). Wenn sie sich auch nur in einzelnen Aspekten ihrer Persönlichkeit verändern will, erfordert dies häufig einen hohen Rechtfertigungsaufwand, den radikalen Bruch mit ihrem sozialen Umfeld oder die Bereitschaft, die Beobachtung auszuhalten, dass man „komisch geworden" ist. [119]

Dabei spielt eine wichtige Rolle, dass Personen – anders als Programme und Kommunikationswege – nicht weiter dekomponierbar sind. Ein Zweckprogramm zur Eroberung des Bohrerkassettenmarktes in Polen kann weiter in eine Vielzahl von Unterprogrammen zerlegt werden. Ein Kommunikationsweg kann allein durch die Zwischenschaltung einer weiteren Managementebene noch weiter aufgefächert werden. Dieser Mechanismus der Dekomposition funktioniert bei Personen nicht. Personen sind – salopp ausgedrückt – „soziale Elementarteilchen", die sich nicht weiter zerlegen lassen. Und wenn man es versucht, dann sind sie danach keine Personen mehr.

Das Zusammenspiel von Selbst- und Fremderwartung bei der Veränderung von Personen

Das Besondere von Personen im Vergleich zu Organisationen ist, dass sie sich nicht durch eine Änderung der *Selbsterwartungen* allein verändern lassen. Selbst wenn die einzelne Person bereit wäre, sich zu ändern, ist sie durch die sozialen Erwartungen festgelegt, mit denen sie täglich durch andere Personen und soziale Systeme konfrontiert wird. Der eigentlich geläutert aus der Haft entlassene Kriminelle, der wegen seiner Rückkehr in das alte Milieu wieder straffällig wird, und das alkoholkranke Familienmitglied, das durch die Familie ungewollt in seinem Suchtverhalten bestärkt wird, sind nur die prominentesten Beispiele für die Veränderungsschwierigkeiten bei Personen. Aber auch in der Organisationsforschung gibt es dafür viele Hinweise. Man denke nur an das Beispiel des Managers, der am Montag voller Tatendrang von einem psychodramatischen Wochenendseminar zurückkommt und von seinen Vorgesetzten, Kollegen und Untergebenen in einer eigenen Art von 360-Grad-Feedback („Sie sind plötzlich so anders") innerhalb kürzester Zeit ausgekühlt wird. Das Organisationsmitglied mag sich selbst vielleicht nach dem Seminar als eine andere Person sehen, seine Umgebung aber (einschließlich seines Lebenspartners oder seiner Lebenspartnerin) fordert von ihm letztlich Kontinuität in seiner Verhaltensweise ein. Die alten Fremderwartungen, die an das Mitglied herangetragen werden, führen dann dazu, dass die Effekte des Seminars innerhalb weniger Tage verpuffen.

Aber auch veränderte *Fremderwartungen* allein reichen nicht aus, Personen zu verändern. Zwar kann es ein, dass der Ehemann aufgrund des Drucks seiner Frau haushälterische Interessen heuchelt oder dass ein Mitarbeiter angesichts des demokratischen Führungsstils seiner Chefin die Partizipationsprosa bedient. Dies bleibt aber äußerst instabil, solange sich diese Veränderung auf die Fremderwartung ausrichtet und nicht durch Selbsterwartungen gestützt wird.

Die schnelle Lösung, die von der Praxis angeboten wird, ist eine gleichzeitige Veränderung von Selbst- und Fremderwartung: die Managerin soll ihr Selbstbild ändern, und gleichzeitig sollen die Vorgesetzten, Kollegen und Untergebenen ihr Bild von ihr so modifizieren, dass zukünftig eine andere Verhaltensweise von ihr unterstützt wird. Gerade Coaching und Supervision seien, so die Behauptung, sehr gut geeignet, die Veränderung von Selbst- und Fremderwartung zu synchronisieren. Besser als Trainings und Wochenendeseminare könnte die Einzelberatung systematisch an Beurteilungen durch Vorgesetzte, Kollegen und Untergebene rückgebunden werden, und die Regelmäßigkeit der Sitzungen würde ein Abgleiten in alte Verhaltensmuster zu verhindern helfen.

Das Problem besteht jedoch darin, dass ein solches Vorhaben eine unrealistische Steuerungsphantasie von Trainern oder Beratern ist. Veränderungen der Selbst- und Fremderwartungen so takten zu wollen, dass am Ende ein anderes Verhalten herauskommt, bedeutet, die Komplexität von sozialen Erwartungshaltungen völlig zu unterschätzen. Personales Gedächtnis (die Selbsterwartungen) und soziales Gedächtnis (die Fremderwartungen) sind, so Luhmann, so miteinander „verfilzt", dass eine planmäßige Änderung kaum möglich erscheint (vgl. Luhmann 2000: 280).

6.3 Zur latenten Funktion von Coaching und Supervision: Personalisierung

Aus einer soziologischen Perspektive spricht also vieles dafür, dass die Möglichkeiten zur Veränderung von Organisationsstrukturen über personenorientierte Beratung gering sind. Das heißt aber nicht, dass Coaching und Supervision für die Organisation unwichtig sind – im Gegenteil. Spätestens seit Robert Merton

(1949: 71ff.) wissen wir, dass bei vielen sozialen Phänomenen die latenten, nicht ohne weiteres kommunizierbaren Funktionen häufig wichtiger sind als die offiziell verkündeten. Die Sekretärin – so das bekannte Beispiel – erfüllt neben ihrer Unterstützung bei administrativen Aufgaben eine wichtige latente Funktion als Statussymbol für die Chefin oder den Chef. Diese Funktion wird von vielen Beteiligten wahrgenommen, sie kann aber zum Beispiel nicht bei einer Sitzung über die Notwendigkeit von Sekretärinnen als Grund angegeben werden (siehe für das Beispiel Kieserling 1993: 3). Wenn man nach der offiziellen Funktion der Schulen fragt, dann wird mitgeteilt, dass man in Schulen lernt, auf welche Weise man Vektoren berechnen kann, welches die Nebenflüsse der Donau sind und wie man im Französischen den Subjunktiv bildet. Aber ebenso wichtig sind andere, nicht ohne weiteres zu kommunizierende Funktionen des Unterrichts. Wegen der Verteilung der Redechancen zugunsten der Lehrer und der Größe der Schulklassen lernen Schüler „Wartefähigkeit", das „Ertragen von Unterbrechungen und Misserfolgen", „Geduld", „Resignation", „Orientierung an allen gültigen Bedingungen" und „Minimierung des für Erfolg notwendigen Aufwandes" (vgl. Luhmann 1975b: 20). Jetzt kann man diesen „versteckten Lehrplan" als Pathologie von Schulen betrachten (vgl. Illich 1972), oder man kann, wie es die Soziologie machen würde, darauf hinweisen, wie wichtig diese latente Funktion ist, damit sich Schüler später in Organisationen zurechtfinden können (vgl. Dreeben 1968).

Wie könnten jetzt die latenten Funktionen von personenbezogener Beratung in Organisationen zusammenfassend bestimmt werden?

Auf der Suche nach Latenzen: Die ersten Ergebnisse der Analyse von Beratungsinteraktionen

Ulrich Oevermann stellt bei der Analyse einer Teamsupervision im therapeutischen Bereich die Personalisierung eines eigentlich in der Abrechnungspraxis der Organisation liegenden Problems fest. Das Programm eines Krankenhauses sieht vor, so die Analyse Oevermanns, dass magersüchtige Patienten maximal fünfundzwanzig Sitzungen mit einem Therapeuten verbringen dürfen. Die Handhabung dieser Regelung führt zu Problemen, die sich besonders im Verhältnis des Therapeuten zu den Klienten äußern. In der von Oevermann untersuchten Fallsupervision wird dieses Strukturproblem jetzt nicht auf die Regelung der Organisation zurückgeführt, sondern personalisiert. Die Schwierigkeiten werden in der Supervisionssitzung als ein Problem von „Übertragung" und „Gegenübertragung" zwischen Therapeuten und Patienten thematisiert. Damit werden die Ursache und letztlich auch die Lösung des Problems in der Verhaltensweise des Therapeuten gesehen. Die Organisation – und erst recht die übergeordneten Entscheidungsgremien der Krankenkassen – werden damit tendenziell von der Diskussion des strukturellen Konfliktes entlastet (siehe für eine erste Fassung des Falles Oevermann 1993: 149ff.; ausführlich dann Oevermann 2001: 10ff.).[120]

Die Beobachtungen Oevermanns, dass organisatorische Effekte in der personenorientierten Beratung häufig übersehen werden und stattdessen personale Zurechnungen stattfinden, wurden von Andrea Franzke und Mia-Alina Schauf am Beispiel der Supervision in einer Einrichtung für betreutes Wohnen bestätigt. In der untersuchten dyadischen Beratungssitzung äußerte der Mitarbeiter immer wieder „familiäre Ansprüche" gegenüber seiner Organisation. Er bringt die Vorstellung zum Ausdruck, dass in einem Hospiz auch zwischen den Mitarbeitern eine Atmosphäre des „Aufeinanderachtens" und des „Unterstützens" herrschen müsse und so eine Gemeinschaft entstehe, die auf „Vertrauen und Harmonie" ausgerichtet sei. Die fehlende familiäre Atmosphäre wird von ihm als Ursache für einen Großteil der Probleme gesehen. Interessant ist jetzt, so die beiden Autorinnen, dass die Beraterin dieses idealisierende Bild einer Organisation *nicht* mit dem Bild einer Organisation kontrastiert, in der es Hierarchien gibt, Regeln befolgt werden müssen und jeder Mitarbeiter nur in seiner Rolle als Mitarbeiter gefragt ist. Statt die familiären Ansprüche zurückzuweisen und Probleme der Einrichtung auf den Widerspruch zwischen Verregelung einerseits und Klientenzentrierung andererseits zurückzuführen, würde die Beraterin eine Vermittlungsrolle zwischen dem Mitarbeiter und seinem Vorgesetzten anstreben und eine Art „Shuttle Mediation" zwischen dem Mitarbeiter und dem Vorgesetzten betreiben (siehe Franzke/Schauf 2008).

Zu einer unterstützenden Beobachtung kommt auch Anastasia Dörr (2008), die zeigt, dass zwar im professionellen Selbstverständnis von personenorientierten Beratern in Organisationen psychoanalytische Erklärungsansätze abgelehnt werden (vgl. beispielhaft von ihr zitiert Weigand 1987: 30; Bernler/Johnsson 1993: 109). In der Beratungspraxis würden sich jedoch genau solche psychoanalytischen Erklärungsansätze wieder einschleichen. Im Mittelpunkt der von ihr untersuchten Supervision steht ein Mitarbeiter, der unter Überlastungen in seinem Job leidet und selbst ein Gefühl des „Ausgebranntseins" äußert. Es treibt ihn dabei um, dass er zwar eine neue Kollegin bekommt, deren Aufgabenzuschnitt und auch räumliche Unterbringung aber noch nicht geklärt sind. Der Berater verortet das Problem nicht in der Arbeitssituation der Einrichtung, sondern in der Persönlichkeitsstruktur seines Klienten. Statt an den von seinem Klienten als belastend empfundenen Arbeitsstrukturen anzusetzen, zieht er es vor, die Probleme in der Verhaltensweise des Klienten zu identifizieren. Obwohl der Sozialarbeiter die Möglichkeit hätte, so die Interpretation des Beraters, die Behandlung an Fachärzte abzugeben, tendiere er immer noch dazu, Verantwortung zu übernehmen. Das Problem wird dann – unter starker suggestiver Steuerung durch den

Berater – mit Rückgriffen auf die Kindheit des Klienten bearbeitet (vgl. Dörr 2008: 24ff.).

Diese drei Fälle deuten darauf hin, dass im Coaching und in der Supervision Problembereiche der Organisation personell zugerechnet werden. Dieser Mechanismus der Personalisierung ist nicht ungewöhnlich. Letztlich wird von jeder Stelle in der Organisation erwartet, dass die Personen, die diese Stellen besetzen, Probleme der Organisation – wenigstens teilweise – zu ihren eigenen machen. So ist ein zentraler Aspekt von Führungspositionen, dass die Führer und Herrscher die widerspruchsvollen Erwartungen, die in einer Organisation herrschen, zum „persönlichen Dilemma" machen (vgl. Luhmann 1964: 214). Wenn ein Unternehmen gleichzeitig hohe Qualität und niedrige Preise erzielen will, dann gibt es eine Abteilung, die für die hohe Qualität zuständig ist und eine andere, die durch Effizienzsteigerungen die Preise drücken soll. In der Person des Vorgesetzten dieser beiden Abteilungen fällt dann dieses Dilemma als persönliches Entscheidungsproblem an. Auch an Grenzstellen kennt man dieses Problem der personalen Zurechnung. Weil eine Organisation nicht im Einzelnen vorgeben kann, wie ein Todkranker, eine Schwerverbrecherin, ein Obdachloser, ein tief Verzweifelter oder ein potenzieller Kunde für ein neues Kernkraftwerk erfolgreich zu behandeln ist, ist sie darauf angewiesen, dass die Ärzte, Anwälte, Sozialarbeiter, Geistlichen und Außendienstmitarbeiter an den Grenzstellen das Problem wenigstens teilweise zu ihrem eigenen machen. Aber selbst bei Mitarbeitern im abgeschotteten technischen Kern wird immer wieder erwartet, dass sie Probleme der Organisation zu eigenen Problemen machen. Wenn in einem Atomkraftwerk die Brennstäbe schmelzen, die Fertigungsmaschine in der Produktion ein unerwartetes Problem ausweist oder in der Großküche eines Restaurants ein Essen verkocht ist, dann besteht die Erwartung, dass die Mitarbeiter nicht auf fehlende Regeln der Organisation verweisen, sondern das Problem zu ihrem eigenen erklären.[121]

Der Mechanismus: Die Effekte der Rahmungen personenorientierter Beratung in Organisationen

Die personenorientierte Beratung nimmt für sich in Anspruch, über „Selbstaufklärung über latente Strukturen" und durch „eingebaute Selbstreflexion" genau solche vorschnellen Zurechnungen auf Personen zu verhindern (vgl. Rappe-Giesecke 1990: 8f. und 33). Gerade die Berater, die mit dem systemischen Ansatz arbeiten, streben an, vorschnelle personale Zurechnungen zu blockieren. Genauso wie Versuche zur Behandlung von Kranken oder Gestörten nicht an einzelnen Personen ansetzen dürften, sondern am „System der Familie", müsste man bei

Beratungen in Organisationen verhindern, dass Problemformulierungen schnell mit Erklärungen wie „Entschiede unser Vorstand doch bloß rascher", „Würden die Meister doch mehr auf Qualität achten" oder „Brächte unsere Verkaufsmannschaft doch mehr technisches Verständnis mit" personal zugerechnet werden (vgl. Wimmer 1992: 103; siehe auch Exner/Königswieser/Titscher 1987: 270; dazu Luhmann 1990a: 243).

Aus dieser Perspektive könnte man in den untersuchten Beratungsinteraktionen jetzt vorschnell professionelle Fehler der Berater vermuten. Im Fall des Therapeuten mit seiner magersüchtigen Patientin läge nahe zu argumentieren, dass der Supervisor einen professionellen Fehler begangen hat, weil er nicht erkennt, dass das Problem in der durch die Krankenkasse bedingten Beschränkung auf nur fünfundzwanzig Therapiesitzungen liegt. Im Fall des Coachings des Hospizmitarbeiters könnte man argumentieren, dass der Berater fälschlicherweise das Bild einer Organisation „als Familienidylle" beim Klienten nicht nur durchgehen lässt, sondern auch noch unterstützt, weil er darum bemüht ist, die Verletzung der Vertraulichkeit zu rechtfertigen.

Diese Erklärung wäre sicherlich kompatibel mit dem Standardverdacht, der personenorientierten Beratern immer wieder von außen entgegengebracht wird. In den meisten Coaching- und Supervisionsausbildungen spielten, so ein Vorwurf, personale Aspekte der Klienten immer noch eine größere Rolle als deren organisatorische Einbettung. Die Methoden, die in der Coaching- und Supervisions-Praxis angewendet werden, hätten ihre Wurzeln vielfach in der therapeutischen Praxis, und nicht selten setzten personenorientierte Berater Methoden ein, die beispielsweise von den supervidierten und gecoachten Sozialarbeitern sonst in ihrer Arbeit mit deren Klientel verwendet würden. In vielen Unternehmen, Verwaltungen, Krankenhäusern oder sozialen Einrichtungen würden sich Coachs und Supervisoren deswegen nicht zu Unrecht mit dem Verdacht, „Psychoheinis" zu sein, konfrontiert sehen. Und nicht umsonst gehöre deswegen die Bezeichnung von Coaching als „Couching" zu den bewährten Kalauern der Szene (vgl. Rauen 2000: 304).

Meines Erachtens hängt die Personalisierung jedoch nicht an den professionellen Fehlern des einzelnen Beraters, sondern an dem Rahmen der Beratung.[122] Wir wissen von jeder Face-to-Face-Interaktion in Organisationen – jedem Gespräch zwischen Vorgesetzen und Untergebenen, jeder Teamsitzung oder jedem Workshop – dass diese nur eine vergleichsweise geringe Komplexität verarbeiten können: Jeweils immer nur eine Person kann sprechen, es kann immer nur ein Thema zur gleichen Zeit behandelt werden, die Themen können immer nur in eher vereinfachter Form aufbereitet werden, es bestehen nur begrenzte Möglichkeiten zum Auswechseln des Personals in der Interaktion, Konflikte drohen das

Gespräch komplett in Beschlag zu nehmen und werden deswegen in der Regel vermieden (vgl. dazu Luhmann 1975d: 68).

Es ist diese geringe Eigenkomplexität von Face-to-Face-Interaktionen, die dazu führt, dass sich eine „natürliche Autonomie" von Interaktionen gegenüber dem organisatorischen Kontext ausbildet, in dem sie stattfinden (vgl. Kieserling 1999: 344). Aber – und das ist das Problem – fast jede wichtige organisatorische Veränderung muss durch das Nadelöhr der Face-to-Face-Interaktion. Man weiß aus verschiedenen organisationssoziologischen Studien, wie stark die Organisation gerade in Krisensituationen dadurch beeinflusst wird, dass die Verarbeitungsmöglichkeiten in Face-to-Face-Interaktionen begrenzt sind. Politische Entscheidungen auf Staatsebene werden beispielsweise durch die begrenzten Verarbeitungsfähigkeiten in den Face-to-Face-Interaktionen der Kabinettssitzungen beeinflusst. Die sequentielle Arbeitsweise, der hohe Zeitaufwand und die notwendigerweise geringe Komplexität würden vieles „organisatorisch Mögliche" blockieren und „sinnvolle Vorhaben entgleisen" lassen. Strategieentwicklungen in Unternehmen sind dadurch geprägt, dass zwar von den Stabsstellen viele Pläne und Konzepte entwickelt werden können, diese dann aber aufgrund der begrenzten interaktionalen Verarbeitungsfähigkeiten des Topmanagements auf den Strategiekonferenzen häufig im Sand verlaufen (vgl. Luhmann 1975b: 15).

Diese Beschreibung gilt jetzt aber erstmal für jede Face-to-Face-Interaktion, die im Rahmen einer Organisation oder mit Bezug auf eine Organisation stattfindet – also auch für Supervisionen und Coachings. In Supervisions- und Coachingsitzungen sind jedoch noch zusätzliche Elemente angelegt, die eine Personalisierung von Problemen nahe legen: Eine erste personelle Zurechnung findet bereits durch die Entscheidung des Klienten für ein Coaching oder eine Supervision statt. Andreas Taffertshofer stellt heraus, dass die Entscheidung eines Klienten für ein Coaching oder eine Supervision immer schon bedeutet, dass Probleme der organisationalen Rolle als eigene persönliche Probleme begriffen werden. Es finde ein „Deal" zwischen der Organisation einerseits und dem Klienten der personenorientierten Beratung andererseits statt: „Wenn Du versprichst, unsere Probleme als die Deinen zu betrachten, helfen wir Dir gerne (durch Coaching oder Supervision) bei deren Bearbeitung". Schon allein durch diesen Deal finde, so Taffertshofer, die personale Zurechnung statt – und zwar ganz unabhängig davon, was später im Coaching oder in der Supervision vor sich gehe (vgl. Taffertshofer 2007: 162).

Zweitens wird die personale Zurechnung dann noch dadurch weiter verstärkt, dass die personenorientierte Beratung jenseits der programmspezifischen, hierarchischen und personalen Strukturen der Organisation stattfindet. Die formalen Erwartungen der Organisation stoßen in den Coaching- und Supervisionssitzungen an ihre Grenzen. Das Regelwerk der Organisation ist im Coaching oder in der Supervision weitgehend außer Kraft gesetzt, die Beratung findet jenseits der offiziellen Hierarchie statt, und es ist in der Person der Beraters Personal beteiligt, für das nicht die Mitgliedschaftsbedingungen der Organisation gelten. Das blockiert die Rückmeldemöglichkeiten dessen, was in der Beratungsinteraktion stattfindet. Den einzigen Kanal für die Rückspiegelung der Erkenntnisse des Beraters stellen die Klienten der Beratung selbst dar. Der Berater oder die Beraterin kann darauf hoffen, dass die eigenen Auffassungen vom Klienten geteilt werden und dann über die Klienten in die Organisation zurückwirken. Weil dieser Kanal aber nur sehr begrenzt nutzbar ist, bleiben Erklärungsansätze im Möglichkeitsraum der Beratung selbst – bei der Person des Klienten.

Dieser Effekt wird dann drittens noch dadurch verstärkt, dass die Inhalte der Beratung dem Prinzip der Anonymität unterliegen. Damit werden die normalen Kanäle zur Verbreitung von kritischen Informationen – Rückmeldegespräche mit hierarchisch hoch stehenden Personen, Abfassen von Berichten oder auch beispielsweise Klatsch auf dem Gang – unterdrückt. Versuchen personenorientierte Berater trotz dieser Verpflichtung zur Anonymität, relevante Informationen aus den Beratungsgesprächen in der Organisation zu platzieren, hat dies, wie beispielsweise die Studie von Franzke und Schauf (2008) zeigt, sofort problematische Auswirkungen auf das Arbeitsbündnis von Berater und Klient.

Die Effekte, die durch diese Rahmenbedingungen erzeugt werden, können unter Rückgriff auf einen Begriff Erving Goffmans als „interaktionelle Einhegung" beschrieben werden. Goffman nutzt den Begriff der „Einhegung", um zu beschreiben, wie psychiatrische Einrichtungen dazu dienten, um den Patienten vom Schauplatz seines als verrückt wahrgenommenen Verhaltens zu entfernen (Goffman 1982: 434). Für „Einhegungen" sind jedoch nicht, wie im Beispiel von Goffman, unbedingt organisatorische Isolierungen notwendig, häufig reichen auch die Isolierungen in speziellen, regelmäßigen Face-to-Face-Interaktionen aus. Diese Einhegungen können durch beruhigende Worte der Vorgesetzten, die Sicherheit eines regelmäßigen Klatsches mit Kollegen oder eben durch ein Coaching oder eine Supervision erzielt werden. Christian Gediga und Stefan Schulz (2008) sprechen angesichts dieser Besonderheiten von Coaching und Supervision auch von „Beratungsexilen".

Nicht professionelle Fehler, sondern – so die Zusammenfassung des Gedankens – vorrangig diese „interaktionelle Einhegung" zieht die personellen Zurechnungen organisationaler Probleme nach sich. Weil es kaum Kanäle gibt, über die die Erkenntnisse aus den Beratungsgesprächen in die Organisation zurückgespielt werden können, bieten sich Erklärungen an, die im Rahmen der Beratungssituation selbst zu bearbeiten sind – und diese liegen dann vorrangig bei der Person des Beratenen.

Die Reaktion auf Personalisierung ist häufig, diese zu einer Pathologie der Organisation zu erklären. Das gehe doch nicht an – so eine mögliche Position – dass für Probleme, für die die Organisation verantwortlich ist, eine einzelne Person verantwortlich gemacht wird. Es müsse doch Aufgabe einer guten Beratung sein, den „eigentlichen Grund" zu identifizieren und alles dafür zu tun, dass an diesem angesetzt werde. Die Personalisierung führe dazu, dass eine Person als Sündenbock benannt werde und damit als Person für die Erklärung von Problemen herhalten müsse (vgl. Girad 1982 allgemein zur Funktion von Sündenböcken). Irgendjemand müsse Schuld haben, weil er „ehrgeizig, selbstsüchtig, faul oder eitel" ist, oder er wird „als unfähig angesehen, weil er gewisse Erwartungen nicht erfüllt" (Luhmann 1962: 16).[123]

Diese Kritik an personellen Zurechnungen hat sicherlich ihre Berechtigung. Die personale Zurechnung strukturell bedingter Effekte und die Isolierung der Konflikte in speziellen „Beratungsexilen" kann dazu führen, dass die Reibungen, Konflikte und Auseinandersetzungen der Organisation als Material entzogen werden (vgl. Luhmann 1964: 247ff.). Mit der Zurechnung auf eine Person wird die problematische Erfahrung nicht verarbeitet, sondern für die Organisation kaschiert. Negative Erfahrungen werden personell zugerechnet, nicht aber institutionell verarbeitet. Die Organisation wird, so die Zuspitzung von Friedrich Weltz (1986: 533), aus dem „Schaden dumm".

Aber man darf auch angesichts dieser Kritik nicht übersehen, welche zentrale Funktion die Personalisierung für Organisationen hat. Das Ideal einer permanent lernenden, sich immer wieder selbst reflektierenden und sich in unendlichen Zirkeln von selbst optimierenden Organisation existiert nur in der Phantasie von einigen Journalisten, Managern oder Beratern. Alle Erkenntnisse der Organisationsforschung deuten darauf hin, dass Organisationen aus Komplexitätsgründen permanent diese Lern-, Selbstreflexions- und Optimierungsprozesse unterbrechen müssen (siehe für eine entscheidungstheoretische Beschreibung schon Brunsson 1985). Die Personalisierung von Problemen, Fehlern oder Konflikten ist nur eine der Möglichkeiten, mit der diese Lern-, Selbstreflexions- und Optimierungsprozesse unterbrochen werden können – aber eine besonders effektive (vgl. dazu Jackall 1988).

Durch Personalisierung wird jemand verantwortlich gemacht und damit die Organisation entlastet. Letztlich sind alle Führungspositionen und alle Positionen, in denen Leistungen am Klienten erbracht werden, dadurch gekennzeichnet, dass Personen verantwortlich gemacht werden und sich die Organisation bei Problemen von ihnen trennen kann. Wenn es zu „ständigen Budgetüberschreitungen kommt", wenn ein Lehrer seinen Unterricht zu sehr mit „nationalheroischen oder mit rassistischen Beigaben schmückt“ oder wenn Arminia Bielefeld mal wieder absteigt, können durch die Organisation Schuldige identifiziert, verwarnt und schließlich aus der Organisation entfernt werden. Die Organisation kann weitermachen, ohne sich durch ein Übermaß an Selbstreflexion zu blockieren (vgl. Luhmann 2002: 160).[124]

Für eine solche Blockade von Selbstreflexionen kann es gute Gründe geben. Gerade in der Supervision von Sozialarbeitern, Altenpflegern, Therapeuten oder Ärzten hat man es häufig mit Problemen zu tun, die jenseits des Einflussbereichs der jeweiligen Professionellen liegen: Eine ärztliche Gebührenordnung, ein durch den medizinischen Dienst vorgeschriebenen Pflegestandard oder eine bundesweite Organisationsrichtlinie eines Trägers entzieht sich in der Regel des Einflussbereichs der professionellen Arbeitsbündnisse. Durch die personelle Zurechnung in der Beratungssituation wird das durch übergeordnete Vorgaben entstehende Problem individuell verarbeitbar gemacht. Aber auch im Bereich von Unternehmen und Verwaltungen kann die personelle Zurechnung organisatorisch Sinn machen. Sie kann gerade in der Phase, in der die Organisation durch Veränderungsanforderungen überlastet scheint, einen wichtigen vorübergehenden Strukturschutz bilden. Die durch die Organisation bedingten Probleme können als persönliche Probleme der Mitarbeiter in speziellen Räumen bearbeitet werden. Die Standardprozesse der Organisation werden dadurch von den aus der Organisation geborenen persönlichen Nöten und Leiden ihrer Mitarbeiter befreit.

Dieser Prozess lässt sich an einem Beispiel illustrieren. Man stelle sich den Leiter einer Personalabteilung vor, der vorrangig dafür eingestellt wurde, um fünfundzwanzig Mitarbeiter möglichst kostengünstig zu entlassen. Als Jurist liegt sein professioneller Stolz darin, dass sich das Unternehmen von diesen fünfundzwanzig Mitarbeitern trennen konnte, ohne auch nur eine einzige Abfindung zahlen zu müssen. Weil sich unter anderem durch diese Entlassungen die Stimmung im Unternehmen verschlechterte, bekommt der Personalleiter die Aufgabe, den „Kuschelfaktor“ im Unternehmen wieder zu erhöhen. Weil er in der Wahrnehmung der Geschäftsführung an dieser Aufgabe, die so gar nicht seinem Selbstbild als „harter Knochen“ entspricht, scheitert, wird ihm ein Coaching nahe gelegt. Auch wenn dieses Coaching am Ende nicht verhindert, dass der Personalleiter entlassen wird und der Coach das Coaching im Nachhinein als „vergifteten Auftrag“ beschreiben mag, erfüllt es doch für die Organisation eine wichtige Funktion. Der Personalleiter wurde in einer abgesonderten Interaktionssituation ausgekühlt, ohne dass die Organisation selbst davon stark betroffen gewesen ist.[125]

Soziologisch gibt es keinen Grund, die personale Zurechnung in Organisationen – zum Beispiel über Coaching oder Supervision – prinzipiell entweder nur negativ oder nur positiv zu finden. Es gibt Momente in Organisationen, in denen nur diese personalen Zurechnungen Entlastungsmomente verschaffen, und es gibt Phasen, in denen sich Organisationen durch personale Zurechnungen vielleicht überlebenswichtige Lernchancen verbauen. Es gibt aber auch Beispiele von Organisationen, die versucht haben, auf personale Zurechnungen zu verzichten und sich dann in permanenten Reflexions- und Feedbackschleifen verfangen haben (vgl. hierzu die Literatur über organisatorisches Lernen, nicht zuletzt Weick 1985).

Die Identifizierung von Personalisierungen kann häufig so gelesen werden, als wenn sich dahinter eine Kritik versteckt. Die Supervision diene – so die zugespitzte Formulierung – dazu, die „Organisationshygiene" zu pflegen, in dem ein spezialisierter Rahmen für die Diskussion über „Freud und Leid des Berufes" geschaffen wird. Das Coaching wirke, wieder pointiert ausgedrückt, als „Kummerkasten", in den das Organisationsmitglied seine Sorgen einwerfen kann, ohne dass die Organisation Sorge haben muss, mit den Inhalten dieses Kastens allzu heftig konfrontiert zu werden.[126] Diese Formulierungen dürfen aber nicht überdecken, wie wichtig das Schaffen solcher Einrichtungen ist, damit die Organisation ihren „Strukturschutz" aufrechterhalten kann (vgl. Kühl 2006a: 402f.; Kühl 2007a: 46).

Die Personalisierung bietet aber auch für die einzelne Person Chancen. Der erfahrene Praktiker versteht es, persönliche Verantwortung auf sich zu laden, wenn abzusehen ist, dass eine Maßnahme zum Erfolg führt, oder nachträglich Verantwortung für Maßnahmen zu beanspruchen, die sich als erfolgreich herausgestellt haben (vgl. Luhmann 1964: 185). Weil Organisationen dazu zu neigen scheinen, den personalen Beitrag zum Entscheidungsprozess zu überschätzen, kann sich gerade bei Führungskräften ein Personen-Narzissmus ausbilden, der vieles, was in der Organisation passiert, auf sich zugerechnet sehen will (vgl. Taffertshofer 2007: 80). Und man mag ironisierend ergänzen: Der Narzissmus wird dann wieder nicht auf die Organisation mit ihren Personalisierungen zugerechnet, sondern auf die narzisstische Persönlichkeit einer Führungskraft, die dann gecoacht, supervidiert oder sogar therapiert gehört (vgl. Eidenschink 2003, 2004, 2005).

6.4 Fazit: Zwischen dem Anspruch, Supernanny der Organisation zu sein und Entlastungswirkungen für die Organisation zu erzielen

Wie gezeigt, ist organisationssoziologisch eine Skepsis gegenüber der offiziell verkündeten Funktion von personenorientierter Beratung angebracht. Die Versuche, über Supervision oder Coaching gezielt Personen und damit auch Strukturen der Organisationen zu verändern, mögen erfolgversprechender sein als ein entsprechendes Training, aber auch bei einer sehr sorgfältigen Verknüpfung der Veränderung von Selbst- und Fremdwahrnehmung wird sich die Veränderungsresistenz von Personen aufgrund der Verflechtung von personalem und sozialem Gedächtnis kaum überwinden lassen. Dafür, dass sich mit Coachs und Supervisoren neue ‚Supernannys' der Organisation ausbilden, gibt es systemtheoretisch keine Indizien.[127]

Diese systemtheoretisch begründete Skepsis gegenüber der Hebelwirkung von Supervision und Coaching stellt aber, wie gezeigt, nicht die Funktionalität personenbezogener Beratung in Frage. Die Funktion von personenorientierter Beratung liegt, so der Vorschlag, weniger in der manifesten Funktion der Personalentwicklung denn in der latenten Funktion der Personalisierung von Effekten, die durch die organisatorische Struktur bedingt wurden. Das Leiden an Problemen mit Klienten kann in spezialisierten (Zeit-)Räumen bearbeitet, die Unsicherheiten anlässlich eines neuen Jobs jenseits der Organisation aufgefangen, Konflikte über die Personalisierung von der Organisation isoliert und Entlassene so ausgekühlt werden, dass die Organisation sich nicht weiter mit ihnen auseinander setzen muss.

Personenorientierte Beratung kann dabei als ein funktionales Äquivalent zu anderen in der Organisation existierenden Entlastungsräumen betrachtet werden, die sich in jeder Organisation im Wildwuchs quasi „von unten" ausbilden: Das Ablästern bei Kollegen, die kleine Tuschelei am Rande eines Workshops oder die Sprüche an den Klos können nicht selten ähnliche Funktionen wie personenorientierte Beratung in Organisationen haben. Der Reiz von personenorientierter Beratung besteht darin, dass die Organisation mit der personenorientierten Beratung diese Isolierung von Konflikten aus der Informalität wieder stärker in die Formalität zieht – vielleicht auch mit der Hoffnung, die Kontrolle über das Konfliktmaterial durch die Einbeziehung von Beratern nicht völlig zu verlieren.

Diese hier dargestellte latente Funktion kann wichtig sein – und sich mittelfristig vielleicht sogar auch als manifeste, dann kommunikationsfähige, Funktion ausbilden. Mit dem Begriff der Ambivalenz bezeichnet Luhmann eine seit hundert Jahren zunehmende Belastung der Strukturkategorie „Personal". Durch eine „Entformalisierung" und „Entbürokratisieruung" seien die Mitglieder der Organisation nicht mehr sicher, wie weit ihre Pflichten gehen. Es herrsche eine Unklarheit von Aufgabenzuweisung und Verantwortung. Die „Grenzen der ablehnbaren Zumutungen" würden verschwimmen. Damit verschwinde auch die Sicherheit, die einmal darin gelegen habe, dass man die Minimalbedingungen der Mitgliedschaft genau kannte. Dies gehe auf Kosten der Person: „Emotionale Anspannung", „kompensationsbedürftige Überbeanspruchung" und „angstbedingte Reaktionsbereitschaft" könnten die Folge sein (vgl. Luhmann 1964: 151).[128]

Diese „Kosten der Person“ könnten der Organisation auf den ersten Blick gleichgültig sein. Die Belastung der Person fällt in die „Indifferenzzone“ (Barnard 1938: 167ff.), die ein Organisationsmitglied akzeptieren muss. Sie wird jedoch für die Organisation dann relevant, wenn die Person die Belastung nicht bewältigen kann. Die Gewissensbisse des Mitarbeiters führen dazu, dass er in entscheidenden Verhandlungssituationen mit Kunden nicht den entsprechenden Biss an den Tag legen kann. Die Produktentwickler übersehen bei der Personalisierung des Konfliktes mit ihren Marketing-Kollegen zentrale Sachaspekte. Der Sozialarbeiter ist ausgebrannt und kann den Jugendlichen nicht mehr den Halt geben, der der Situation angemessen ist.

Organisationen müssen angesichts der wachsenden Belastung der Kategorie Person zusätzliche „Motivations- und Sicherheitsquellen“ erschließen: z.B. innere Verpflichtung auf einen gemeinsamen Zweck oder den Aufbau von besonders intensiven Gruppensolidaritäten.[129] Diese hier beispielhaft genannten Strategien bringen jedoch Kosten für die Organisation mit sich, weil sich die Organisation durch die Orientierung auf einen Zweck oder durch die Verpflichtung auf Gruppensolidarität tendenziell „entflexibilisiert“. Supervision und Coaching können als zusätzliche Motivations- und Sicherheitsquellen verstanden werden, durch die Flexibilitätsnachteile durch Zweckidentifizierung oder Gruppensolidarisierung vermieden werden können.

7 Anhang

7.1 Danksagungen

Zu den hier vorgelegten Überlegungen haben Diskussionen mit vielen Personen beigetragen, die nicht alle einzeln genannt werden können. Mein besonderer Dank gilt aber Jörg Fellermann. Ich muss gestehen, dass ich beim ersten zufälligen Kontakt vor zehn Jahren auf einem Workshop in Hamburg gerade einmal wusste, was Supervision und Coaching ist und ich damals auch keinen Anlass sah, weswegen es nicht bei diesen rudimentären Wissensbeständen bleiben sollte.

Auf eine angenehm unaufdringliche Weise gelang es Jörg Fellermann jedoch, bei den gelegentlichen Zusammentreffen immer wieder Fragen aufzuwerfen, die mich neugierig machten. Weswegen kommt es zum Boom personenorientierter Beratung? Wie verhält sich dabei die Entwicklung der „gestandenen Disziplin" der Supervision zum „Newcomer" Coaching? Welche Effekte ergeben sich aus den nur begrenzt erfolgreichen Versuchen der Professionsbildung? Welche Funktion erfüllt die personenorientierte Beratung in der Organisation überhaupt?

Durch die Kontaktherstellung zu Interviewpartnern, durch Vermittlung von Tonbandmitschnitten von Beratungsgesprächen, durch die Unterstützung von einer ganzen Reihe meiner Diplomanden und einer Lehrforschung und nicht zuletzt durch die Bewilligung kleinerer Summen für die verschiedenen Projekte hat er letztlich maßgeblich mit dazu beigetragen, dass aus ein paar Beobachtungen, Hypothesen und Ideen ein Buch geworden ist.

Ich hatte die Möglichkeit, im Rahmen einer Lehrforschung an der Universität Bielefeld Überlegungen zur Diskussion zu stellen und Thesen am empirischen Material zu testen. Dass aus dieser Lehrforschung der Sammelband Black Box Beratung? Empirische Studien zu Coaching und Supervision (Wiesbaden: VS Verlag, erscheint Oktober 2008) entstanden ist, in dem verschiedene kleinere Studien zusammengebunden werden, hat mich besonders gefreut. Mein besonderer Dank gilt Andreas Taffertshofer, mit dem zusammen ich nicht nur eine Vielzahl von Interviews durchgeführt habe, sondern der für mich ein wichtiger Diskussionspartner im Laufe der Auseinandersetzung mit dem Thema personenorientierter Beratung gewesen ist.

Katrin Richter hat sich die Mühe gemacht, die erste Fassung dieses Buches ausführlich zu kommentieren. Sicherlich konnte ich nicht alle ihre Anregungen aufgreifen, aber ich hoffe, dass trotzdem deutlich geworden ist, dass ich mir Mühe gegeben habe, auch den Ansprüchen einer „Praktikerin" gerecht zu werden. Christel Vinke hat mit der ihr eigenen Perfektion dafür gesorgt, dass die größten grammatikalischen Schnitzer aus dem Manuskript entfernt wurden.

Die einzelnen Kapitel dieses Buches konnte ich bei verschiedenen Gelegenheiten präsentieren und zur Diskussion stellen. Der Teil über Gruppen und Teams im zweiten Kapitel war Basis eines Vortrags auf einer Konferenz des Deutschen Arbeitskreises für Gruppenpsychotherapie und Gruppendynamik. Besonders Dankwart Mattke hat sich dann die Mühe gemacht, dieses Kapitel zu kommentieren und mich auf einige Versäumnisse besonders im Teil über Gruppen hinzuweisen.

Das Kapitel über Evaluation wurde im Rahmen einer Expertise für das Projekt Beratungsforschung an der Universität Chemnitz erstellt und bildet die Basis für eine vergleichende Analyse der Evaluation von Beratung in verschiedenen Feldern (vgl. Kühl 2008d). Ich danke Petra Strodtholz und Manfred Moldaschl für eine ausführliche Kommentierung der ersten Fassung dieses Textes und für eine Reihe von Literaturhinweisen zur Evaluationsforschung besonders im Bereich des Gesundheitswesens.

Die Grundüberlegungen für das Kapitel über die Schwierigkeiten der Professionsbildung wurden für einen Vortrag beim Verbändeforum Supervision entwickelt und dann zwei Jahre später noch einmal bei der Arbeitsgruppe Professionalisierung des Deutschen Bundesverbandes Coaching zur Diskussion gestellt. Es ist einer ausführlichen (und scharfen) Kritik Veronika Tackes zu verdanken, dass dieses Kapitel nicht zu einem Plädoyer für Professionsbildung „degenerierte".

Die Gedanken zur Kompetenzdarstellung wurden auf der Tagung „Profession und Habitus" und auf der Abschlusskonferenz des Seminars „Interaktion und Organisation" präsentiert. Eine Readers-Digest-Variante des Arguments ist unter dem Titel „Die verflixte Sache mit der Kompetenzdarstellung" (Kühl 2008a) im Einführungsbuch zur Soziologie von Uwe Schimank und Nadine Schöneck erschienen. Eine gekürzte, nicht speziell auf Coaching und Supervision zugeschriebene Variante erscheint unter dem Titel „Ächtung des Selbstlobs und Probleme der Kompetenzdarstellung" im Sammelband von Thomas Kurtz und Michaela Pfadenhauer (Kühl 2008c). Ganz besonderer Dank gilt an dieser Stelle André Kieserling, der mich überhaupt erst auf die Soziologie des Selbstlobs hinwies und durch den ich eine Vielzahl von Anregungen bei der Abfassung des Artikels erhalten haben. Veronika Tacke hat mich auf den Doppelcharakter des

Kompetenzbegriffs hingewiesen und dadurch dazu beigetragen, dass ich die Einleitung zu diesem Kapitel noch einmal neu verfasste.

Die Thesen, die dem Kapitel zur begrenzten Hebelwirkung von Coaching und Supervision zu Grunde liegen, konnte ich in einer Ad-hoc-Gruppe auf dem Kongress der Deutschen Gesellschaft für Soziologie in Kassel und in einem Kolloquium der Forschungsgruppe Coaching an der Universität Bielefeld diskutieren. Für die vielfältigen Anregungen in diesen Diskussionen bin ich dankbar.

7.2 Endnoten

Anstelle eines Vorworts – ein Warnhinweis für Praktiker

[1] Es gibt eine ganze Reihe sehr interessanter Versuche, das Phänomen von Coaching und Supervision aus einer wissenschaftlichen Perspektive zu bestimmen (siehe nur beispielhaft für den deutschsprachigen Raum Giesecke/Rappe-Giesecke 1997; Gaertner 1999; Birgmeier 2006; Petzold et al. 2003). Aufgrund ihrer Verortung in anwendungsorientierten Disziplinen wie Pädagogik, Psychologie, Betriebswirtschaftslehre oder Sozialarbeit wird jedoch in der Regel sehr bewusst die wissenschaftliche Distanz nicht bis zum bitteren Ende aufrechterhalten, sondern mit Aussagen über „bessere Praktiken" geendet.

[2] Das Schlimmste, was einem Soziologen oder einer Soziologin passieren kann, ist, dass diese Distanzierung gegenüber dem Gegenstand zusammenbricht, weil dann keine Fremdbeschreibungen mehr angefertigt werden können. Man erzählt dann nur noch nach, was die Praktiker sowieso auch schon immerzu erzählen – bloß vermutlich in einer verkomplizierten Form. Man liefert keinen Mehrwert durch eine zusätzliche Perspektive, sondern dupliziert wissenschaftlich verbrämt lediglich die Beschreibungen der Praxis.

[3] Genauso wenig ist das Erheben von Zahlen oder das Durchführen von Interviews per se schon Wissenschaft. Dies sind bestenfalls Mittel zum (wissenschaftlichen) Zweck der Wahrheitsfindung. Und die alleinige Anwendung des Mittels heißt noch nicht, dass der Zweck erreicht wird.

[4] Ich gebe gern zu, dass mir auch als Wissenschaftler manche postmoderne Drehung in der Systemtheorie nicht mehr nachvollziehbar ist. Aber das ist nicht schlimm, weil doch immer stärker der Eindruck entsteht, dass es häufig mehr um ein Feilen an der eigenen Theorieästhetik geht und weniger um die präzise, sprachlich anspruchsvolle Beschreibung sozialer Phänomene.

Personenorientierte Beratung in Organisationen – Eine einleitende Hinführung zu einem sperrigen Begriff

[5] Aus Gründen der Lesbarkeit wird in diesem Text der „männliche" Plural genutzt. Damit sind – wenn nicht gesondert gekennzeichnet – Männer und Frauen gemeint. Bei den bei diesem Thema nicht zu vermeidenden Singularformen à la „der Coach handelt" oder „die Supervisorin denkt" wurde darauf geachtet, dass sowohl weibliche als auch männliche Formen vorkommen. Dabei ist die Besonderheit zu beachten, dass es die Form „die Coachin" oder „die Coach" (noch) nicht gibt. „Der Coach" kann also sowohl weiblich als auch männlich sein. Bei Beispielen wurde auf eine gleichmäßige Verteilung der Geschlechter geachtet.

[6] Ich verwende in diesem Buch den Begriff „personenorientierte Beratung" statt des früher von mir benutzten Begriffs der „personenzentrierten Beratung". Der Begriff der „personenzentrierten Beratung" wird häufig mit dem Beratungsansatz von Carl Rogers assozi-

iert und löst insofern als generischer Begriff für Coaching und Supervision Irritationen aus.

[7] Zu dieser Entscheidung einer Fokussierung auf „personenorientierte Beratung *in Organisationen*" gäbe es eine Alternative, nämlich „personenorientierte Beratung *in Bezug auf berufliche Arbeit*". Kornelia Rappe-Giesecke (1990: 3) beispielsweise bestimmte das Aufgabenspektrum der Supervision über Arbeit. „Alles, was mir gesagt wird, interpretiere ich im Hinblick auf die Arbeitssituation und auf die Arbeitsaufgabe." Meines Erachtens bekommt man jedoch für das Phänomen „Supervision und Coaching" einen genaueren Blick, wenn man die Organisation in den Mittelpunkt stellt. Arbeit findet heute vorwiegend im Kontext von Organisationen (oder wenigstens in Bezug auf Organisationen) statt und muss deswegen auch über Organisationen erklärt werden. Gerade angesichts der soziologieinternen Kontroverse zwischen der Arbeitssoziologie einerseits und der Organisationssoziologie andererseits wäre es hilfreich zu schauen, welche Aspekte des Gegenstandes man jeweils mit den beiden unterschiedlichen bindestrichsoziologischen Herangehensweisen erschließt.

[8] Mit der Nutzung des Begriffs „in Organisationen" besteht die Gefahr, dass zwei interessante Felder aus dem Blickfeld geraten: Die Beratung von Selbstständigen und die Beratung von Personen, die einen beruflichen (Wieder-)Einstieg in eine Organisation suchen. Auf diese beiden Sonderfälle wird hier nur am Rande eingegangen. Man würde jedoch interessante Perspektiven erhalten, wenn man diese in Abgrenzung zur Beratung von Personen begreift, die in Organisationen tätig sind.

[9] In der soziologischen Literatur über Beratung dominiert die Abgrenzung der Beratung gegenüber anderen Tätigkeiten wie Belehrungen oder Betreuungen. Belehrungen sind dadurch gekennzeichnet, dass eine Person die Situationsdefinitionen des Belehrenden übernehmen muss. Betreuungen zeichnen sich dadurch aus, dass eine Person für eine andere Entscheidungen trifft (vgl. Schützeichel 2004: 279). Solche Tätigkeiten kommen auch in Organisationen vor, aber – wie die Beispiele Schule, Universität oder Einrichtungen der sozialen Hilfe zeigen – vorrangig im Verhältnis zu ihrer Klientel.

[10] Schon vor dem Aufkommen von Coaching und Supervision gab es einige Organisationsrollen, die darauf spezialisiert waren, Beratungsleistungen für andere Organisationsmitglieder zu erbringen, man denke nur an Militärgeistliche, betriebsinterne Sozialarbeiter oder Mitarbeiter psychosozialer Beratungsstellen in Universitäten, die neben der studentischen Klientel auch das wissenschaftliche Personal der Universität beraten.

[11] Der Rollenbeschreibung des Coachs oder Supervisors folgt dann auch immer die Definition der Gegenrolle: des Coachee oder Supervisanden. Genau wie der Priester sich den Sündigen konstruiert, der Arzt den Kranken, der Fürsorger den Armen und der Erzieher das Kind, prägt auch der Coach oder Supervisor maßgeblich die „Gegenrolle" seines Klienten (vgl. Luhmann 1974: 3c). Luhmann nutzt in seinen frühen Arbeiten zu Professionen noch den Begriff der „Gegenrolle". Dieser wird später durch den Begriff der „Komplementärrolle" ersetzt.

[12] Durch die Ausbildung einer eigenen Berufsrolle als Coach oder Supervisor unterscheidet sich Coaching und Supervision auch vom so genannten Mentoring (vgl. dazu Bausch 2007).

[13] Siehe die Unterscheidung von Formaten und Verfahren bei Buer 1997. Es gibt Berater, die mit lediglich einem einzigen Verfahren arbeiten, aber in der Regel findet eine Vielzahl von Verfahren Anwendung, und die Berater greifen auf Methoden mit ganz unterschiedlichen Herkünften zurück (vgl. für die Supervision Hege 1996: 104).

[14] Dieser Erklärungsansatz liegt aus einer arbeitssoziologischen – aber übrigens auch aus einer betriebswirtschaftlichen und arbeitspsychologischen – Forschungsperspektive nahe. Die Fremdbeschreibungen der anwendungsorientierten Wissenschaftler überschneiden sich hier häufig mit den Selbstbeschreibungen der Supervisoren und Coachs. Wissenschaftler können deswegen Interviewsequenzen mit personenorientierten Beratern, mit Personalentwicklern oder mit Klienten in Organisationen fast eins zu eins übernehmen, um ihre Argumentation zu belegen. Aus der soziologischen Perspektive ist es überraschend, dass gerade in einer Beratungsdisziplin, in der gern von der „systemischen Unterscheidung von Berater- und Klientensystem“, der „Unterscheidung von Selbst- und Fremdreferenz“ oder gar von der „Autopoiesis sozialer Systeme“ gesprochen wird, die Nachfrage nach den eigenen Dienstleistungen mit einer einfachen Kausalität zwischen Umwelt der Organisation und Organisation erklärt wird.

[15] Das Konzept des Zyklus kennen wir aus verschiedenen anderen Funktionsbereichen der Organisation. Besonders prominent ist der Shewhart-Deming-Kreis im Qualitätsmanagement. Dieser bereits von Walter Shewhart in den späten dreißiger Jahren des letzten Jahrhunderts erdachte und dann von W. Edward Deming weiterentwickelte Zyklus sieht eine kontinuierliche Abfolge von „Plan-Do-Check-Act“ vor. Einer Planungsphase schließt sich eine Ausführungsphase an. Die Effekte dieser Ausführungen werden dann in einer Überprüfungsphase kontrolliert und in einer Verbesserungsphase weiter optimiert. Damit ist der Kreis jedoch nicht abgeschlossen, sondern im Sinne einer kontinuierlichen Verbesserung schließt sich der letzten Phase wieder die nächste Planungsphase an (vgl. Shewhart 1939). Die vier Phasen sind also ein nie endender Prozess ohne Anfang und Ende. Dieser Kreis sollte, so W. Edward Deming, nicht nur die individuelle Perspektive, sondern die gesamten organisatorischen Prozesse bestimmen (Deming 1986). Im Rahmen des Total Quality Management entsteht daraus dann ein nicht enden wollender Kreis von Interventionen (vgl. auch Dean/Bowen 1994).

[16] Diese Überschätzung hat ihre Funktion. Luhmann weist darauf hin, wie wichtig gerade eine „Überattribution von Erfolgen“ ist. Wenn ein „professionelles System“ wüsste, wie zufällig Erfolge sind, dann würde dies vermutlich dazu tendieren, seinen Beruf aufzugeben. So liefert Überattribution immer auch „partielle Systemstabilität“ (vgl. Luhmann 1988b: 177).

[17] Zur Illustration muss man sich lediglich anschauen, welchen geringen Stellenwert die personenorientierte Beratung in organisationswissenschaftlichen Gesamtdarstellungen einnimmt. Das Schicksal teilen Coaching und Supervision übrigens mit der Soziologie.

Zu glauben, dass die Gesellschaft eine grundlegend andere wäre, wenn es die Soziologie als Wissenschaftsdisziplin nicht gäbe, wäre gelinde gesagt naiv. Deswegen nimmt die Soziologie als Gegenstand ihrer eigenen wissenschaftssoziologischen Beschreibungen auch berechtigterweise einen untergeordneten Stellenwert ein.

[18] Selbstverständlich gibt es auch bei letzteren Berufen die Möglichkeit, dass sie Leistungen für Organisationsmitglieder erbringen. Man denke an den Militärarzt bei der Bundeswehr, den für die Bekämpfung des Alkoholismus zuständigen betriebsinternen Sozialarbeiter oder die Prostituierten, die in Automobilkonzernen zur Verbesserung der Abstimmung mit dem Betriebsrat eingesetzt werden. In diesen Fällen handelt es sich aber um eher ungewöhnliche Zuschnitte dieser Berufe, und man bräuchte für ihre Untersuchung eine Soziologie, die die Abweichung vom Regelfall ins Blickfeld nimmt. Supervisoren und Coachs beraten dagegen im Regelfall Personen in ihrer Rolle als Organisationsmitglied, und die Beratung von Personen jenseits ihrer Organisationsrolle stellt den Ausnahmefall dar.

[19] Siehe zu diesem Anspruch den Sammelband von Strikker (2007), in dem sich dann fast alle Beiträge doch sehr bescheiden auf die Untersuchung der Funktion personenorientierter Beratung für Organisationen beschränken. Beim Sammelband von Siller und Buer (2004: 7ff.) werden wegen des gesellschaftstheoretischen Anspruches der Supervision eher noch Antworten auf diese „großen Fragen" gesucht. Der vorrangig von Soziologen bestückte Sammelband von Schützeichel und Brüsemeister (2004: 7ff.) führt mit dem Begriff der „beratenen Gesellschaft" den Anspruch der Suche nach einer gesellschaftlichen Funktion sogar im Titel, findet den Gesellschaftsbezug aber dann vorrangig darüber, dass beschrieben wird, wie in verschiedenen gesellschaftlichen Feldern Beratung stattfindet.

[20] Es muss darauf hingewiesen werden, dass diese Steuerungsphantasie nicht etwa von Supervisoren ersonnen wurde, sondern im Bielefelder Elfenbeinturm der Systemtheoretiker entstanden ist. Der ironischen Kommentierung Tilman Allerts (1998: 43), dass „die der Systemtheorie entlaufenden Kinder der Intervention ungeduldig sind", mag nur entschuldigend erwidert werden, dass es sich ja, wie von ihm richtig bemerkt, um „entlaufende Kinder" handelt – ein Effekt, der sich leider häufig einstellt, wenn man Systemtheorie in Interventionen zu übersetzen sucht. Das kann nicht nur als Kritik an den „entlaufenden Kindern" verstanden werden, sondern auch an denen, die am Rockzipfel bleiben und gar keine – wissenschaftlich noch einigermaßen kontrollierten – Ausbruchversuche mehr wagen.

1 Zum Aufgabenspektrum personenorientierter Beratung: Die zentralen Themenfelder von Supervisoren und Coachs

[21] Mit dem Faust-Begriff vom „geistigen Band" wollten Bosetzky und Heinrich auf eine Pathologie der damaligen Organisationsforschung verweisen, die vor lauter Zerlegung nicht mehr erkannt hatte, was Organisationen eigentlich zusammenhält: „Wer will das

Lebendigs erkennen und beschreiben, Sucht erst den Geist herauszutreiben, Dann hat er die Teile in seiner Hand, Fehlt, leider! Nur das geistige Band." Bosetzkys und Heinrichs Blick kann man dadurch erklären, dass ihr Buch eine Gegenreaktion auf eine Reihe organisationstheoretischer Ansätze war wie z.B. den Kontingenzansatz oder den Marxismus, die in den siebziger Jahren des vorigen Jahrhunderts den Blick auf das tobende Leben in den Organisationen nicht mehr zuließen. Heute würde man wohl eine Überbetonung einiger organisatorischer Randbereiche („Betriebsausflüge", „Beerdigungen") in ihrer Liste beklagen.

[22] Je nach theoretischer Perspektive und Erkenntnisinteresse wird von Spannungsfeldern zwischen Mensch und Organisation (vgl. Bosetzky/Heinrich 1980), zwischen Individuum und Organisation (vgl. Reiners 2004) oder Person und Organisation (vgl. später Luhmann 2000) gesprochen. Wegen Zweifel an der Klarheit einiger dieser Begriffe und dem hier dominierenden Fokus auf Organisationen verwende ich den soziologisch am genauesten zu bestimmenden Begriff der Person.

[23] Die Bedeutung der bereits von Kurt Lewin (1936) entdeckten Anpassung des Anspruchsniveaus wird in der aktuellen organisationssoziologischen Literatur trotz der Ausarbeitungen durch James March und Herbert Simon (1958) vielleicht immer noch unterschätzt (vgl. aber Luhmann 1973: 114f., 117f., 122).

[24] In der Literatur wird häufig von „Menschen in Krisen" (vgl. Birgmeier 2006: 17) gesprochen, die Beratung nachfragen.

[25] Vgl. für diese Problematik nur beispielhaft König/Volmer 2002; König 2007. Man könnte die Rezeptionslücke auch quantitativ gut nachweisen, indem man in der Praktikerliteratur die Literaturverzeichnisse auswertet. Es finden sich bei den systemischen Beratern kaum Hinweise auf die für das eigene Thema relevanten frühen organisationssoziologischen Arbeiten Luhmanns. Von Luhmann selbst soll die Aussage stammen, dass diese Ignoranz gar nicht überraschend sei, weil der Bezug auf seine abstrakteren Überlegungen zur Autopoiesis, zur doppelten Kontingenz, zur Interpenetration und zur Selbstreferenz die Fortführung bewährter, aber mit der Systemtheorie nicht kompatiblen Praktiken eher ermöglicht als die Auseinandersetzung mit seinen konkreten gegenständlichen Analysen. Leser, die die systemtheoretischen Positionen zu Grenzstellen, Konflikten, Neulingen und Entlassungen gut kennen, können sich auf die Lektüre des jeweils letzten Abschnitts der folgenden vier Unterkapitel beschränken, in denen jeweils die Funktion von Coaching und Supervision in den vier Feldern dargestellt wird.

[26] Das in den Selbstbeschreibungen von Coachs immer wieder zu hörende Mantra „Wir beraten Führungskräfte" ist ungenau, weil in Organisationen ja nicht nur von oben nach unten, sondern auch von unten nach oben (Stichwort Unterwachung des Vorgesetzten) oder auch zur Seite hin (Stichwort laterales Führen) geführt wird (vgl. Luhmann 1962; Luhmann 1969b).

[27] Davon zu unterscheiden sind natürlich Dienstleistungsunternehmen wie Beratungsfirmen, Friseurbetriebe oder Bordelle, in denen die Leistungen direkt an einem Klienten erbracht werden und die zum zweiten Organisationstypus zu zählen wären.

[28] Ein dritter, hier nicht relevanter Typus sind Organisationen, die weitgehend darauf verzichten, festzulegen, wer mit der Umwelt der Organisation in Kontakt tritt. Besonders Universitäten und Forschungseinrichtungen gehören zu dem Organisationstypus, in dem die Kontakte zur Umwelt nicht auf einzelne Grenzstellen begrenzt werden können. Jeder Wissenschaftler kann von sich aus auf Konferenzen gehen, Artikel in Fachzeitschriften publizieren oder im Fernsehen seine Meinung (auch zur eigenen Universität) von sich geben.

[29] Sehr interessant sind Handelsunternehmen, deren zentrale Leistungserbringung über Grenzstellen stattfindet (über die Verkäuferinnen und Verkäufer). Bei komplexen Verkaufsleistungen scheint sich in einigen dieser Unternehmen bereits vor der Coaching-Welle die Supervision etabliert zu haben.

[30] Zwar gab es immer auch Bestrebungen, unter dem Begriff der „Führungssupervision" die personenorientierte Beratung auf vorrangig nach innen wirkende Stellen auszudehnen, aber die Beratungsstandards wurden ganz maßgeblich anhand der Beratung des mit komplexen Aufgaben ausgestatteten Grenzstellenarbeiters entwickelt.

[31] Tilman Allert (1998: 16) argumentiert deswegen, dass „nicht jede Profession eine Supervision" brauche, weil Professionen schon über eine „eingebaute Supervision" verfügten, die durch die „internalisierte Bereitschaft zur Selbst- und Weiterqualifikation im Diskurs mit der ‚community of colleagues' zum Ausdruck" komme.

[32] Luhmann selbst nutzt eine argumentative Abkürzung, indem er bereits ein „Nein" als Anlass für die Ausbildung eines Konfliktsystems bezeichnet. Aber selbstverständlich haben wir es bei einem „Nein" von Alter, das sofort von Ego akzeptiert wird, nicht mit einem Konflikt zu tun. Ein Konflikt entsteht erst dann, wenn Ego trotz des „Neins" auf seiner Position beharrt.

[33] Eine hochinteressante Fallstudie über die Probleme bei dieser Nachjustierung zwischen Organisation und Mitglied liefert Karl Schneider (2007) in seiner Fallstudie über den Bremer Kaufmann Hans Hespe, der während des Zweiten Weltkrieges mit dem Reserve-Polizeibataillon in der Sowjetunion eingesetzt wurde und wegen Auseinandersetzungen über die Reichweite der Indifferenzzone erst in ein Gefängnis in Riga und dann in das Konzentrationslager Dachau gesperrt wurde.

[34] Niklas Luhmann (1964: 241) argumentiert, dass die Zweiteilung aller Konfliktthemen insgesamt zu einer „Abschwächung" des „Konfliktproblems" in Organisationen führt. Der Einzelne lerne, seine Interessen als Mitglied gegenüber der Organisation von seinen Rolleninteressen als „Leiterin Verkauf", „Diakonie-Stationsleiter" oder „Amtsleiterin Bürgerbüro" zu unterscheiden.

[35] Natürlich gibt es auch hier Ausnahmen. Einige Organisationen sind dadurch gekennzeichnet, dass sie generell oder zumindest an ihrer Spitze keine letztentscheidende Hierarchie dulden. Man denke nur an die hierarchiefreie Struktur politischer Basisgruppen (vgl. Freeman 1972), die Vorstände von Aktiengesellschaften, die formal alle gleichgestellt sind (vgl. Kühl 2002), oder an Familienunternehmen, die durch ein mühsames System aus

„Check and Balance“ zwischen gleichberechtigten Familienmitgliedern stabil gehalten werden (vgl. Simon 2005).

[36] Dank der Arbeiten von Kai-Olaf Maiwald ist die Mediation soziologisch zurzeit besser empirisch untersucht als Supervision und Coaching; siehe die bisher umfassendste Darstellung in Maiwald 2004.

[37] „Ganz unten“ bezieht sich auf das immer noch lesenswerte Buch von Günter Wallraff (1985). Es lässt sich in dem Buch jedoch nur erahnen, welche Diskriminierungen des Türken Ali Sigirlioglu sich auf seine Herkunft und welche sich auf seine Rolle als Neuling in einer Organisation zurechnen lassen und wie diese beiden Merkmale zusammenwirken.

[38] Schon Niklas Luhmann hat darauf aufmerksam gemacht, dass Informalität nicht zwangsläufig den Verstoß gegen Regeln der Organisation beinhalten muss. Informelle Erwartungen sind für ihn vielmehr Erwartungen der Organisation, auf die Mitglieder nicht mit der Drohung auf Entlassung festgelegt werden können (vgl. Luhmann 1964: 283ff.) Für das informelle Verhalten, das gegen die Formalstruktur der Organisation verstößt, verwendet er – vielleicht etwas unglücklich – den Begriff der Illegalität (vgl. Luhmann 1964: 304ff).

[39] Organisationssoziologisch fällt auf, dass solche Aufnahmerituale häufig in totalen Institutionen wie Armeen, Klöstern oder Universitäten amerikanischen oder französischen Zuschnitts existieren. Gerade Universitäten wären ein interessantes, näher zu analysierendes Phänomen, weil diese Aufnahmerituale vorrangig in den Universitäten zu existieren scheinen, die wie die Grandes Écoles in Frankreich oder die Colleges in den USA im Vergleich zu einer typischen deutschen, österreichischen oder Schweizer Universität auf eine sehr weitgehende Inklusion ihrer Studierenden setzen (Wohnen auf dem Campus, Freizeit vorrangig universitär orientiert, etc.).

[40] Entlassungen sind im organisatorischen Klatsch ein so prominentes Thema, dass unter anderem der US-amerikanische Autor Joshua Ferris (2007) einen Roman über die Situation schreiben konnte, in der die „Luft im Großraumbüro“ dünner wird und in der zuerst die Blumen aus dem Foyer, die Gratisbagels am Morgen und dann die ersten Kollegen verschwinden.

[41] Drösser (2006) wirft die interessante Frage auf, welche funktionalen Äquivalente sich ausbilden, wenn durch die restriktive Durchsetzung des Rauchverbotes in den USA auch die letzte Zigarette für den Todesstrafenkandidaten unterbunden werden wird.

[42] Die Supervisions- und Coachingliteratur zielt bei ihrer Bestimmung von Coaching und Supervision vorrangig auf die Spannung zwischen Person und Rolle ab. Dies ist sicherlich ein prominentes Spannungsfeld. Aber es spricht vieles dafür, dass in der personenorientierten Beratung auch das Spannungsfeld von Personen zu Programmen und Werten bearbeitet wird. Nur der Vollständigkeit halber sei erwähnt, dass sich Spannungen auch zwischen den anderen Erwartungszusammenhängen Rollen, Programmen und Werten ausbilden. Die Änderungen der Programme einer Organisation können eine nur unter hohen

Verlusten durchführbare Anpassung von Rollen nötig machen. Die Programme, die in einer Organisation existieren, können in offensichtlichem Widerspruch zu den Werten einer Organisation stehen.

2 Dyaden, Gruppen und Teams: Die Rahmung personenorientierter Beratung in Organisationen

[43] Statt Interaktion wird hier der präzisere Begriff der Face-to-Face-Interaktionen genutzt, weil in der Soziologie, in der Psychologie, aber auch in der Medizin der Begriff der Interaktion häufig sehr breit für jede Form von Wechselwirkungen genutzt wird. Wenn im Folgenden vereinfacht von Interaktion die Rede ist, ist damit Face-to-Face-Interaktion – die Kommunikation unter Anwesenden – gemeint. Bei den frühen Luhmannschen Texten finden sich noch andere Umschreibungen wie „Kontaktsysteme" (vgl. z.B. Luhmann 1965: 176), „elementare Verhaltensweisen" (vgl. z.B. Luhmann 1964: 331) oder einfache Sozialsysteme (vgl. z.B. Luhmann 1969a: 1ff.). Der Begriff des Kontaktsystems wird in späteren Texten Luhmanns anders verwendet.

[44] Der Einsatz gerade der geschmacklichen und der haptischen Sinne ist in Supervisions- und Coachingsitzungen eher unüblich, während in gruppendynamischen Sitzungen – so jedenfalls die Indizien der Empirie – haptische Sinne häufiger gefordert werden.

[45] Auf die Rolle der Psychoanalyse bei der Durchsetzung der dyadischen Rahmungen kann hier nicht eingegangen werden. Aber das Format der Kontrollanalyse, in der ein Therapeut einen in der Ausbildung befindlichen Praktiker „analysiert", spielte sicherlich eine wichtige Rolle dafür, dass sich gerade in der Frühzeit der personenorientierten Beratung eine dyadische Rahmung durchsetzte.

[46] In Dyaden sieht Philip Slater deshalb Formen der sozialen Regression, die er mit dem von Sigmund Freud beschriebenen narzisstischen Rückzug von Individuen oder dem Rückzug in die Kleinfamilie vergleicht. Gerade bei Liebenden – der „reinen Form der Dyade" – würden, so Slater – gesellschaftliche Verpflichtungen negiert werden. Die Liebenden seien sich selbst genug und grenzten sich von Familien, Freunden oder sogar politischen Verpflichtungen ab (vgl. Slater 1963: 349). Für die Praxis der Supervision und des Coachings ist interessant, dass Slater in seiner funktionalistischen Analyse die gesellschaftlichen Versuche zur Verhinderung dyadischer Regression mit denen zur Unterbindung einer narzisstischen oder familiären Regression vergleicht. Der narzisstische Rückzug wird durch moralische Verurteilung, Spott oder Verachtung gestraft, die familiäre Regression beispielsweise durch das Inzest-Tabu erschwert (Slater 1963: 342 und 361f.).

[47] Andrea Franzke und Mia-Alina Schauf (2008) haben in der Analyse eines Beratungsgesprächs in einer sozialen Einrichtung zeigen können, wie ein solcher Vertrauensprozess in einer dyadischen Beratungsbeziehung zusammengebrochen ist. Die Beraterin hatte die Information, dass demnächst ein Betriebsjubiläum des Klienten ansteht, an dessen Chef weitergegeben und diesen darauf aufmerksam gemacht, dass dieses Jubiläum entsprechend begangen werden sollte. Der Klient sah jedoch die nicht abgesprochene Weitergabe

dieser Information als eine Verletzung der Vertraulichkeit an und konnte die Beraterin zur Rede stellen, weil er wusste, dass diese Information nur von ihr stammen konnte.

[48] Auf Übernahmen und Abgrenzungen zwischen personenorientierter Beratung und den auf Gruppen ausgerichteten Beratungs- und Therapieverfahren kann hier im Einzelnen nicht eingegangen werden. Eine ausführliche historisch orientierte Ausarbeitung steht noch aus. Siehe aber zum Beispiel schon Weigand 2000; Möller 2001; Mattke 2006.

[49] Religiöse oder politische Gruppen können Grenzfälle sein, weil hier fließende Übergänge zur Bildung von Organisationen bestehen. Aber die empirischen Studien über religiös oder politisch motivierte terroristische Kleingruppen zeigen, dass sich zwischen den Mitgliedern häufig diffuse und nicht rollenspezifische Beziehungen ausbilden. Revolutionär scheint eben keine Berufsrolle oder politische Rolle zu sein, sondern eine Berufung, die einen in allen Aspekten seines Lebens fordert.

[50] Die hier zitierte Stelle von Luhmann ist interessant, weil sie so gelesen werden kann, dass er – jedenfalls in dieser frühen Phase – sehr wohl anerkennt, dass Gruppen soziale Systeme mit eigener Logik sein können. In dem kurzen Abschnitt spricht er sich zwar gegen die Inflation des Gruppenbegriffs in den fünfziger und sechziger Jahren aus. Vieles, was als Gruppe bezeichnet wird, seien, so Luhmann, lediglich „Kontaktsysteme" oder einfache „Interaktionen". Aber statt ganz auf den Gruppenbegriff zu verzichten, plädiert er dafür – so jedenfalls meine Lesart –, den „Gruppenbegriff für eine spezifische Situation" zu reservieren. Zentral scheint dabei das für Gruppen typische Element zu sein, dass einige Personen zu den Mitgliedern der Gruppe gezählt werden können und andere nicht und dass die Gruppe auch erhalten bleibt, wenn einzelne Personen wechseln. Als systemtheoretischer State of the Art zur Gruppe wird zurzeit immer noch die prinzipielle Ablehnung der Gruppe als soziales System gehandelt. Als Referenzen gelten dabei neben den mündlichen Überlieferungen von Luhmanns Aussagen zur „Tyrell-Luhmann-Kontroverse" kleinere Fußnoten Luhmanns. So erklärt Luhmann (2000: 25) in Organisation und Entscheidung, dass sich Anzeichen mehren, dass der Begriff der informalen Organisation und mit ihm der Gruppenbegriff durch eine Theorie der Interaktionssysteme ersetzt wird. Dadurch könnte man den theoretischen, nicht „sehr entwicklungsfähigen Gruppenbegriff durch die Theorie der Interaktion unter Anwesenden ersetzen". Bei dieser nur angedeuteten Theorieentscheidung bleiben meines Erachtens etliche Fragen offen: Was würde man sowohl für die Interaktions- als auch für die Gruppensoziologie gewinnen, wenn man die Entscheidung zwischen Gruppen und Interaktionen nicht als ein Entweder-Oder behandelt, sondern versucht, gerade über die Differenz von Gruppe und Interaktion zu interessanten Beobachtungsschemata zu kommen? Weswegen hängt der von Luhmann später aufgegebene Informalitätsbegriff am Konzept der Gruppe? Könnte man ihn nicht auch mit dem Begriff von Face-to-Face-Interaktionen rekonstruieren? Lässt sich die einleuchtende Kritik am Konzept der Gruppe in Organisationen zu einer Kritik an Gruppen als soziales System generell abstrahieren?

[51] Die Soziologie der Gruppen hat lange Zeit darunter gelitten, dass der Begriff der Gruppe sehr unterschiedlich bestimmt wurde. Mal wurde dabei Gruppe als Synonym für jede Form von sozialem System verwendet, in dem Menschen „verknotet" waren (vgl. Hofstät-

ter 1957: 177), mal als Kategorie, um eine Menge von Personen mit ähnlichen Merkmalen zu bezeichnen (z.B. die Gruppe der Chinesen in den USA oder die Gruppe der Zigarettenraucher). Mal wurde Gruppe nur im Sinne von Kleingruppe verstanden, also Personen, die in einem regelmäßigen, direkten, personenbezogenen Kontakt zueinander stehen, manchmal wurde der Begriff für jede Face-to-Face-Interaktion verwendet, in denen Menschen „miteinander in gegenseitigen Beziehungen stehen" (vgl. Fichter 1968: 69). Mal wurden auch komplette Organisationen unter dem Begriff der Gruppe gefasst, mal nur Abteilungen oder Cliquen in Organisationen (immer noch der beste Überblick und die beste Kritik des Begriffswirrwars findet sich bei König 1983). Wenn im Folgenden von Gruppe die Rede ist, meine ich damit immer die Kleingruppe, und zwar in der hier vorgeschlagenen engen Definition.

[52] Die technischen Möglichkeiten des Internets führen hier sicherlich zu Veränderungen. Es ist jedoch auffällig, dass Kontaktsysteme, die sich im Internet bilden und dort längere Zeit existieren, sehr häufig dann durch Face-to-Face-Interaktionen ergänzt werden.

[53] Ich würde deswegen nicht so weit wie Hartmann Tyrell gehen, regelmäßige Interaktion als Merkmal zur Identifikation von Gruppen zu wählen (vgl. Tyrell 1983: 80ff.). Es existieren in der modernen Gesellschaft vielfältige sich wiederholende Interaktionen, ohne dass es sich dabei um Gruppen handelt: regelmäßige Zusammenkünfte in Supermärkten, sich wiederholende Treffen anlässlich von Seminarsitzungen, etc. Regelmäßige Interaktionen sind eine Grundvoraussetzung, dass sich Gruppen bilden und weiterbestehen können, aber nicht zentrales Merkmal, über das man erkennen kann, ob man es mit Gruppen zu tun hat oder nicht.

[54] Aufgrund der Ähnlichkeit dieser Elemente ist erklärlich, weswegen es bei vielen Gruppencoachings, Gruppensupervisionen oder gruppendynamischen Trainings fließende Übergänge zu Freundschaftsgruppen zu geben scheint. Die wissenschaftliche Untersuchung dieses Übergangsphänomens steht meines Wissens bisher noch aus.

[55] Der drohende Zusammenbruch der Differenz zwischen Gruppenleiter und Gruppenmitgliedern – der „verordnete Autoritätskonflikt" (vgl. König 1990) – wird in gruppendynamischen Trainings zur Initiierung weiterer Lernprozesse genutzt.

[56] Die These kann an dieser Stelle nicht ausgeführt werden. Dies muss aber noch an einer anderen Stelle geschehen, weil das Argument der Standardauffassung besonders der gruppendynamischen Literatur widerspricht. Dort wird die Nützlichkeit der gruppenbasierten Trainings und Beratungen häufig gerade mit der zentralen Bedeutung von Gruppen in der modernen Gesellschaft erklärt. So findet sich bei Theodor Mills (1969: 10f.) die Argumentation, dass jeder Mensch durchschnittlich Mitglied von fünf oder sechs Gruppen ist. Zu dieser Bestimmung kann er jedoch nur wegen seines inflationären Gruppenbegriffs kommen, indem er Konstruktionsbüros, Jagdgesellschaften, Stadtverwaltungen, Volkstanzgruppen, Bomberbesatzungen und Sportmannschaften in seine Definition einschließt. Wenn man den von mir hier vorgeschlagenen, sehr engen Gruppenbegriff benutzt, dann kann man davon ausgehen, dass man heutzutage nicht notwendigerweise Mitglied einer Gruppe sein muss.

[57] Hier gibt es sicherlich Ähnlichkeiten zu Interaktionen und Organisationen. Die sehr hohe Gehorsamkeitsbereitschaft in Milgrams Stromstoßexperiment lässt sich durch die freiwillige Teilnahme an den Experimenten und die Tendenz zur Vermeidung der Peinlichkeit bei einem vorzeitigen Abbruch erklären (Kühl 2005: 94ff.)

[58] Durch den Dritten kann in einer Supervision oder einem Coaching natürlich auch eine Koalition gegenüber dem Berater entstehen. Gerade aus der Gruppendynamik ist bekannt, dass die Asymmetrie zwischen Gruppenleiter und Gruppenmitgliedern dazu führt, dass es Revolten gegen den Gruppenleiter gibt. Während dies in gruppendynamischen Trainings gewollt zu sein scheint, würde man bei einer Supervision oder einem Coaching bei einer länger anhaltenden Koalition gegen den Berater eine Krise vermuten.

[59] Goffman hat dieses Konzept der Kollusion in Bezug auf die Behandlung psychisch Kranker entwickelt, bei der häufig eine Kollusion zwischen Ärzten einerseits und Angehörigen andererseits gebildet wird. Die Besonderheit der Kollusion bei Gruppencoachings oder Gruppensupervisionen ist, dass sich eine „Rundum-Kollusion" bildet, in der jeder einmal auch Ziel einer „Kollusion" mehrerer anderer Gruppenmitglieder ist (vgl. Goffman 1982: 439f.).

[60] Wegen dieser Strukturähnlichkeiten wurde lange Zeit auch in der Soziologie der Gruppe der Fehler gemacht, Teams analytisch genauso zu behandeln wie die weitgehend autonomen Jugendgangs oder Freundschaftskreise (vgl. beispielsweise Olmsted 1959; Mills 1969).

[61] Bezüglich der Begrifflichkeit gibt es innerhalb der Wissenschaft keine einheitliche Bestimmung. In Kenntnis konkurrierender Definitionsversuche wird hier folgende Begrifflichkeit vorgeschlagen. Bei „Gruppen" handelt es sich um eigenständige soziale Systeme, die über ihre Mitglieder selbst entscheiden können, sich ihre Regeln weitgehend selbst geben und sich dadurch von ihrer Umwelt abgrenzen. Innerhalb von Organisationen existieren „Gruppierungen", die dadurch gekennzeichnet sind, dass sie zwar Merkmale von Gruppen aufweisen, aber aufgrund ihrer Einbindung in die Organisation nur begrenzte Autonomie haben. Dabei können zwei Typen von Gruppierungen unterschieden werden: Einerseits „Teams", die durch formale Entscheidungen der Organisation gebildet werden, und andererseits „Cliquen", die sich in der Informalität der Organisation bilden. Wie rigide diese Definition ist, zeigt, dass von den sechs „Beispielgruppen", die George Caspar Homans (1950) vorschlägt, nur die Norton Street Gang eine Gruppe im engeren soziologischen Sinne wäre. Beim Bank Wiring Observation Room, bei der Spitze der Elektrogerätefirma und den „Verwaltungsleuten" würde es sich um Teams handeln, die nur durch eine Soziologie der Organisation erklärt werden könnten. Die polynesische Insel Tikopia mit 1200 Einwohnern und der Kleinstadt Hilltown würde man als Ganzes weder mit den Begriffen der Gruppe noch mit denen von Teams oder Cliquen fassen können.

[62] Siehe dazu Luhmann 1964: 107. Für Luhmann (1975e: 107) ist dies Anlass, auf den Fehler der Industriesoziologie hinzuweisen, Teams in Organisationen auf der „Grundlage

eines Allgemeinbegriffs der Gruppe“ mit spontan gebildeten Intimgruppen zu vergleichen.

[63] Lediglich für den Fall der Gruppen, die sich aufgrund von diffusen Beziehungen zwischen Personen außerhalb von Organisationen bilden, dürfte man aus systemtheoretischer Perspektive den Systembegriff herausrücken. Oder in der sprachlich anspruchsvollen, aber nicht unbedingt notwendigen Formulierung: Nur bei Gruppen handelt es sich um autopoietische, selbstreferentielle Systeme, die sich in Differenz zur Umwelt konstituieren. Teams und Cliquen können lediglich als Subsystem eines autopoietischen, selbstreferentiellen Systems – nämlich der Organisation – verstanden werden. Etwas irritierend in einer frühen Formulierung Luhmanns (1965: 176) ist, dass er behauptet, dass „Arbeitsgruppen“ in Organisationen „Gruppen im Vollsinne“ sind. Er schränkt das „Vollsinne“ aber gleich wieder ein, indem er sagt, dass sie „über die Mitgliedschaft selbst nicht verfügen“ können und dadurch „in der Möglichkeit, eigene Normen zu setzen und durchzusetzen“, stark behindert sind. Man könnte argumentieren, dass die bisher nicht besonders fruchtbare systemtheoretische Diskussion, ob Gruppe ein soziales System ist oder nicht, an dieser Stelle nicht unbedingt zu interessieren braucht. Es gehört zu einer der Pathologien systemtheoretischer Debatten, dass man sich in Definitionsschlachten darüber erschöpft, welche sozialen Phänomene ein soziales System sind und welche nicht. Aber gerade in der Unterscheidung von Gruppensupervision und Gruppencoaching einerseits und Teamsupervision und Teamcoaching andererseits kann man unmittelbar Gewinn aus einer präzisen Bestimmung von Gruppen ziehen.

[64] Es wäre interessant, Grenzfälle zu untersuchen. Von den Arbeitskollektiven in DDR-Betrieben oder auch Cliquen in Organisationen in Entwicklungsländern weiß man, dass sich hier nicht nur eine Diffusität von Beziehungen zwischen den Mitgliedern ausbilden konnte, sondern dass – unter anderem auch aufgrund der fehlenden Möglichkeiten der Mitglieder, die Mitgliedschaft zu kündigen – die Arbeitskollektive oder Cliquen eine hohe Autonomie gegenüber der Organisation ausbildeten.

[65] Hier gibt es Parallelen zum Verhalten auf Betriebsfeiern, an das manchmal weder Chefs noch Untergebene erinnert werden möchten.

[66] Bei Rappe-Giesecke (1990: 5) und Belardi (2002b: 142) werden interessanterweise nur drei Aspekte herausgestellt: (1) die Fallarbeit, (2) die Selbstreflexion im Team und (3) die Behandlung von Organisationsthemen.

3 Das Evaluations-Dilemma von Coaching und Supervision: Zwischen Ansprüchen von Lernen und Legitimation

[67] Das Kirkpatrick-Modell (1959a; 1959b; 1960a; 1960b; 1979) liegt immer noch vielen Überblicksdarstellungen zur Evaluation von Personalentwicklungsmaßnahmen zugrunde (vgl. zum Beispiel McCormick/Ilgen 1985; Goldstein 1986) und ist von verschiedenen Autoren modifiziert worden (vgl. zum Beispiel Hamblin 1974; Schindler 1979; siehe zur Einschätzung Salas/Cannon-Bowers 2001: 487). Aber interessanterweise sind die vier

Ebenen, auf denen Evaluationen stattfinden können, konstant geblieben und werden in mehr oder minder modifizierter Form immer noch für Darstellungen genutzt (ein guter deutschsprachiger Überblick findet sich bei Nork 1989: 69ff.; Niehoff/Werth/Deller 2006: 28ff.; Pollmeyer 2007: 5ff.).

68 Jack J. Phillips, sicherlich der populärste Promotor der ROI-Evaluation von Beratungen, möchte seine Vorschläge zum „Return on Investment" als gesonderten fünften oder gar sechsten Auswertungsschritt jenseits von Kirkpatricks viertem Schritt der Evaluation von Resultaten betrachtet sehen (vgl. zum Beispiel Phillips 2000: xiv). Es ist jedoch nicht einsichtig, weswegen Return of Investment nicht einfach als eine der vielen möglichen Spielarten zur Bestimmung der „Resultate" auf der vierten „Kirkpatrick-Stufe" gewertet werden sollte.

69 Monetäre Zahlen greifen – im Gegensatz zu anderen Zahlen wie Lehrauslastung, Krankheitszeiten oder Überstunden – auf den Charakter von Geld als symbolisch generalisiertes Kommunikationsmedium zurück (vgl. speziell zu Geld Luhmann 1972c: 187ff.; Luhmann 1981: 397; Luhmann 1988a: 306; allgemein zu symbolisch generalisierten Kommunikationsmedien Luhmann 1997: 316ff.). Geld erhöht – ähnlich wie in anderen Kontexten Macht, Liebe oder Wahrheit – die Erfolgswahrscheinlichkeit von Kommunikationen. Man ist als Berater bereit, mit Projektmanagern einer staatlichen Beratungsorganisation Zeit zu verbringen, weil man mit Geld (oder in sehr seltenen Fällen alternativ durch Liebe oder Macht) dazu gebracht wird.

70 Systematisierte Beobachtungen der überwiegend geringen Evaluationstätigkeiten liegen bisher vorrangig für Trainings und Organisationsberatungen vor. Es gibt jedoch keine Gründe, weswegen die Ergebnisse bei Supervision und Coaching andere sein sollten.

71 Es gibt inzwischen eine Vielzahl von Darstellungen zu den Schwierigkeiten bei der Evaluierung von Beratungsleistungen (am prominentesten im deutschsprachigen Raum sind sicherlich die Arbeiten von Berit Ernst und Alfred Kieser (2003a; 2003b; 2004) sowie von Berit Ernst allein (2002; 2008).

72 Schon Niklas Luhmann und Karl Eberhard Schorr (1979a: 120) haben darauf aufmerksam gemacht, dass diese Form von Interaktionsarbeit zwischen Leistungserbringern und Klienten ein nicht zu unterschätzendes Hindernis für organisatorische Überwachungsmöglichkeiten birgt. Eine Schulbehörde mag noch so sehr versuchen, das Verhalten von Lehrern über Lehrpläne zu steuern, letztlich scheitern diese Bestrebungen daran, dass die Leistungserbringung in nur begrenzt zu überwachenden Klassenrauminteraktionen stattfindet. Eine Krankenhausverwaltung kann ihren Ärzten genaue Behandlungsvorschriften machen, aber letztlich hat sie kaum Zugriff auf das, was in der Arzt-Patienten-Interaktion konkret geschieht. Eine Personalabteilung mag Bestrebungen haben, das Verhalten der von ihr engagierten Trainer, Berater oder Coachs zu kontrollieren, auf das, was dann aber in der Interaktion zwischen Leistungserbringern und Leistungsempfängern stattfindet, gibt es keine Zugriffsmöglichkeiten.

73 Auch hier liegen vorrangig bisher Ergebnisse für Organisationsberatungen vor. Meine Vermutung ist jedoch, dass der Zufriedenheitsgrad mit Coachings und Supervisionen

noch höher ist als bei Organisationsberatungen, weil die Beraterauswahl und die Effekte der Beratung noch stärker auf den Klienten zugerechnet werden können.

4 Das Scharlatanerieproblem – Zwischen Professionsbildung und Professionalisierung

[74] Es ist interessant, wie sehr die Klage über Scharlatanerie in der personenorientierten Beratung in Organisationen den Klagen über Scharlatanerie in der Frühphase der Organisationsentwicklung ähnelt. Bereits Anfang der achtziger Jahre des letzten Jahrhunderts warnte Karsten Trebesch, einer der Mitbegründer der inzwischen aufgelösten Gesellschaft für Organisationsentwicklung, davor, dass „Trittbrettfahrer, Scharlatane, Kommerzialisten und Technokraten" versuchen, von dem „neuen Namen der Organisationsentwicklung" zu profitieren (Trebesch 1982: 43). Die Organisationsentwicklungsszene, so klagte Klaus Krämer (1981: 326), auch eines der führenden Mitglieder der Gesellschaft im gleichen Zeitraum, sei eine „bunte Mischung von Professionellen, Laien und schnell entschlossenen Halbgebildeten". Bis heute – so lässt sich feststellen – hat die Organisationsentwicklerszene dieses Scharlatanerie- und Stümpereiproblem nicht in den Griff bekommen.

[75] In der Professionssoziologie haben diese Formen von Typisierungen Tradition. Sicherlich eine der interessanten ist die Unterscheidung von Hughes zwischen Wissenschaft, Wirtschaft und Profession. Wissenschaftler erbringen ihre Leistungen vorrangig in Bezug auf ihre Fachkollegen in der gleichen Disziplin. Bei der Strukturierung über Wirtschaft werden die Austauschbeziehungen über Marktprozesse zwischen Anbietern und Nachfragern geregelt. Professionen sind dadurch gekennzeichnet, dass sie ihre Leistungserbringungen am Klienten meistens mit staatlicher Unterstützung selbst kontrollieren (vgl. Hughes 1963; siehe früh schon Hughes 1951).

[76] Die beste kompakte Darstellung des aktuellen Standes der Professionssoziologie findet sich bei Schützeichel (2007). Die besondere Stärke dieses Übersichtsartikels ist die vergleichsweise ausführliche Präsentation nationalstaatlich häufig unterschiedlicher historischer Entwicklungsstränge bei der Professionsbildung.

[77] Der Begriff der „Professionalität ohne Profession" wurde meines Wissens erstmals für Kursleiter der Volkshochschulen verwendet (Otto et al. 1997), dann für die Analyse von Organisationsentwicklern (Kühl 2001) und für Erwachsenenbildner (Nittel 2002) verwendet. Gerade für die Beschreibung einer Richtung in der Coaching-Szene eignet sich diese Beschreibung hervorragend.

[78] Für die wissenschaftliche Analyse ist es problematisch, dass sich diese Differenz zwischen engem (Professionsbegriff 1) und dem weiten Professionsbegriff (Professionsbegriff 2) inzwischen zweimal finden lässt: einmal in der Strategie von Praktikern und einmal in der soziologischen Betrachtung von Professionen. In der Professionssoziologie gab es in der Parsonsschen Tradition lange Zeit eine Präferenz für den engen Professionsbegriff (Professionsbegriff 1). Gerade die neuere angelsächsische, aber auch die kontinentaleuropäische phänomenologische Professionssoziologie hat dafür plädiert, ein neues Ver-

ständnis von Professionalität zu entwickeln, das die hausgemachten Formen des Expertentums stärker in das Blickfeld nimmt (vgl. Pfadenhauer 2003). Der alte Professionsbegriff, so die Argumentation, sei noch von einem Professionellen ausgegangen, dem ein hoher sozialer Status und Autonomie in seiner Berufsausübung als Ausgleich dafür zugestanden wurde, dass er seine auf ausgeprägter Ethik und Moral basierende professionelle Urteilskraft in den Dienst des Allgemeinwohls stellte. Dieser Professionelle alten Stils existiere jedoch nicht mehr. Er sei, so die neueren Ansätze, durch die „kalte instrumentelle Logik des globalen Marktes" hinweggefegt worden. Aber in der „neuen Ära" werde von allen erwartet, professionell zu handeln. Professionelles Handeln werde im „postmodernen Zeitalter", so die prominente Formulierung von Mike Dent und Stephen Whitehead (2002: 1), für jeden zum „Leitmotiv". In einer gesellschaftlichen Phase, die sich mit Begriffen wie Zweite Moderne oder Postmoderne bezeichnen lasse, sei das Kästchendenken der Professionen nicht mehr adäquat. Statt Ausbildungsgänge zu standardisieren, über Abschlüsse den Marktzugang zu regulieren und über Berufsverbände die Tätigkeit der Professionellen zu regulieren, setzten sich, so die Auffassung, zunehmend Strategien durch, die auf eine Professionalisierung des Einzelnen hinauslaufen würden, ohne dass dieser aber in die rigiden Korsetts klassischer Professionen eingebunden sei. Auch diese Prozesse ließen sich als „Professionalization of Everyone" beschreiben, bloß ganz anders als von Wilensky gemeint: Als eine Professionalisierung von einzelnen Individuen, die mehr oder minder unabhängig von anderen ihre Expertise entwickeln können.

An der Frage, ob wir es vorrangig mit Prozessen der Professionsbildung (Professionsbegriff 1) oder mit der Professionalisierung der einzelnen Individuen (Professionsbegriff 2) zu tun haben, lassen sich die theoretischen Präferenzen in der Professionssoziologie ordnen. Während gerade die Strukturfunktionalisten und Systemtheoretiker unter den Professionssoziologen dazu tendieren, an einem engen Professionsbegriff festzuhalten und die Möglichkeit zur Formulierung individueller Professionalitätsansprüche eher als Indiz für mangelnde Professionsbildung zu betrachten, geben besonders die symbolischen Interaktionisten, die Ethnomethodologen und die subjektorientierten Berufssoziologen den ihrer Meinung nach zu engen Professionsbegriff auf.

Das Problem einer jeden professionssoziologischen Analyse ist, dass die Präferenzen für einen engen oder einen weiten Professionsbegriff nicht nur unterschiedliche gesellschaftstheoretische Anschlüsse der Professionssoziologie markieren, sondern auch unterschiedliche Strategien in den sich professionalisierenden Tätigkeitsfeldern widerspiegeln. Dadurch ist häufig unklar, ob wir es mit einer Diskussion über Theoriekonzepte oder über gesellschaftliche Wirklichkeit zu tun haben. Als Frage formuliert: Ist die Entscheidung für einen engen Professionsbegriff vorrangig eine begriffsstrategische Entscheidung, um eine Konturlosigkeit der eigenen Sprache zu verhindern, oder ist dies Ausdruck einer beobachteten gesellschaftlichen Realität, in der eben vorrangig Professionen zu beobachten sind, die sich über standardisierte Ausbildungsgänge, Zugangsprüfungen und geschützte Berufsbezeichnungen klare Professionsgrenzen geben? Oder andersherum gefragt: Ist die Entscheidung, einen weiten Professionsbegriff zu nutzen, eine theoriegestützte Entscheidung, weil man der Meinung ist, über eine eher offene Bestimmung von Kategorien soziale Phänomene besser beschreiben zu können, oder ist sie Ausdruck von gesellschaftlichen

Veränderungen, in deren Verlauf die klassischen Professionen durch weiter gefächerte Professionsformen ersetzt werden?

[79] Torres' Argumentation eignet sich sehr gut für eine erste Orientierung. Die Schwäche der Argumentation von Torres ist jedoch, dass er – anders als die systemtheoretische Professionssoziologie – die Ursache der Komplexität nicht im People Processing verortet und die kritische Relevanz nicht an die jeweiligen Funktionssysteme bindet. „Kritische Relevanz" scheint mir jedoch aussagekräftiger als der Begriff der „gesellschaftlichen Wertschätzung", der von Luhmann in einem frühen unveröffentlichten Manuskript vorgeschlagen wurde.

[80] Ich weiche hier von Torres (1991: 48) ab, der bei seinem Schema einen Drang zur Vierfeldertafel hat. Meines Erachtens macht aber der Unterschied zwischen „Technical" und „Free Market" wenig Sinn.

[81] Auf die systemtheoretische Professionstheorie kann hier nicht eingegangen werden. Diese ist inzwischen an verschiedenen Stellen ausführlich entwickelt worden (vgl. neben Stichwehs Arbeiten auch Kurtz 1998; Kurtz 2000). Der Clou dieses Ansatzes ist, die Professionsbildung nicht nur am Technologiedefizit einer Tätigkeit festzumachen, sondern über die Funktionssysteme die gesellschaftliche Relevanz mit in das Blickfeld zu nehmen.

[82] In den strukturfunktionalistischen und systemtheoretischen Ansätzen wird besonders die Funktion von Professionen für die Gesellschaft in Augenschein genommen. Professionen bilden sich aus dieser Perspektive in den Bereichen aus, in denen die gesellschaftlichen Problembezüge des Menschen anfallen – in der Religion, im Rechtswesen, in der Medizin und in der Erziehung (vgl. Stichweh 1992).

[83] Das Feld der Supervision und des Coachings ist deswegen interessant, weil hier eine ganz eigene Verbindung von Organisation und Profession besteht. Gut untersucht sind sowohl die „Organisationen von Professionellen", also die Berufs- und Professionsverbände, und die „Professionellen in Organisationen", also die Spannungen, die sich ergeben, wenn Professionelle in Unternehmen, Krankenhäusern, Einrichtungen sozialer Hilfe oder Kanzleien Dienstleistungen für Klienten erbringen. Professionelle, die Dienstleistungen an Organisationsmitgliedern erbringen, sind bisher kaum untersucht worden.

[84] Dieser Trend zur horizontalen Expansion von Beratern, die vorrangig in der Wirtschaft verankert waren, lässt sich bereits bei Organisationsberatern beobachten. In der betriebswirtschaftlichen Organisationsberatung à la McKinsey, Roland Berger oder Boston Consulting hat in den letzten zehn Jahren ein Trend eingesetzt, nicht nur Unternehmen, sondern auch öffentliche Verwaltungen, Universitäten oder Kirchen zu beraten. Während solche Beratungsprojekte anfangs pro bono durchgeführt wurden, sind sie mittlerweile zu einem lukrativen Geschäftsfeld geworden (Drepper 2005: 459).

[85] Bärbel Schwertfeger (2005: 43) arbeitet am Beispiel der Coach Pool GmbH typische Beispiele für solche tautologischen Schließungen heraus: „Die Coachs haben eine basisgebende Grundausbildung zum Coach/Coaching erhalten, die bei uns akkreditiert ist.

Akkreditiert ist allerdings nur die eigene Ausbildung sowie die, die der Geschäftsführer selbst absolviert hat. Man akkreditiert sich also selbst."

86 Als Feld für empirische Untersuchungen eignen sich vermutlich „Vorreiterunternehmen", die aufgrund des vielfältigen Einsatzes von Beratern viel Erfahrung mit der Einrichtung von Pools haben. Dazu gehören in verschiedenen Ländern sicherlich Entwicklungshilfeorganisationen, weil diese Berater als eine Art „Subunternehmer" in den verschiedenen Entwicklungshilfeprojekten auftreten. Interessant ist, dass bei diesen Organisationen, die teilweise ausgeprägt Berater durch Assessment-Center herausselektieren, die Auftraggeber aus den operativen Bereichen den Beratern jedoch häufig zu verstehen geben, dass man schon bewährte Praktiken habe, wie man Berater auch jenseits einer Poolangehörigkeit engagieren könnte.

87 Eine der wenigen Ausnahmen scheinen Organisationen wie die großen staatlichen Entwicklungshilfeunternehmen zu sein, die sich selbst vorrangig als Makler und Anbieter von Beratungsleistungen verstehen. Hier gibt es starke Bestrebungen, auch die Organisationsentwicklungsprozesse über Pools zu kanalisieren. Was die Folgen und – besonders interessant – die ungewollten Nebenfolgen dieser Pools für Organisationsberater sind, ist bisher nicht untersucht worden.

88 Interessanterweise gibt es bisher nur wenige Untersuchungen über die Funktionsweise dieser Pools. In der Praktiker-Literatur wird suggeriert, dass die Selektion über die Pools rigide gehandhabt wird und man als Klient keine Berater erhalten kann, die nicht in diesen Pools sind.

89 Der Trend, der sich im Feld des Coachings abzeichnet, ist die Ausbildung von „Zertifizierungszirkeln". Legitimation wird dadurch erzielt, dass eine Dachorganisation in der Szene sich durch eine andere Organisation zertifizieren lässt. Die Treiber eines Berufsverbandes lassen sich – wie das Beispiel des Deutschen Verbandes für Coaching und Training (DVCT) zeigt – durch die Forschungsstelle Coaching wissenschaftlich auditieren. Der Akkreditierer von Ausbildungen holt sich Legitimation dadurch, dass er als Partner eines Berufsverbandes auftritt. Die wissenschaftlichen Auditierer erhöhen ihre Legitimation dadurch, dass sie – wie im Fall der Forschungsstelle Coaching – ihre Kompetenzprofile durch prominente Vertreter aus den Berufsverbänden evaluieren lassen (vgl. Jumpertz 2005: 42).

90 Dieses letzte Beispiel wurde sehr früh schon von Luhmann (1974: 6) am Beispiel der Schule entwickelt und als Indiz dafür gewertet, dass sich Lehrer nicht in der gleichen Form wie Ärzte oder Juristen als Profession ausbilden können.

5 Die Kompetenzdarstellungsschwierigkeiten von Coachs und Supervisoren

91 Die Anregung, bei der Analyse von Kompetenzen im Anschluss an Luhmann die beiden Aspekte „Kompetenz kraft Amt" und „Kompetenz kraft Wissen" noch systematischer

zu unterscheiden, und den Hinweis auf die Funktion der Unterdrückung von Rückfragen verdanke ich Veronika Tacke.

[92] Ich versuche, mich in meiner Argumentation auf den im angloamerikanischen Sprachraum entstandenen und zurzeit im deutschsprachigen Raum als kleines Pflänzchen gedeihenden „dramaturgischen", „dramatologischen" bzw. „inszenierungstheoretischen Ansatz" zu beziehen. Die für dieses Thema relevanten Auseinandersetzungen aus „dramatologischer Perspektive" bezogen sich anfangs auf Selbstinszenierungen des Managements (vgl. besonders Mangham 1978; Mangham/Overington 1987), später dann besonders auf die Darstellungskompetenzen von Beratern (vgl. besonders Clark 1995; Clark/Salaman 1996a; 1996b), und werden in neuerer Zeit im deutschsprachigen Raum vorrangig für die Untersuchung von Professionen genutzt (vgl. besonders Pfadenhauer 2003; Buer 2004). In diesem auf Inszenierungen ausgerichteten Ansatz wird die Gesellschaft als ein ständiger Strom wechselseitiger Inszenierungen mit zugrunde liegenden, teilweise beachtlichen dramaturgischen Leistungen der Darsteller beschrieben (vgl. dazu Hitzler 1991; Hitzler 1992). Dahinter steckt die Idee, dass Personen ihre Überzeugungen, ihr Können, ihre Einstellung und ihre Gefühle von „innen" nach „außen" bringen müssen und sich dabei inszenieren. Die Stärke des Ansatzes ist sicherlich, dass durch ihn die „Techniken der Imagepflege" (Goffman 1986) für sehr unterschiedliche Felder wie die Gothic-Szene, Papstbesuche oder Ärzte-Patienten-Verhältnisse beleuchtet werden. Aber die Gefahr ist – wie bei vielen anderen soziologischen Ansätzen – dass ein interessanter Gedanke auf Expansion gesetzt wird und letztlich dann der Anspruch entsteht, eine ganze Gesellschaftstheorie tragen zu müssen.

[93] Das Problem stellt sich übrigens auch schon bei Verlagsankündigungen für Bücher. Wenn im Verlagsprospekt ein Buch damit beworben wird, dass es sich um ein zukünftiges „wissenschaftliches Standardwerk" handelt, dass ein Buch das „Bedürfnis nach wissenschaftlicher Fundierung befriedigt" und ein Buch „hochrelevant für Wissenschaft und Praxis" ist, dann wird dies in der Regel auf den Verlag zugerechnet und nicht auf den Autor. Erscheint dieser Text jedoch auch im Klappentext des Buches oder stellt der Autor diese Formulierung gar auf seine Website, droht er gegen die Ächtung von Selbstlob zu verstoßen.

[94] Anika Pomerantz (1978) nennt dies „self-praise avoidance rule". Siehe sehr früh schon Luhmann 1964: 347. Luhmann verwendet später den besser an seine Gesellschaftstheorie anschlussfähigen Begriff des „Selbstbefriedigungsverbots"; siehe Luhmann 1997: 381f. Die Problematik des Selbstlobs wird auch im dramatologischen Ansatz angesprochen (vgl. Pfadenhauer 1999: 275).

[95] Dass dies in Ausnahmefällen auch mit deutlich höherer Kompetenzdarstellungskompetenz gelingen kann, zeigt der Fall Jürgen Harksen, der in den 90er Jahren des letzten Jahrhunderts als Anlageberater in Hamburg Kapitalanlegern um die 100 Millionen DM abgenommen hat (siehe auch Harksen 2006).

[96] In der Soziologie gibt es die gut eingeführte Unterscheidung zwischen expressiven und instrumentellen Komponenten der Kommunikation (vgl. für Anwendung in der Analyse

von Kleingruppen z.B. Bales 1951; Marcus 1960, und für die Anwendung auf Organisationen z.B. Etzioni 1965; Luhmann 1983). Bei instrumenteller Kommunikation wird die Kommunikation in der Form präsentiert, in der es um die Erreichung von Zielen geht: Man fragt, um eine Information zu bekommen, man gibt einen Kommentar ab, um etwas klarzustellen, man liefert einen Redebeitrag ab, um zusätzliche Informationen in die Debatte zu bringen. Bei expressiver Kommunikation dagegen hat die Kommunikation nicht die Funktion, einen übergeordneten Zweck zu erreichen, sondern dient dem unmittelbaren Ausdruck von Gefühlen, Wünschen und Bedürfnissen. Wenn man diese Unterscheidung hier nutzen wollte, müsste man die Kompetenzdarstellung über den Hinweis auf ein eigenes Buch als instrumentell bezeichnen, den selbstlosen Verweis als expressiv. Mir scheint es jedoch sinnvoller, diese beiden Aspekte als zwei unterschiedliche Formen instrumentellen Verhaltens zu betrachten.

[97] Das Phänomen der direkten Kommunikation wird auch als analoge Kommunikation oder als denotative Möglichkeit bezeichnet, während indirekte Kommunikation auch als digitale Kommunikation oder als konnotative Möglichkeit benannt wird (vgl. Kieserling 1999: 148ff.).

[98] Man kann sich die Unterscheidung zwischen direkter und indirekter Kommunikation am Kommunikationsbegriff deutlich machen. Kommunikation besteht – systemtheoretisch gesprochen – aus drei Elementen: Information (welche Information wird vermittelt?), Mitteilung (wie wird die Information vermittelt?) und Verstehen (wie wird die Information verstanden?). Direkte und indirekte Kommunikation unterscheiden sich jetzt darin, wie eine Information (z.B. die eigene Kompetenz) vermittelt wird: Bei der direkten Kommunikation kann der Sender gegenüber dem Empfänger nicht bestreiten, dass die Information mitgeteilt worden ist. Bei der indirekten Kommunikation kann der Sender die Mitteilung bestreiten, aber auch der Empfänger kann so tun, als ob er sie nicht verstanden hat.

[99] Insofern ist dieser Beitrag zur Kompetenzdarstellung auch ein interessantes Realexperiment, weil es im Prinzip auf den in Face-to-Face-Interaktionen notwendigen Takt verzichtet. Obwohl es sich bei den Beispielen lediglich um Illustrationen handelt und eine Zurechnung auf einzelne Personen unmöglich ist, könnte dieser Text im Prinzip als „taktlos" gelesen werden, wenn einzelne Personen Illustrationen auf sich zurechnen.

[100] Ich parasitiere dabei an einer Formulierung Michaela Pfadenhauers (2003), die lautet: „Echte Profis haben Kompetenzdarstellungskompetenz", drehe die Aussage der These jedoch um 180 Grad. Die These Pfadenhauers wird überspitzt ausgedrückt in der Zusammenfassung des Buches in einer Presseerklärung der Universität Dortmund vom 26.3.2003.

[101] Leider ist bei der Formulierung der Fragen in den verschiedenen Berufsprestige-Studien nicht eindeutig, ob Prestige, Vertrauenswürdigkeit oder Kompetenzvermutung abgefragt wird. Wie das Beispiel der Prostitution zeigt, kann es vorkommen, dass Kompetenzvermutung und niedriges Berufsprestige kombiniert sein können. Es ist aber – wie das

Beispiel der Ärzte oder Lehrer deutlich macht – sehr unwahrscheinlich, dass hohes Prestige und geringe Kompetenzvermutungen zusammen auftreten.

[102] Auf die umfangreiche Berufsprestigeforschung kann hier nicht im Detail eingegangen werden (siehe den Überblicke bei Nakao (1992) oder die neuere Diskussion bei Xueguang 2005). Es gibt sicherlich gruppenspezifische Unterschiede, wie das Prestige von Berufen eingeschätzt wird (vgl. dazu z.B. Guppy/Goyder 1984). Es lassen sich Abweichungen von dem hier beschriebenen Trend beobachten. In neueren Untersuchungen wird deutlich, dass die durch Professionen angeleiteten Berufe wie beispielsweise der der Krankenschwester sich in ihrem Ranking an den hoch reputierten Leitberuf anschließen (vgl. für Deutschland Allensbacher Institut für Demoskopie 2005). Auffällig ist, dass in Deutschland Polizisten in der Regel hoch bewertet werden, während im Gegensatz zu anderen Ländern die Reputation von Offizieren auffällig gering ist. Diese Abweichungen ändern aber nichts an der grundlegenden Beobachtung über das hohe Berufsprestige von Professionen.

[103] Der soziologisch häufig unterbestimmte Begriff der „Institution" wird hier bewusst in Anführungszeichen eingeführt, weil er als Begrifflichkeit nicht mit der üblichen soziologischen Begrifflichkeit in diesem Beitrag abgestimmt ist. Ich verwende ihn jedoch, um auf die meines Erachtens zentrale Schwäche des dramatologischen Ansatzes hinzuweisen – die Missachtung all dessen, was jenseits der Interaktionen stattfindet. Meines Erachtens ist die Darstellung von Michaela Pfadenhauer, die viel für das soziologische Interesse an Kompetenz und Kompetenzdarstellung getan hat, widersprüchlich. Einerseits wird in ihrem Buch über Professionalität ausführlich der Gedanke entwickelt, dass Professionelle über Kompetenzdarstellungskompetenz verfügen (müssen), andererseits kann man bei ihr in einem kleinen Hinweis lesen, dass Kompetenzdarstellungen nicht nötig sind für etwas, was allen Beteiligten selbstverständlich ist (vgl. Pfadenhauer 2003: 114). Hier droht die These von „Professionellen als Kompetenzdarsteller" (vgl. Pfadenhauer 2003: 115) zurückgenommen zu werden, wenn man Professionen gerade dadurch gekennzeichnet sieht, dass deren Kompetenzglaubwürdigkeit „verselbstständigt" wird.

[104] Der Standardeinwand gerade aus professoralen Kreisen ist, dass man sich doch sehr wohl über Unterschiede bei Medizinern, Anwälten und Therapeuten bewusst sei und sich vor dem Aufsuchen eines Professionals informiere, wer der „Beste" seines Faches sei. Hier spielt sicherlich eine Rolle, dass gerade unter Wissenschaftlern die Kontaktmöglichkeiten zu Angehörigen anderer Professionen hoch sind und darüber ein zusätzliches Selektionskriterium besteht. Ulrich Oevermann hat in einem gemeinsamen Workshop diese Vermutung geäußert. Aufschlussreich war jedoch ein anschließendes Meinungsbild unter den Studierenden, in dem ein Großteil von ihnen zum Ausdruck brachte, dass sie sich ihren Arzt aus dem Telefonbuch heraussuchen würden. Aber das ist – zugegeben – anekdotische Empirie. Es sei hier wenigstens darauf verwiesen, dass es empirische Studien zur Arztwahl gibt, die leider jedoch in der Regel keinen Vergleich zur Wahl von nicht als Profession organisierten Leistungserbringern bieten (vgl. zuletzt für den deutschsprachigen Raum z.B. Kriwy/Aumüller 2007).

[105] In der einzigen mir bekannten Auseinandersetzung Luhmanns mit dem Arztkittel sieht er die Funktion vorrangig darin, einerseits „Statusansprüche, Rollentypen oder Berufszugehörigkeiten (zu) manifestieren und zugleich entsprechende Handlungen" anzukündigen (vgl. Luhmann 1964: 363f.). Ein großer Teil der empirischen Studien über Ärztekittel kommt aus der Medizinwissenschaft. Es wäre sicherlich ein interessantes Forschungsfeld, die Funktion von Ärztekitteln und die Effekte ihrer Abschaffung soziologisch zu untersuchen.

[106] Auch Buer würdigt die Darstellungsleistung Postels mit sehr treffsicheren Referierungen der besonders aufschlussreichen Stellen aus dessen Buch, scheint dann aber mit der Aussage, dass „offensichtlich ... die Darstellungskompetenz oft viel entscheidender (ist) als die fachliche und moralische Kompetenz, einer professionellen Tätigkeit angemessen nachgehen zu können" (Buer 2004: 172), einer inszenierungstheoretischen Interpretation zuzuneigen, die professionelles Handeln vorrangig als Darstellungskompetenz begreift.

[107] Die Beobachtung, dass auf den Begriff der Authentizität im Feld der personenorientierten Beratung überproportional stark rekurriert wird, ist zugegebenermaßen subjektiv. In Vergleichen zu unterschiedlichen Feldern wie Therapie, Management und Erziehung müsste – beispielsweise über Printmedienanalysen oder über qualitative Studien – näher geprüft werden, wie der Begriff in den verschiedenen Feldern genutzt wird. Eine parallele Debatte findet unter Beratern auch unter dem Begriff der „professionellen Stimmigkeit" statt (vgl. Schmid 2003: 57). Die beste Diskussion des Problems der Authentizität findet sich bei Buer 2004: 175ff.

[108] Eine sehr elegante Form der Kompetenzdarstellung findet sich bei der Berliner Rockband „Die Ärzte". Ihre Darstellung besteht darin, sich ganz selbstverständlich und offensiv in Interviews als „beste Band der Welt" darzustellen (vgl. für eine überzeugende Inszenierung z.B. Felsenheimer/Vetter/González 2007). Aber man muss vermutlich eine Punkband sein, dass einem eine solche Inszenierung abgenommen wird. Man stelle sich nur vor: Ein Fußballer, der sich selbst als „der Fußballer des 20. Jahrhunderts" bezeichnet, ein Coach, der sich selbst als der „zur Zeit beste Coach der Schweiz bezeichnet" oder ein Bier, das über sich behaupten lässt, nicht nur „vielleicht eins der besten Biere der Welt zu sein", sondern „das beste Bier der Welt zu sein"! Bei den „Ärzten" fällt das Selbstlob nur deswegen nicht unangenehm auf, weil diese offensive Kompetenzdarstellung Teil einer insgesamt ironisierenden Selbstdarstellung ist (vgl. Karg 2001; Kühl 2008a).

[109] Für eine Analyse der Fachpresse für Personalentwicklung wäre es interessant zu erklären, welche Rolle die verdeckte Kompetenzdarstellung für den ökonomischen Erfolg spielt. Die Produktionskosten solcher Zeitschriften sind deswegen so niedrig, weil die Beiträge größtenteils kostenlos von Beratern als Teil einer eher besser kaschierten Kompetenzdarstellungskompetenz eingereicht werden.

[110] Dieser Ansatz kann jedoch mit der These, dass der Erfolg einer Interaktion weitgehend vom „ersten Eindruck" abhängt, ins Absurde übertrieben werden (siehe zu einer psychologischen Auseinandersetzung Berger/Hoff 2001).

6 Zur begrenzten Hebelwirkung. Über die Funktion von Coaching und Supervision

[111] Diese doppelte Orientierung in der frühen Organisationsentwicklung spiegelte sich auch in maßgeblichen Definitionen der Organisationsentwicklung wider. In der Definition der Gesellschaft für Organisationsentwicklung aus dem Jahr 1980 wird die Organisationsentwicklung als „Entwicklungs- und Veränderungsprozess von Organisationen und *der in ihr tätigen Menschen*" verstanden. (Gesellschaft für Organisationsentwicklung (GOE) 1980; Hervorhebung durch mich, sk). (French/Bell 1994: 31; Hervorhebung durch mich, sk). Die aus organisationssoziologischer Perspektive naive Prämisse scheint zu dabei zu sein, dass Organisationen aus Menschen bestehen.

[112] Siehe den kurzen Überblick bei Petzold et al. 2003: 75ff. Aus meiner Sicht ist es notwendig, die horizontale Expansion (Supervision in Organisationen der verschiedenen gesellschaftlichen Teilbereiche) von der vertikalen Expansion (Ausdehnung des Angebots der Supervision auf andere Felder wie Organisationsentwicklung, Training oder Qualitätsmanagement) analytisch zu trennen. In der professionsinternen Diskussion werden gerade von den Kritikern einer Expansion diese beiden Aspekte zu stark miteinander vermischt (Gaertner 1998: 86ff.; Buer 1999:123ff.).

[113] Webers Verständnis von Organisationen als entpersonalisierte Systeme diffundierte bis in die Auffassung einiger Praktiker. Die Tendenz zur Entpersonalisierung findet sich in der Expertenberatung, in der es eine auffällige Spaltung in eine lediglich abstrakte Lobpreisung der Personen als Humankapital und die vorrangig auf die Organisationsstrukturen ausgerichteten Rationalisierungsmaßnahmen gibt. Aber sie lässt sich auch in Teilen der Prozessberatung wiederfinden, in der fast in einem strukturationstheoretischen Sinne stark gemacht wird, dass Strukturen über Personen wirken, aber auch hier Personen selbst nicht als Strukturmerkmale gedacht sind.

[114] Wie gebrochen dieser Ausdifferenzierungsprozess gewesen ist, wird daran deutlich, dass in einigen Großunternehmen im Nachkriegsdeutschland Topmanagern eine Scheidung nur bei gleichzeitigem Verzicht auf den Vorstandsposten möglich war (vgl. Veiel/Schade 2002).

[115] Daraus erklärt sich dann auch, dass „totale Institutionen" (Goffman 1961), die auf die Psychiatrisierung ihrer Mitglieder meistens in der Publikumsrolle (z.B. Psychiatrien), manchmal aber auch in der Leistungsrolle (z.B. Sekten) aus sind, zu anderen Mechanismen der Inklusion neigen als Organisationen.

[116] Durch das systemtheoretische Strukturkonzept – auch Entscheidungsprämissenkonzept genannt – ist es möglich, das Verhältnis von Organisationsentwicklung und Personalentwicklung genauer zu bestimmen und damit auch personenorientierte Beratungen in Organisationen einzuordnen. Organisationsentwicklung umfasst in der Regel alle drei Entscheidungsprämissen: Es wird an den Programmen der Organisation gearbeitet. Die Kommunikations- und Entscheidungswege werden neu geordnet. Durch Umbesetzungen, Neueinstellungen oder Entlassungen wird auch an der Entscheidungsprämisse Personal

gearbeitet. Personalentwicklung meint dann das Arbeiten an einem Aspekt der Strukturkategorie Personal. Für eine gleichrangige Behandlung von Organisations- und Personalentwicklung gibt es aus dieser theoriesystematischen Perspektive keine Gründe.

[117] Durch Luhmann ist das übergreifende Ordnungsschema für Organisationsstrukturen überzeugend herausgearbeitet worden. Es fällt jedoch auf, dass er eine weitere Auffächerung der Strukturtypen nur für Programme vorgenommen hat; inspiriert durch Herbert Simon und James March wird eine sowohl theoretisch als auch empirisch fruchtbare Unterscheidung in Zweck- und Konditionalprogramme vorgenommen (vgl. früh schon Luhmann 1966). Für die Entscheidungsprämissen „Entscheidungs- und Kommunikationswege" und „Personal" finden wir jedoch keine vergleichbare Aufschlüsselung.

[118] Dies ist keine deduktiv aus der Theorie abgeleitete und damit vollständige Liste. Wie auch bei Luhmanns drei Prämissentypen bietet es sich an, diese Liste für Erweiterungen offen zu halten. Dabei müsste dann aber in jedem Einzelfall nachgewiesen werden, inwiefern die neu vorgeschlagene Prämisse nicht in den bereits vorhandenen enthalten ist.

[119] Personen werden deswegen von der Systemtheorie als Lösung für das Problem der doppelten Kontingenz von sozialen Systemen verstanden. Nur bei Erwartungsdisziplin und bei Einschränkung könnten Personen helfen, die „instabile, zirkuläre Notlage der doppelten Kontingenz" zu überwinden (vgl. Luhmann 2005: 142f.). Würde eine Person nicht versuchen, gegenüber anderen Personen oder gegenüber von sozialen Systemen die zu bleiben, die sie vorgetäuscht hat zu sein, würde sie keinen Beitrag zur Kontrolle des Problems der doppelten Kontingenz liefern. Die entsprechenden Experimente zur Überprüfung dieser These kann man in der eigenen Familie starten, indem man sich nicht mehr die Mühe gibt, gegenüber Lebenspartnern und Kindern konsistent zu erscheinen. Ein schneller Verfall des sozialen Systems ist wahrscheinlich.

[120] Die Bestimmung der latenten Funktionen von Coaching und Supervision muss auf den Detailanalysen von Beratungsprozessen aufbauen. Nur über die Analyse von transkribierten Beratungsgesprächen können die latenten, versteckten Sinnstrukturen aufgezeigt werden und nachgewiesen werden, welche Funktionen diese für die Organisation erfüllen. Bisher stehen lediglich wenige wissenschaftliche Auswertungen solcher Beratungsgespräche zur Verfügung. Aber die wenigen wissenschaftlichen Einblicke in die „Black Box" der konkreten Beratungsinteraktion weisen in eine Richtung. In erfrischender Ehrlichkeit nannten 2007 deswegen Supervisoren eine wissenschaftliche Tagung in Freiburg „Wissen wir, was wir tun?". Auffällig war dann dort aber, wie wenig mit Kompletttranskriptionen von Beratungsgesprächen gearbeitet wurde. Dass im Folgenden drei Sitzungen aus dem Kontext von Organisationen sozialer Einrichtungen dargestellt werden, hängt damit zusammen, dass es in der Supervision im Vergleich zum Coaching eine größere Bereitschaft gibt, zur professionellen Selbstkontrolle Mitschnitte anzufertigen und wissenschaftlich auswerten zu lassen. In einem nächsten Schritt ist es sicherlich notwendig, Auswertungen von Tonbandmitschnitten von personenorientierten Beratungen in Unternehmen vorzunehmen und zu vergleichen, ob es hier strukturelle Unterschiede zur Beratung in Organisationen sozialer Einrichtungen gibt. Methodisch vergleichbare Vorgehensweisen fast ausschließlich aus dem Bereich der Supervision finden sich beispielsweise bei Giesecke/

Rappe-Giesecke 1997: 133ff.; Möller 2001: 95ff. Eine organisationssoziologische Zweitauswertung deren Materials wäre sicherlich interessant.

[121] Luhmann (1964: 214) begrenzt das Argument auf Führungspositionen. Es gibt aus meiner Sicht aber keine Gründe, weswegen dieses Argument nicht für jede Stelle in einer Organisation bis hin zur Stelle einer Fließbandarbeiterin oder eines Callcenter-Agenten generalisiert werden kann.

[122] Interessant ist in diesem Zusammenhang auch die Reaktion von Praktikern auf die Schilderung der Fälle von Oevermann, Franzke/Schauf und Dörr. Es wird häufig von Praktikern die Vermutung geäußert, dass die Berater in den Mitschnitten sich noch in der Ausbildung befinden und deswegen professionelle Fehler begehen. Interessant ist jedoch, dass es sich sowohl bei den Aufzeichnungen des Kasseler Projektes (Oevermann) als auch bei denen des Bielefelder Projektes (Franzke/Schauf und Dörr) größtenteils um Aufzeichnungen von Supervisions- und Coachingsitzungen mit erfahrenen Supervisoren und Coachs handelt, die teilweise in der Szene als Koryphäen gelten.

[123] Auf die Ergebnisse der für diese Frage zuständigen sozialpsychologischen Attributionsforschung kann an dieser Stelle nicht eingegangen werden. Gerade für Praktiker mag der Hinweis Luhmanns (1988b: 178) interessant sein, dass für die Praxis die Attributionstheorie hilfreicher sein könnte als die Systemtheorie.

[124] Luhmann sieht bei diesen Zurechnungen die „Autopoiesis der Reproduktion von Entscheidungen aus (eigenen) Entscheidungen" am Wirken, durch die das System sich die Möglichkeit gibt, sich selbst zu helfen. Das Beispiel Arminia Bielefelds wurde von mir eingefügt, weil die Trainerentlassungen – nicht nur bei der Arminia – ein interessanter Sonderfall sind, weil hier auch ausnahmsweise massenmedial die Problematik der Personalisierung diskutiert wird.

[125] Dieses Beispiel basiert auf der Fallschilderung eines Coachs in unserem Bielefelder Forschungsprojekt. Zur Sicherstellung der Anonymität der Betroffenen wurden Details verändert.

[126] Interessant ist hier eine Parallele zu der frühen Kritik an einzelbezogenen oder gruppenbezogenen Beratungsansätzen aus einer marxistischen Perspektive. Besonders die Gruppendynamik, so eine These von Klaus Horn (1969), psychologisiere Zwänge, die eigentlich gesellschaftlich und nicht personal begründet sind, und führe so zu einer Entpolitisierung der entsprechenden Zusammenhänge.

[127] Es gibt gerade in der Supervisionsliteratur Ansätze, die die Funktion der personenorientierten Beratung weniger in einer Effizienzsteigerung des Personals als vielmehr in einer Emanzipation des einzelnen Individuums sehen. Auch wenn diese Position vorrangig aus einem aufklärerischen, manchmal sogar antikapitalistischem Impetus heraus vertreten wird, lässt sich vielleicht aus der Organisationssoziologie eine gewisse Stützung für dieses Argument finden.

[128] Es spricht für die Vergesslichkeit der Soziologie, dass diese frühe Entdeckung der „Ambivalenz", die auf Überlegungen von James March zurückgeht, in der Diskussion der

subjektorientierten Soziologie (vgl. prominent Voß/Pongratz 1998) keine Rolle spielt und deswegen der „Arbeitskraftunternehmer“ als Phänomen des ausgehenden zwanzigsten Jahrhunderts beschrieben wird. Luhmann beschreibt übrigens mit Anbau noch eine zweite Strategie, die auf Kosten der Person geht. Die Anpassung der Organisation finde durch den Anbau, durch eine „Erweiterung des Systems“ statt. Alles bleibe beim Alten, lediglich neue Stellen, neue Kontaktpersonen würden mit den Aufgaben betraut. Effekt sei dann jedoch das „Anschwellen interner Kommunikation und Konflikte“. Da die neuen Stellen nicht ohne Zusammenhang mit der bisherigen Organisation arbeiten könnten, müssten sie ihre Arbeitsweise mit den etablierten Stellen abstimmen. Die „Anpassung an Umweltveränderungen“, die durch die „Vergrößerung des Systems scheinbar gelöst werden würde“, tauche als neuartiges Problem in der „Form von internen Konflikten wieder auf“ (vgl. Luhmann 1964: 149f.). Für Luhmann sind die Ambivalenz- und die Anbaustrategie funktionale Äquivalente mit Vor- und Nachteilen (vgl. Luhmann 1964: 152). Für unseren Zweck ist jedoch nur wichtig, dass beide Strategien tendenziell auf „Kosten der Person“ gehen (um den Luhmannschen Ausdruck zu nehmen). Der Mitarbeiter, der sich in dem durch Korruption gekennzeichneten Land bewegt, entwickelt Gewissensbisse, wenn er den Verkaufsprozess durch kleine Geschenke beschleunigt. Die Automobilentwickler nehmen die Auseinandersetzung mit den Marketing-Experten persönlich und verbeißen sich in einen „an die Substanz gehenden“ Konflikt. Der Sozialarbeiter verzweifelt an seinen Jugendlichen, verbringt schlaflose Nächte und verliert deswegen an Lebensfreude.

[129] Luhmann (1964: 151) beschreibt die Notwendigkeit für zusätzliche Motivations- und Sicherheitsquellen als Notwendigkeit bei der Ambivalenzstrategie. Es spricht aber vieles dafür, diese auch bei der Anbaustrategie für notwendig zu erachten.

7.3 Literatur

Abagnale, Frank W. Jr.; Stan Redding (2000): Catch me if you Can: the Amazing True Story of the Youngest and most Daring Con Man in the History of Fun and Profit. New York, NY: Broadway Books.

Adams, J. Stacy (1980): Interorganizational Processes and Organization Boundary Activities. In: Research in Organizational Behaviour, Jg. 2, S. 321-355.

Adorno, Theodor W. (1954): Individuum und Organisation. In: Neumark, Fritz (Hg.): Individuum und Organisation. Darmstädter Gespräche. Dortmund: Neue Darmstädter Verlagsanstalt, S. 21-35.

Allensbacher Institut für Demoskopie (2005): Allensbacher Berufsprestige-Skala 2005. Allensbach: Allensbacher Berichte12/2005.

Allert, Tilman (1997): Zwei zu Drei: Soziologische Anmerkungen zur Liebe des Paares. In: System Familie, Jg. 10, S. 31-43.

Allert, Tilman (1998) Braucht jede Profession eine Supervision? Soziologische Anmerkungen zum Supervisionsbedarf und zum Autonomieanspruch professioneller Tätigkeiten. In: Berker, Peter; Ferdinand Buer (Hg.): Praxisnahe Supervisionsforschung. Münster: Votum, S. 16-45.

Aubert, Vilhelm (1972): Interessenkonflikte und Wertkonflikt: Zwei Typen des Konflikts und der Konfliktlösung. In: Bühl, Walter L. (Hg.): Konflikt und Konfliktstrategie. München: Nymphenburger Verlagshandlung, S. 178-205.

Baecker, Dirk (1994): Soziale Hilfe als Funktionssystem der Gesellschaft. In: Zeitschrift für Soziologie, Jg. 23, S. 93-110.

Baecker, Dirk (2006): Coaching in komplexen Organisationen. Berlin: Vortrag auf dem 1. Berliner Coachingtag, artop-Institut.

Bales, Robert F. (1951): Interaction Process Analysis. A Method for the Study of Small Groups. Cambridge, MA: Addison-Wesley.

Ball, Alan; Alan Poul (2005): Six Feet Under. Better Living Through Death – Gestorben wird immer. Berlin: Schwarzkopf & Schwarzkopf.

Bardmann, Theodor M. (1997): Überall Schmarotzer oder: Vom endlosen Treiben der Parasiten. In: GDI-Impuls, H. 2/1997, S. 52-65.

Barnard, Chester I. (1938): The Functions of the Executive. Cambridge, MA: Harvard University Press.

Bartens, Werner (2007): Arztkittel vor dem Aus. Der Arztkittel, die letzte Bastion des ärztlichen Standesbewusstseins, gerät in Gefahr: Der britische Gesundheitsminister will das Kleidungsstück abschaffen – weil es zu unhygienisch ist. In: Süddeutsche Zeitung, 18.9.2007, S. 12.

Bauer, Annemarie (2004): „Lieber mit den Wölfen heulen als mit den Schafen blöken?“ Anmerkungen zur Kontroverse Supervision und Coaching. In: Buer, Ferdinand; Gertrud Siller (Hg.): Die flexible Supervision. Herausforderungen – Konzepte – Perspektiven. Wiesbaden: VS Verlag, S. 121-142.

Bausch, Vera (2007): Supervision in Mentoringprogrammen. Eine empirische Studie. Hamburg: Verlag Dr. Kovac.

Becker, Howard; Ruth Hill Useem (1942): Sociological Analysis of the Dyad. In: American Sociological Review, Jg. 7, S. 13-26.
Belardi, Nando (1992): Supervision. Von der Praxisberatung zur Organisationsentwicklung. Paderborn: Junfermann.
Belardi, Nando (2000): Zur geschichtlichen Entwicklung: Von der Supervision zur Organisationsberatung. In: Pühl, Harald (2000) Handbuch der Superision. Berlin: Edition Marhold, S. 275-285.
Belardi, Nando (2002a): Supervision. Grundlagen, Techniken, Perspektiven. München: Beck.
Belardi, Nando (2002b): Entwicklung und Anwendungsbereiche der Supervision. In: Gruppenpsychotherapie und Gruppendynamik, Jg. 38, S. 132-152.
Bensman, Joseph; Israel Gerver (1963): Crime and Punishment in the Factory: The Function Deviancy in Maintaining the Social System. In: American Sociological Review, Jg. 28, S. S.588-598.
Bergler, Reinhold; Tanja Hoff (2001): Psychologie des ersten Eindrucks, Köln: Deutscher Institutsverlag.
Bernler, Gunnar; Lisbeth Johnsson (1993): Supervision in der psychosozialen Arbeit. Integrative Methodik und Praxis. Weinheim; Basel: Beltz.
Binger, Lothar (1974): Kritisches Plädoyer für die Gruppe. In: Kursbuch H. 37/1974, S. 1-25.
Bion, Wilfred R. (1971): Erfahrungen in Gruppen und andere Schriften. Stuttgart: Klett-Cotta.
Birgmeier, Bernd R. (2006): Coaching und Soziale Arbeit. Grundlagen einer Theorie sozialpädagogischen Coachings. Weinheim: Juventa.
Boltanski, Luc; Ève Chiapello (2003): Der neue Geist des Kapitalismus. Konstanz: UVK.
Bolte, Karl Martin; Ulrich Beck; Michael Brater (1988): Der Berufsbegriff als Instrument soziologischer Analyse. In: Bolte, Karl Martin (Hg.): Mensch, Arbeit und Betrieb. Weinheim: VCH, S. 39-54.
Bommes, Michael; Albert Scherr (2000): Soziologie der Sozialen Arbeit. Eine Einführung in Formen und Funktionen organisierter Hilfe. Weinheim: Juventa.
Böning, Uwe (2002): Der Siegeszug eines Personalentwicklungs-Instruments. Eine 10-Jahres-Bilanz. In: Rauen, Christopher (Hg.): Handbuch Coaching. 2. Aufl. Göttingen et al: Verlag für Angewandte Psychologie, S. 21-45.
Böning, Uwe; Brigitte Fritschle (2005): Coaching fürs Business. Köln: Managerseminare.
Bosetzky, Horst; Peter Heinrich (1980): Mensch und Organisation. Aspekte bürokratischer Sozialisation. Köln: Deutscher Gemeindeverlag – Verlag Kohlhammer.
Brandenberger, Thomas; Nadine Gassmann (2006): Kompetenter Coach? Erwartete Kompetenzen aus der Sicht von Organisationen. Zürich: Paper Hochschule für Angewandte Psychologie (HAP).
Brown, Rupert (2000): Group Processes. Dynamics Within and Between Groups. 2. Aufl. Malden, MA; Oxford: Blackwell.
Brunsson, Nils (1985): The Irrational Organization. Irrationality as a Basis for Organizational Action and Change. Chichester et al: John Wiley.

Brunsson, Nils (2003): Organized Hypocrisy. In: Czarniawska, Barbara; Guje Sevón (Hg.): The Northern Lights. Organization Theory in Scandinavia. Malmö; Oslo: Copenhagen Business School Press, S. 201-222.

Buchinger, Kurt (1992): Ist Teamsupervision Organisationsberatung? Zur Professionalisierung von Selbstreflexion. In: Wimmer, Rudolf (Hg.): Organisationsberatung. Neue Wege und Konzepte. Wiesbaden: Gabler, S. 151-169.

Buchinger, Kurt (2002): Supervision in Wirtschaftsorganisationen. In: Supervision, H. 2/2002, S. 47- 54.

Buchinger, Kurt; Klaus Götz (2000): Coaching. Ausgangspunkte, Gegenstände und Methoden. In: Götz, Klaus (Hg.): Human Resource Development. Band 2. München: Mering: Hampp, S. 33-52.

Buer, Ferdinand (1997): Zur Dialektik von Format und Verfahren. Oder: Warum eine Theorie der Supervision nur pluralistisch sein kann. In: Organisationsberatung Supervision Coaching, Jg. 47, S. 381-394.

Buer, Ferdinand (1999): Lehrbuch der Supervision. Münster: Votum.

Buer, Ferdinand (2000): Profession oder Organisation? Wem dient die Supervision? In: Pühl, Harald (Hg.): Supervision und Organisationsentwicklung. Opladen: Leske und Budrich, S. 70-103.

Buer, Ferdinand (2002): Pro & Contra. Supervision versus Coaching. In: Management & Training, H. 10/2002, S. 20.

Buer, Ferdinand (2004): Über die professionelle Kompetenz, Professionalität kompetent darzustellen. Und welche Rolle die Supervision heute dabei spielt. In: Buer, Ferdinand; Gertrud Siller (Hg.): Die flexible Supervision. Herausforderungen – Konzepte – Perspektiven. Wiesbaden: VS-Verlag, S. 161-202.

Buer, Ferdinand (2005): Coaching, Supervision und die vielen anderen Formate. Ein Plädoyer für ein friedliches Zusammenspiel. In: Organisationsberatung Supervision Coaching, Jg. 12, S.278-297.

Campbell, John P. et al. (1970): Managerial Behavior, Performance, and Effectiveness. New York et al.: McGraw-Hill.

Chaplin, Charles (1936): Modern Times. Film: United Artist.

Charlton, Kate; Carole Osterweil (2005): Measuring Return on Investment in Executive Education: A Quest to Meet Client Needs or Pursuit of the Holy Grail. In: 360° The Ashridge Journal, Autumn, 6-13.

Clark, Timothy (1995): Managing Consultants: Consultancy as the Management of Impressions. Buckingham: Open University Press.

Clark, Timothy; Graeme Salaman (1996a): Telling Tales: Management Consultancy as the Art of Story Telling. In: Grant David; Cliff Oswick (Hg.): Metaphor and Organizations. London: Sage, S. 167-184.

Clark, Timothy; Graeme Salaman (1996b): The Management Guru as Organizational Witchdoctor. In: Organization, Jg. 3, S. 85-107.

Clement, Ronald W. (1983): Evaluating the Effectiveness of Management Training: Progress During the 1970´s and Prospects for the 1980´s. In: Baird, Lloyd S.; Craig E.

Schneier, Dugan Laird (Hg.): The Training and Development Sourcebook, Amherst, MA: Human Resource Development Press, S. 231-235.
Cohen, Michael D.; James G. March; Johan P. Olsen (1972): A Garbage can Model of Rational Choice. In: Administrative Science Quartelry, Jg. 17, S. 1-25.
Conrad, Gabriele; Harald Pühl (1983): Teamsupervision. Gruppenkonflikte erkennen und lösen. Berlin: Marhold.
Craig, David (2005): Rip-off! The Scandalous Inside Story of the Management Consulting Money Machine. London: Original Book.
Crozier, Michel (1964): The Bureaucratic Phenomenon. Chicago: University of Chicago Press.
Dalton, Melville (1959): Men Who Manage. New York: Wiley.
Dean, James W.; David E. Bowen (1994): Management Theory and Total Quality. Improving Research and Practice Through Theory Development. In: Academy of Management Review, Jg. 19, S. 392-418.
Deming, W. Edward (1986): Out of the Crisis. Quality, Productivity, and Competetive Position. Cambridge, Mass.: Massachusetts Institute of Technology.
Dent, Mike; Stephen Whitehead (2002): Introduction: Configuring the „New" Professional. In: Dent, Mike; Stephen Whitehead (Hg.): Managing Professional Identities. Knowledge, Performativity and the „New" Professional. London; New York: Routledge, S. 1-18.
Doob, Leonard W. (1970): Resolving Conflict in Africa. New Haven: Yale University Press.
Doppler, Klaus; Christoph Lauterburg (1997): Change Management. Den Unternehmenswandel gestalten. 7. Aufl. Frankfurt a.M.; New York: Campus.
Dörr, Anastasia (2008): Die fließenden Grenzen der Supervision. Von der Methodik der Psychotherapie in der supervisorischen Praxis. In: Galdynski, Karolina; Stefan Kühl (Hg.): Black Box Beratung? Empirische Studien zu Coaching und Supervision. Wiesbaden, VS Verlag; erscheint Oktober 2008.
Dreeben, Robert (1968): On What is Learned at School. Reading: Addison-Wesley.
Dreeben, Robert (1970): The Nature of Teaching: Schools and the Work of Teachers. Glenview, Ill: Scott Foresman.
Dreitzel, Hans Peter (1962): Elitebegriff und Sozialstruktur. Eine soziologische Begriffsanalyse. Stuttgart: Enke.
Drepper, Thomas (2005): Die Grenzenlosigkeit des Managements – Organisations- und gesellschaftstheoretische Überlegungen. In: Drepper, Thomas; Andreas Göbel; Hans Nokielski (Hg.): Sozialer Wandel und kulturelle Innovation. Berlin: Duncker & Humblot, S. 449-477.
Drösser, Christoph (2006): Rauchen verboten. In: Die Zeit, 14.9.2006.
Easterby-Smith, Mark (1986): Evaluation of Management Education, Training, and Development. Aldershot: Gower.
Ebrahimchel, Martin; Michael Mohe; Richie Sternzeld (2006): Evaluation of Consulting Projects – The Consultants' View. In: Deelmann, Thomas; Michael Mohe (Hg.): Se-

lection and Evaluation of Consultants. München; Mering: Rainer Hampp Verlag, S. 159-278.
Eckert, Roland; Alois Hahn; Marianne Wolf (1989): Die ersten Jahre junger Ehen. Verständigung durch Illusionen? Frankfurt a.M.; New York: Campus.
Edding, Cornelia (2005): Abschied von der Gruppe, so wie wir sie kannten und liebten? – Ein Rückblick und ein Ausblick. In: Gruppenpsychotherapie und Gruppendynamik, Jg. 41, S. 3-22.
Eidenschink, Klaus (2003): Das narzisstisch infizierte Unternehmen. Zum problematischen Einfluss von Führungskräften mit narzisstischen Persönlichkeitsmerkmalen auf Organisationen. In. Organisationsentwicklung, H. 1/2003, S. 4-16.
Eidenschink, Klaus (2004): Mann, bin ich gut! – Die Not narzisstischer Manager. Wirtschaft und Weiterbildung, H. 10/2004, S. 42–46.
Eidenschink, Klaus (2005). Coaching von narzisstischen Führungskräften. Wirtschaft & Weiterbildung. H. 2/2005, S. 1-9.
Eisenstadt, Shmuel N. (1958): Bureaucracy and Bureaucratization. In: Current Sociology, Jg. 7, S. 99-164.
Eilles-Matthiessen, Claudia (2003): Der Markt der Möglichkeiten. in: Management & Training, H. 7/2003, S. 12-17.
Ernst, Berit (2002): Die Evaluation von Beratungsleistungen. Prozesse der Wahrnehmung und Bewertung. Wiesbaden: DUV.
Ernst, Berit (2008): Die Evaluation von Beratungsleistungen – Realität oder Utopie? In: Kühl, Stefan; Manfred Moldaschl (Hg.): Organisation und Intervention. München und Mering: Hampp (in Vorbereitung).
Ernst, Berit; Alfred Kieser (2003a): Do Practioners Know What They Are Getting From Consultants? Mannheim: Working Paper: Faculty of Business Administration, University of Mannheim.
Ernst, Berit; Alfred Kieser (2003b): Why Neither Managers Nor Consultants Need nor Want Systematic Evaluations of Consulting Engagements. Academy of Management Best Paper Proceedings 2003.
Ernst, Berit; Alfred Kieser (2004): Wissen Manager, was Ihnen Beratung bringt? In: Nippa, Michael; Dieter Schneiderbauer (Hg.): Erfolgsmechanismen der Top-Management-Beratung. Heidelberg: Physica-Verlag, S. 39-61.
Etzioni, Amitai (1965): Dual Leadership in Complex Organization. In: American Sociological Review, Jg. 30, S. 688-698.
Evan, William M (1963): Peer Group Interaction and Organizational Socialization: A Study of Employee Turnover. In: American Sociological Review, Jg. 28, S. 436-440.
Evetts, Julia (1999): Professions: Change and Continuities. In: International Review of Sociology, Jg. 9, S. 75-85.
Evetts, Julia (2003a): Explaining the Construction of Professionalism in the Military: History, Concepts and Theories. In: Revue française de sociologie, Jg. 44, S. 759-776.

Evetts, Julia (2003b): Professionalization and Professionalism: Explaining Professional Performance Initiatives. In: Harald Mieg; Michaela Pfadenhauer (Hg.): Professionelle Leistung – Professional Performance. Positionen zur Professionssoziologie, Konstanz: UVK, S. 49-70.

Exner, Alexander; Roswita Königswieser; Stefan Titscher (1987): Unternehmensberatung – systemisch. Theoretische Annahmen und Interventionen im Vergleich zu anderen Ansätzen. In: Die Betriebswirtschaft, Jg. 47, S. 265-284.

Fatzer, Gerhard (1999): Organisationen fragen Organisationen an. Trends zur Vernetzung in Supervision und Organisationsentwicklung. In: Supervision, H. 36/1999, S. 17-34.

Fellermann, Jörg; Annette Lentze; Manfred Leppers (2003): Supervision. 3. Aufl. Ein Beitrag zur Qualifizierung beruflicher Arbeit. Köln: Deutsche Gesellschaft für Supervision.

Felsenheimer, Dirk; Jan Vetter; Rodrigo González (2007): Die Ärzte: Drei Stunden Sorglosigkeit. In: Der Spiegel, H. 44/2007, S. 204-206.

Feltham, Colin; Windy Dryden (2002): Grundregeln der Supervision. Weinheim; Basel: Belz Verlag.

Fengler, Jörg (2001): Coaching: Definition, Prinzipien, Qualifikationen, illustriert anhand einer Fall-Vignette. In: Gruppendynamik, Jg. 32, S. 37-60.

Ferris, Joshua (2007): Then We Came to the End. New York: Little Brown.

Fichter, Joseph H. (1968): Grundbegriffe der Soziologie. Wien; New York: Springer.

Fisch, Rudolf; Sylvia Fiala (1984): Wie erfolgreich ist Führungskräftetraining – Eine Bilanz neuester Literatur. In: Die Betriebswirtschaft, Jg. 44, S. 193-203.

Foulkes, Siegmund H. (1978): Praxis der gruppenanalytischen Psychotherapie. Eschborn: Klotz.

Fox, Renée C. (1957): Training for Uncertainty. In: Merton, Robert K.; George G. Reader; Patricia L. Kendal (Hg.): The Student-Physician. Introductory Studies in the Sociology of Medical Education. Cambridge: Harvard University Press, S. 207-241.

Franzke, Andrea; Mia-Alina Schauf (2008): Personenzentrierte Beratung über mehrere hierarchische Ebenen. In: Galdynski, Karolina; Stefan Kühl (Hg.): Black Box Beratung? Empirische Studien zu Coaching und Supervision. Wiesbaden, VS Verlag; erscheint Oktober 2008.

Freeman, Jo (1972): The Tyranny of Structurelessness. In: Berkeley Journal of Sociology, Jg. 17, S. 151-164.

Freidson, Eliot (1983): The Theory of Professions: State of the Art. In: Dingwall, Robert; Philip Lewis (Hg.): The Sociology of Professions: Lawyers, Doctors and Others. London: Macmillan Press, S. 19-37.

French, Wendell L.; Cecil H. Bell (1994): Organisationsentwicklung. Sozialwissenschaftliche Strategien zur Organisationsveränderung. 4. Aufl. Bern; Stuttgart; Wien: Paul Haupt.

Freund, Julien (1976): Der Dritte in Simmels Soziologie. In: Böhringer, Hannes; Karlfried Gründer (Hg.): Ästhetik und Soziologie um die Jahrhundertwende „Georg Simmel“. Frankfurt a.M.: Klostermann, S. 90-101.

Fuchs, Peter (2004): Die magische Welt der Beratung. In: Schützeichel, Rainer; Thomas Brüsemeister, Thomas (Hg.): Die beratene Gesellschaft. Zur gesellschaftlichen Bedeutung von Beratung. Wiesbaden: VS-Verlag, S. 239-259.

Gable, Guy G. (1996): A Multidimensional Model of Client Success When Engaging External Consultants. In: Management Science, Jg. 42, S. 1175-1198.

Gaertner, Adrian (1998): Professionalismus und Dequalifizierung der Supervision – Kritische Anmerkungen zur Entwicklung einer jungen Profession. In: Forum Supervision, Jg. 6, S. 86-114.

Gaertner, Adrian (1999): Gruppensupervision. Theoriegeschichtliche und fallanalytische Untersuchungen. Tübingen: edition diskord

Gaertner, Adrian (2004): Supervision in der Krise – Expansionismus, Unschärfeprofil und die Ausblendung der Selbstreflexion. In: Buer, Ferdinand; Gertrud Siller (Hg.): Die flexible Supervision. Herausforderungen – Konzepte – Perspektiven. Wiesbaden: VS-Verlag, S. 79-100.

Galdynski, Karolina (2008): Professionsbildung in der Supervision – Coaching die verpasste Welle oder Sprungbrett zur weiteren Etablierung. In: Galdynski, Karolina; Stefan Kühl (Hg.): Black Box Beratung? Empirische Studien zu Coaching und Supervision. Wiesbaden, VS Verlag; erscheint Oktober 2008.

Gediga, Christian; Stefan Schulz (2008): Obwohl personenzentriert: Funktionen von Coaching für Organisationen. Bielefeld: www.coaching-funktionen.de

Geißler, Harald (2004a): Es gibt keine objektiven Kriterien. In: Personalführung, H. 7/2004, S. 16-17.

Geißler, Harald (2004b): Rahmenkonzept für den Überblick über Coaching-Ansätze und Coaching-Ausbildungen. Hamburg: unveröff. Ms.

Gerhardt, Claudia; Thomas Webers (2005): Von Qualitätsstandards, Zertifizierungen, Verbänden – und der Praxis. In: Wirtschaftspsychologie, H. 1/2005, S. 55-57.

Gesellschaft für Organisationsentwicklung (GOE) (1980): Leitbild und Grundsätze der Gesellschaft für Organisationsentwicklung. Langenfeld: unveröff. Ms.

Giesecke, Michael; Kornelia Rappe-Giesecke (1997): Supervision als Medium kommunikativer Sozialforschung. Die Integration von Selbsterfahrung und distanzierter Betrachtung in Beratung und Wissenschaft. Frankfurt a.M.: Suhrkamp.

Girard, René (1982): Le bouc émissaire. Paris: Grasset.

Girtler, Roland (2004): Der Strich. Soziologie eines Milieus. Münster. Lit.

Gladwell, Malcolm (2000): The Tipping Point. How Little Things Can Make a Big Difference. London: Little Brown.

Glasl, Friedrich (1990): Konfliktmanagement. Ein Handbuch für Führungskräfte und Berater. 2. Aufl. Bern; Stuttgart: Haupt; Verlag freies Geistesleben.

Glenewinkel, Werner (2003): Mediation als professionelle Konfliktbearbeitung zwischen Verfahrens- und Fachkompetenz. In: Der pädagogische Blick, Jg. 11, S. 155-169.

Goethe, Johann Wolfgang von (1999): Torquato Tasso. In: Goethe, Johann Wolfgang von (Hg.): Poetische Werke, Band 5. Essen: Phaidon Verlag. S. 611-697.

Goffman, Erving (1952): On Cooling the Mark Out. In: Psychiatry, Jg. 15, S. 451-463.

Goffman, Erving (1956): The Nature of Deference and Demeanor. In: American Anthropologist, Jg. 58, S. 473-502.
Goffman, Erving (1957): Alienation from Interaction. In: Human Relations, Jg. 10, S. 47-59.
Goffman, Erving (1961): Asylums. New York: Double Day.
Goffman, Erving (1982): Die Verrücktheit des Platzes. In: Goffman, Erving (Hg.): Das Individuum im öffentlichen Austausch. Mikrostudien zur öffentlichen Ordnung. Frankfurt a.M.: Suhrkamp, S. 434-503.
Goffman, Erving (1983): Wir alle spielen Theater. Die Selbstdarstellung im Alltag. München et. al.: Piper.
Goffman, Erving (1986): Techniken der Imagepflege. In: Goffman, Erving (Hg.): Interaktionsrituale. Frankfurt a.M.: Suhrkamp, S.10-54.
Goldstein, Irwin L. (1986): Training in Organizations: Need Assessment, Development and Evaluation. 2. Aufl. Belmont, CA: Thompson Brooks..
Goode, William J. (1957): Community within the Community: The Professions. In: American Sociological Review, Jg. 22, S. 194-200.
Gouldner, Alvin W. (1954): Patterns of Industrial Bureaucracy. Glencoe: Free Press.
Groß, Claudia (2003): Unternehmensberatung – auf dem Weg zur Profession? In: Soziale Welt, Jg. 54, S. 93-116.
Gruber, Carina; Julia Hansmeyer (2008): Supervisoren als Schauspieler – Professionsbildung durch Kompetenzdarstellungskompetenz. In: Galdynski, Karolina; Stefan Kühl (Hg.): Black Box Beratung? Empirische Studien zu Coaching und Supervision. Wiesbaden, VS Verlag; erscheint Oktober 2008.
Grusky, Oskar (1960): Administrative Succession in Formal Organizations. In: Social Forces, Jg. 39, S. 105-115.
Guppy, Neil; John C. Goyder (1984): Consensus on Occupational Prestige: A Reassessment of the Evidence. In: Social Forces, Jg. 62, S. 709-725.
Hallier, Jerry; Philip James (2000): The Decline of Cooling Out Applicant Failure. Some Adaptations to Organizational Changes by Self-regulating Groups. In: Employee Relations, Jg. 22, S. 13-37.
Hamblin, Anthony C. (1974): Evaluation and Control of Training. London et al.: McGraw-Hill.
Hargrove, Robert (1995): Masterful Coaching. San Francisco: Jossey-Bass.
Harksen, Jürgen (2006): Wie ich den Reichen ihr Geld abnahm. Die Karriere eines Hochstaplers. Frankfurt a.M.: Scherz-Verlag.
Hasenfeld, Yeheskel (1972): People Processing Organizations: An Exchange Approach. In: American Sociological Review, Jg. 37, S. 256-263.
Hasenfeld, Yeheskel (1992): Human Services as Complex Organizations. Newbury Park; CA: Sage.
Haubl, Rolf; Bettina Daser (2008): Leitungscoaching: Fit machen für die Selbstausbeutung? Blättl-Mink, Birgit et al. (Hg.): Beratung als Reflexion. Berlin: Edition Sigma, S. 137-157.

Hege, Marianne (1996): Konzeptionsfragen der Supervision. In: Supervision, H. 29/1996, S. 104-106.
Heindl, Regina (2005): Dienstleistungsinteraktion in Zügen. München: Diplomarbeit Universität München.
Hentig, Hans von (1958): Über den Ursprung der Henkersmahlzeit. Tübingen: Mohr.
Hirsch, Mathias (2004): Gedanken zum Schwinden der Attraktivität analytischer Gruppenpsychotherapie. In: Gruppenpsychotherapie und Gruppendynamik, Jg. 40, S. 164-178.
Hitzler, Ronald (1991): Goffmans Perspektive. Notizen zum dramatologischen Ansatz. In: Sozialwissenschaftliche Informationen, H. 4/1991, S. 276-281.
Hitzler, Ronald (1992): Der Goffmensch. In: Soziale Welt, Jg. 44, S. 449-461.
Hitzler, Ronald (1994): Rituale der Ungleichheit. S/M-Erotik in Lebenswelt und Medienalltag. In: Mürth, Ingo; Gerhard Fröhlich (Hg.): Das symbolische Kapital der Lebensstile. Zur Kultursoziologie der Moderne nach Pierre Bourdieu. Frankfurt a.M.; New York: Campus, S. 193-206.
Hodge, Robert W.; Paul M. Siegel; Peter H. Rossi (1964): Occupational Prestige in the United States, 1925-63. In: American Journal of Sociology, Jg. 70, S. 286-302.
Hoffmann, Werner H. (1991): Faktoren erfolgreicher Unternehmensberatung. Wiesbaden: DUV.
Hofstätter, Peter R. (1957): Gruppendynamik. Die Kritik der Massenpsychologie. Hamburg: Rowohlt.
Homans, George C. (1950): The Human Group. New York: Harcourt, Brace.
Horn, Elke (1994): Soziologische Systemtheorie und systemische Familientherapie: Einige Anmerkungen zu den Möglichkeiten eines Dialogs. In: Herlth, Alois et al. (Hg.): Abschied von der Normalfamilie? Partnerschaft contra Elternschaft. Berlin et al.: Springer, S. 203-212.
Horn, Klaus (1969): Politische und methodologische Aspekte gruppendynamischer Verfahren. In: Das Argument, Jg. 10, S. 261-283.
Huber, Anne A.; Günther F. Müller (1998): Die Gruppe als Vermittlerin individueller Lernprozesse. In: Ardelt-Gattinger, Elisabeth; Hans Lechner; Walter Schlögl (Hg.): Gruppendynamik. Anspruch und Wirklichkeit der Arbeit in Gruppen. Göttingen: Verlag für Angewandte Psychologie, S. 218-233.
Huck, Heide H. (1989): Coaching. In: Strutz, Hans (Hg.): Handbuch Personalmarketing. Wiesbaden: Gabler, S. 413-420.
Huczynski, Andrzej (2004): Influencing within Organizations. 2. Aufl. London; New York: Routledge.
Hughes, Everett C. (1951): Psychology: Science and/or Profession. In: The American Psychologist, Jg. 7, S. 441-443.
Hughes, Everett C. (1963): Professions. In: Daedalus, Jg. 92, S. 655-668.
Hülsmann, Dorothea (1969). Schriftstellernde Betrüger. München: Dissertation aus der Nervenklinik der Universität München.
Ikusaka, Masatomi et al. (1999): Patients' Attitudes toward Consultations by a Physician Without a White Coat in Japan. In: Internal Medicine, Jg. 38: S. 533-536.

Illich, Ivan (1972): Deschooling Society. New York: Harper & Row.
Illich, Ivan (1979): Entmündigende Expertenherrschaft. In: Illich, Ivan (Hg.): Entmündigung durch Experten. Zur Kritik der Dienstleistungsberufe. Reinbek: Rowohlt, S. 7-35.
Irle, Günter (2001): Mediation – Moderation – Supervision: ein Vergleich. In: Gruppendynamik und Organisationsberatung, Jg. 32, S. 5-20.
Jackall, Robert (1988): Moral Mazes. The World of Corporate Managers. New York; Oxford: Oxford University Press.
Janert, Josefine (2005): Karriereberatung und Sinnsuche. In: FAZ, 15.7.2005.
Janowitz, Morris (1960): The Professional Soldier. New York: Free Press.
Johnson, Terence J. (1972): Professions and Power. Basingstoke; London: Maxmillan.
Johnson, Terence J. (1977): The Professions in the Class Structure. In: Scase, Richard (Hg.): Industrial Society. Class, Cleavage and Control. London: George Allen & Unwin, S. 93-110.
Jumpertz, Silvia (2005): Jeder Coach ist einzigartig. In: ManagerSeminare, H. 2/2005, S. 41-45.
Kaas, Klaus Peter; Christian. Schade (1995): Unternehmensberater im Wettbewerb. Eine empirische Untersuchung aus der Perspektive der neuen Institutionenlehre. In: Zeitschrift für Betriebswirtschaft, Jg. 65, S. 1067-1089.
Kampa-Kokesch, Sheila; Mary Z. Anderson (2001): Executive Coaching: A Comprehensive Review of the Literature. In: Consulting Psychology Journal, Jg. 53, S. 205-228.
Karg, Markus (2001): Die Ärzte – Ein überdimensionales Meerschwein frisst die Erde auf. Berlin: Schwarzkopf & Schwarzkopf.
Kaube, Jürgen (2000): Die Nachtwachen der Bürodiener. Einlaß in den Nachlaß und die aktenkundigen Angestellten im System: Niklas Luhmann über Organisation und Entscheidung. In: Frankfurter Allgemeine Zeitung, 17.2.2000, S. 62.
Kaube, Jürgen (2004): Ein Dreier mit dem Soziologen. In: FAZ, 26.11.2004.
Kaufmann, Jean-Claude (1992): La trame conjugale. Analyse du couple par son linge. Paris : Èditions Nathan.
Kaufmann, Jean-Claude (2004): „Der Morgen danach". Wie eine Liebesgeschichte beginnt. Konstanz: UVK.
Kieser, Alfred (1989): Organizational, Institutional, and Societal Evolution. Medieval Craft Guilds and the Genesis of Formal Organizations. In: Administrative Science Quarterly, Jg. 34, S. 540-564.
Kieser, Alfred (1998): Unternehmensberater – Händler in Problemen, Praktiken und Sinn. In: Glaser, Horst, Ernst F. Schröder; Axel von Werder (Hg.): Organisation im Wandel. Wiesbaden: Gabler, S. 191-225.
Kieserling, André (1993): Konturen einer soziologischen Unternehmensberatung. Bielefeld: unveröff. Ms.
Kieserling, André (1998): Zur Lage der Profession. In: Brosziewski, Achim; Christoph Maeder (Hg.): Organisation und Profession: Rorschach; St. Gallen: Universitäts-Druck, S. 63-72.

Kieserling, André (1999): Kommunikation unter Anwesenden. Studien über Interaktionssysteme. Frankfurt a.M.: Suhrkamp.

Kieserling, André (2002): Öffentlichkeit als Zensurmechanismus. München: unveröff. Ms.

Kieserling, André (2004): Sechs Vorlesungen über Schichtung. Mainz: unveröff. Ms.

Kieserling, André (2008): Hochstapler. Kompetenz zwischen Schichtung und funktionaler Differenzierung. In: Kurtz, Thomas; Michaela Pfadenhauer (Hg.): Soziologische Kompetenzforschung. Wiesbaden: VS-Verlag, erscheint Ende 2008.

Kihn, Martin (2006): House of Lies: How Management Consultants Steal Your Watch and Then Tell You the Time. New York: Warner Business Books.

Kirkpatrick, Donald L. (1959a). Techniques for Evaluation Training Programs. In: Journal of American Society for Training Directors, Jg. 13, S. 3-9.

Kirkpatrick, Donald L. (1959b): Techniques for evaluating training programs: Part 2 – learning. In: Journal of the American Society of Training Directors, 13, S. 21-26.

Kirkpatrick, Donald L. (1960a): Techniques for evaluating training programs: Part 3 – behaviour. In: Journal of the American Society of Training Directors, 14 (1), 13-18.

Kirkpatrick, Donald L. (1960b): Techniques for evaluating training programs: Part 4 – results. In: Journal of the American Society of Training Directors, 14 (2), 28-32.

Kirkpatrick, Donald L. (1979): Techniques for Evaluating Training Programs. In: Training and Development Journal, Jg. 33, S. 78-92.

Kirkpatrick, Donald L. (1996): Evaluation. In: Craig, Robert L. (Hg.), The ASTD Training and Development Handbook: A Guide to Human Resource Development. New York: McGraw- Hill, S. 294-312.

Kirkpatrick, Donald L. (2006): Evaluating Training Programs: The Four Levels. 3. Aufl. San Francisco: Berret-Koehler.

Klein, Herbert (1978): Zur Messung des Beratungserfolges. In: Zeitschrift für Organisation, H. 2/1978, S. 105-110.

König, Eckard (2007): Systemisches Coaching: Anstoß zur Veränderung sozialer Systeme. In: Strikker, Frank (Hg.): Coaching im 21. Jahrhundert. Augsburg: Ziel, S. 81-99.

König, Eckard, Gerda Volmer (2002): Systemisches Coaching. Handbuch für Fürungskräfte, Berater und Trainer. Weinheim, Basel: Beltz Verlag.

König, Oliver (1990): Der verordnete Autoritätskonflikt. Ein gruppendynamisches Paradoxon In: Gruppendynamik. Zeitschrift für angewandte Sozialpsychologie, Jg. 21, S. 393-406.

König, René (1983): Die analytisch-praktische Doppelbedeutung des Gruppentheorems. Ein Blick in die Hintergründe. In: Neidhardt, Friedhelm (Hg.): Gruppensoziologie. Perspektiven und Materialien. Sonderheft 25 der Kölner Zeitschrift für Soziologie und Sozialpsychologie. Opladen: WDV, S. 36-64.

Krämer, Klaus (1981): Kritische Aspekte der Organisationsentwicklung. In: Bachmann, Claus Henning (Hg.): Kritik der Gruppendynamik. Frankfurt: Fischer, S. 313-339.

Kriwy, Peter; Helmut Aumüller (2007): Präferenzen von Patienten bei der Hausarzt- oder Krankenhaussuche. In: Das Gesundheitswesen, H. 8/9/2007, S. 464-469.

Kühl, Stefan (1994): Wenn die Affen den Zoo regieren. Die Tücken der flachen Hierarchien. Frankfurt a.M.; New York: Campus.

Kühl, Stefan (2001): Professionalität ohne Profession. Das Ende des Traums von der Organisationsentwicklung als eigenständiger Profession und die Konsequenzen für die soziologische Beratungsdiskussion. In: Degele, Nina et al. (Hg.): Soziologische Beratungsforschung. Perspektiven für Theorie und Praxis der Organisationsberatung. Opladen: Leske + Budrich, S. 209-238.

Kühl, Stefan (2002): Jenseits der Face-to-Face-Organisation. Wachstumsprozesse in kapitalmarktorientierten Unternehmen. In: Zeitschrift für Soziologie, 31 Jg., S. 186-210.

Kühl, Stefan (2005): Ganz normale Organisationen. Organisationssoziologische Interpretationen simulierter Brutalitäten. In: Zeitschrift für Soziologie, Jg. 34, S. 90-111.

Kühl, Stefan (2006a): Psychiatrisierung, Personifizierung und Personalisierung. Zur personenzentrierten Beratung in Organisationen. In: Organisationsberatung – Supervision – Coaching, Jg. 13, S. 391-405.

Kühl, Stefan (2006b): Die Professionalisierung der Professionalisierer. Bielefeld: Working Paper Uni Bielefeld. http://www.uni-bielefeld.de/soz/forschung/orgsoz/Stefan_Kuehl/workingpapers.html

Kühl, Stefan (2007a): Person, Beratung, Organisation. Zur Funktion von Coaching in Organisationen. In: Strikker, Frank (Hg.): Coaching im 21. Jahrhundert. Augsburg: Ziel, S. 40-57.

Kühl, Stefan (2007b): Formalität, Informalität und Illegalität in der Organisationsberatung. Systemtheoretische Analyse eines Beratungsprozesses. In: Soziale Welt, Jg. 58 (2007), S. 269-291.

Kühl, Stefan (2008a): Die verflixte Sache mit der Kompetenzdarstellung. In: Schimank, Uwe; Nadine Schöneck (Hg.): Einladung zur Soziologie. Frankfurt a.M.; New York: Campus, erscheint Ende 2008.

Kühl, Stefan (2008b): Die nur fast gelingende Schließung des Personalentwicklungszyklus. In: Organisationsberatung Supervision Coaching, Jg. 15, im Erscheinen.

Kühl, Stefan (2008c): Ächtung des Selbstlobs und Probleme der Kompetenzdarstellung. In: Kurtz, Thomas; Michaela Pfadenhauer (Hg.): Soziologische Kompetenzforschung. Wiesbaden: VS-Verlag, erscheint Ende 2008.

Kühl, Stefan (2008d): Das Evaluations-Dilemma der Beratung. Evaluation zwischen Ansprüchen von Lernen und Legitimation. Bielefeld: Workingpaper http://www.uni-bielefeld.de/soz/forschung/orgsoz/Stefan_Kuehl/workingpapers.html

Künzli, Hansjörg (2005): Wirksamkeitsforschung im Führungskräfte-Coaching. In: Organisationsberatung – Supervision – Coaching, Jg. 12, S. 231-243.

Kurtz, Thomas (1998): Professionen und professionelles Handeln. Soziologische Überlegungen zur Klärung einer Differenz. In: Peters, Sybille (Hg.): Professionalität und betriebliche Handlungslogik. Pädagogische Professionalisierung in der betrieblichen Weiterbildung. Bielefeld: Bertelsmann, S. 105-121.

Kurtz, Thomas (2000): Weiterbildung zwischen Beruf und Betrieb. Zum Verhältnis von Person, Organisation und Wissen. Biefefeld: unveröff. Ms.

Kutter, Peter (2000): Spiegelungen und Übertragungen in der Supervision. In: Pühl, Harald (Hg.): Handbuch der Supervision. 2. überarb. Aufl. Berlin: Edition Mahrhold, S. 41–54.
Lane, Christel et al. (2004a): Counselling Psychologist and Psychotherapists. The Future of Professionalised Work in Britain and Germany. London: Anglo German Foundation www.agf.org.uk.
Lane, Christel et al. (2004b): Human Resource Managers and Business Consultants. The Future of Professionalised Work in Britain and Germany. London: Anglo German Foundation www.agf.org.uk.
Larson, Magali Sarfatti (1977): The Rise of Professionalism. A Sociological Analysis. London: University of California Press.
Leitner, Anton et al. (2004): Mythos Supervision? Zur Notwendigkeit von „konzeptkritischen" Untersuchungen im Hell- und Dunkelfeld zu Wirkungen, Nebenwirkungen, Risiken und Rechtsverletzungen in der supervisorischen Praxis. Krems an der Donau: unveröff. Ms.
Lell, Joachim; Ferdinand W. Menne (Hg.) (1976): Religiöse Gruppen. Düsseldorf: Vandenhoek & Ruprecht.
Leuschner, Gerhard (1999): Akquisition und Kontrakt im Gegenwind des Zeitgeistes. In: Forum Supervision Heft 14, S.5-23.
Lewin, Kurt (1936): Psychology of Success and Failure. In: Occupations, Jg. 14, S. 926-930.
Looss, Wolfgang (1991): Coaching für Manager – Problembewältigung unter vier Augen Landsberg: Moderne Industrie.
Looss, Wolfgang (1997): Unter vier Augen. Coaching für Manager. 4. völlig überarb. Aufl. Landsberg am Lech: Moderne Industrie.
Looss, Wolfgang (1999): Coaching – Qualitätsüberlegungen beim Einsatz von Coaching. In: Fatzer, Gerhard; Kornelia Rappe-Giesecke; Wolfgang Looss (Hg.): Qualität und Leistung von Beratung: Supervision, Coaching, Organisationsentwicklung. Köln: Edition Humanistische Psychologie, S. 105-132.
Luhmann, Niklas (1962): Der neue Chef. In: Verwaltungsarchiv, Jg. 53, S. 11-24.
Luhmann, Niklas (1964): Funktionen und Folgen formaler Organisation. Berlin: Duncker & Humblot.
Luhmann, Niklas (1965): Spontane Ordnungsbildung. In: Morstein Marx, Fritz (Hg.): Verwaltung. Eine einführende Darstellung. Berlin: Duncker & Humblot, S. 163-183.
Luhmann, Niklas (1966): Recht und Automation in der öffentlichen Verwaltung. Eine verwaltungswissenschaftliche Untersuchung. Berlin: Duncker & Humblot.
Luhmann, Niklas (1969a): Einfache Sozialsysteme. Vorlesungsmanuskript Universität Bielefeld 1969/1970 unveröff. Ms.
Luhmann, Niklas (1969b): Unterwachung. Oder die Kunst, Vorgesetzte zu lenken. Bielefeld: unveröff. Ms.
Luhmann, Niklas (1971): Reform des öffentlichen Dienstes. In: Luhmann, Niklas (Hg.): Politische Planung. Aufsätze zur Soziologie von Politik und Verwaltung. Opladen: WDV, S. 203-256.

Luhmann, Niklas (1972a): Rechtssoziologie. Reinbek: Rowohlt.
Luhmann, Niklas (1972b): Die Organisierbarkeit von Religionen und Kirchen. In: Wössner, Jakobus (Hg.): Religion im Umbruch. Soziologische Beiträge zur Situation von Religion und Kirche in der gegenwärtigen Gesellschaft. Stuttgart: Ferdinand Enke, S. 245-285.
Luhmann, Niklas (1972c): Knappheit, Geld und die bürgerliche Gesellschaft. In: Jahrbuch für Sozialwissenschaften, Jg. 23, S. 187-210.
Luhmann, Niklas (1973): Zweckbegriff und Systemrationalität. Über die Funktion von Zwecken in sozialen Systemen. Frankfurt a.M.: Suhrkamp.
Luhmann, Niklas (1974): Professionelle Arbeit. Bielefeld: unveröff. Ms.
Luhmann, Niklas (1975a): Macht. Stuttgart: Enke.
Luhmann, Niklas (1975b): Interaktion, Organisation, Gesellschaft. In: Luhmann, Niklas (Hg.): Soziologische Aufklärung 2. Aufsätze zur Theorie der Gesellschaft. Opladen: WDV, S. 9-20.
Luhmann, Niklas (1975c): Strukturauflösung durch Interaktion. Ein analytischer Bezugsrahmen. Bielefeld: unveröff. Ms.
Luhmann, Niklas (1975d): Konfliktpotentiale in sozialen Systemen. In: Landeszentrale für politische Bildung des Landes Nordrhein-Westfalen (Hg.): Der Mensch in den Konfliktfeldern der Gegenwart. Köln: Verlag Wissenschaft und Politik, S. 65-75.
Luhmann, Niklas (1975e): Funktionale Analyse. Methode und Systemtheorie. In: Bühl, Walter L. (Hg.): Funktion und Struktur. Soziologie vor Geschichte. München: Nymphenburger Verl.-Handlung, S. 98-131.
Luhmann, Niklas (1977): Probleme eines Parteiprogramms. In: Baier, Horst (Hg.): Freiheit und Sachzwang. Beiträge zu Ehren Helmut Schelskys. Opladen: WDV, S. 167-181.
Luhmann, Niklas (1979): Schematismen der Interaktion. In: Kölner Zeitschrift für Soziologie und Sozialpsychologie, Jg. 31, S. 237-255.
Luhmann, Niklas (1981): Organisation im Wirtschaftssystem. In: Soziologische Aufklärung 3. Opladen: WDV, S. 390-414.
Luhmann, Niklas (1983): Legitimation durch Verfahren. Frankfurt a.M.: Suhrkamp.
Luhmann, Niklas (1984): Soziale Systeme. Frankfurt am Main: Suhrkamp.
Luhmann, Niklas (1988a): Geld als Kommunikationsmedium: Über symbolische und diabolische Generalisierungen. In: Luhmann, Niklas (Hg.): Die Wirtschaft der Gesellschaft. Frankfurt a.M.: Suhrkamp, S. 230-271.
Luhmann, Niklas (1988b): Therapeutische Systeme. Fragen an Niklas Luhmann. In: Simon, Fritz B. (Hg.): Lebende Systeme: Wirklichkeitskonstruktionen in der systemischen Therapie. Frankfurt a.M.: Suhrkamp, S. 169-189.
Luhmann, Niklas (1990a): Kommunikationssperren in der Unternehmensberatung. In: Königswieser, Roswita; Christian Lutz (Hg.): Das systemisch evolutionäre Management – Der neue Horizont für Unternehmen. Wien: Orac, S. 236-249.
Luhmann, Niklas (1990b): Sozialsystem Familie. In: Luhmann, Niklas (Hg.): Soziologische Aufklärung 5. 3. Aufl. Opladen: WDV, S. 189-209.

Luhmann, Niklas (1992): Erfahrungen mit Universitäten: Ein Interview. In: Kieserling, André (Hg.): Universität als Milieu. Bielefeld: Haux, S. 100-125.
Luhmann, Niklas (1995): Kausalität im Süden. In: Soziale Systeme, Jg. 1, S.7-28.
Luhmann, Niklas (1997): Die Gesellschaft der Gesellschaft. Frankfurt a.M.: Suhrkamp.
Luhmann, Niklas (2000): Organisation und Entscheidung. Opladen: WDV.
Luhmann, Niklas (2002): Das Erziehungssystem der Gesellschaft. Frankfurt a.M.: Suhrkamp.
Luhmann, Niklas (2005): Die Form „Person". In: Luhmann, Niklas (Hg.) Soziologische Aufklärung 6. 2. Aufl. Die Soziologie und der Mensch. Opladen: VS-Verlag, S. 137-149.
Luhmann, Niklas; Karl-Eberhard Schorr (1979a): Reflektionsprobleme im Erziehungssystem. Frankfurt a.M.: Suhrkamp.
Luhmann, Niklas; Karl-Eberhard Schorr (1979b): Das Technologiedefizit der Erziehung und die Pädagogik. In: Zeitschrift für Pädagogik, Jg. 25, S. 345-365.
Luo, Xiaowei (2006): The Spread of a „Human Resources" Culture: Institutional Individualism and the Rise of Personal Development Training. In: Drori, Gili S.; John W. Meyer; Hokyu Hwang (Hg.): Drori, Gili S., John W. Meyer and Hokyu Hwang (Hg) Globalization and Organization: World Society and Organizational Change. Oxford; New York: Oxford University Press.
Luthans, Fred; Suzanne J. Peterson (2003): 360-degree Feedback with Systematic Coaching: Empirical Analysis Suggests a Winning Combination. In: Human Resource Management, Jg. 42, S. 243-256.
Maister, David H. (1997): True Professionalism. The Courage to Care about your People, your Clients, and your Career. New York: Free Press.
Maiwald, Kai-Olaf (2004): Professionalisierung im modernen Berufssystem: Das Beispiel der Familienmediation. Wiesbaden: VS Verlag für Sozialwissenschaften.
Mangham, Iain L. (1978): Interaction and Interventions in Organizations. Chichester: Wiley.
Mangham, Iain L. (1986): Power and Performance in Organizations: an Exploration of Executive Process. Oxford: Basil Blackwell.
Mangham, Iain L.; Michael A. Overington (1987): Organizations as Theatre. A Social Psychology of dramatic Appearances. Chicester: Wiley.
March, James G.; Herbert A. Simon (1958): Organizations. New York: John Wiley & Sons.
Marcus, Philip M. (1960): Expressive and Instrumental Groups. Toward a Theory of Group Structure. In: American Journal of Sociology, Jg. 66, S. 54-59.
Marquard, Odo (1974): Inkompetenzkompensationskompetenz. In: Philosophisches Jahrbuch, Jg. 81, S. 341-349.
Martens, Wil (1997): Organisation als gesellschaftliche Teilsysteme. In: Ortmann, Günther; Jörg Sydow; Klaus Türk (Hg.): Theorien der Gesellschaft. Die Rückkehr der Gesellschaft. Opladen: WDV, S. 263-311.
Marx, Karl (1962): Das Kapital. Erstes Buch. In: Marx-Engels-Werke. Band 23, Berlin: Dietz-Verlag, S. 11-955.

Mattke, Dankwart (2006): Gruppensupervision als Ort beruflicher Rollenfindung und Professionalisierung von Gruppenpsychotherapeuten. In: Gruppenpsychotherapie und Gruppendynamik, Jg. 42, S. 23-38.
Maurier, Daphne Du (1940): Rebecca. Hamburg: Krüger-Verlag.
McCormick, Ernest J.; Daniel R. Ilgen (1985): Industrial and Organizational Psychology. 3. Aufl. Englewood Cliffs NJ: Prentice Hall.
McGivern, Chris (1983): Some Facets of the Relationship Between Consultants and Clients in Organizations. In: Journal of Management Studies, Jg. 20, S. 367-386.
McKinlay, John B. (1973): Clients and Organizations. In: McKinlay, John B. (Hg.): Processing People. Cases in Organizational Behaviour. London et. al.: Holt, Rinehart, Winston, S. 339-378.
Merton, Robert K. (1949): Social Theory and Social Structure. Glencoe, Ill.: Free Press.
Meyer, John W.; Brian Rowan (1977): Institutionalized Organizations. Formal Structure as Myth and Ceremony. In: American Journal of Sociology, Jg. 83, S. 340-363.
Mills, Theodore M. (1969): Soziologie der Gruppe. München: Juventa.
Mintzberg, Henry (1979): The Structuring of Organization. A Synthesis of the Research. Englewood Cliffs, NJ: Prentice-Hall.
Moers, Walter (1990): Kleines Arschloch. Frankfurt a.M.: Eichborn.
Moers, Walter (1991): Schöne Geschichten. Frankfurt a.M.: Eichborn.
Moldaschl, Manfred (2005): Audit-Explosion und Controlling-Revolution. Zur Verstetigung und Verselbständigung reflexiver Praktiken in der Wirtschaft. In: Soziale Welt, Jg. 56, S. 163-190.
Möller, Heidi (2001): Was ist gute Supervision? Grundlagen – Merkmale – Methoden. Stuttgart: Klett-Cotta.
Möller, Heide, Michael Märtens (1999): Evaluation von Supervision wohin? In: Pühl, Harald (Hg.): Supervision und Organisationsentwicklung. Opladen: Leske & Budrich, S. 104-122.
Mötter, Michael (2007): Wie findet man einen guten Coach? In: Profil, H. 7/2007, S. 50.
Munro, Rolland (1995): Governing the New Province of Quality. Autonomy, Accounting and the Dissemination of Accountability. In: Wilkinson, Adrian; Hugh Willmott (Hg.): Making Quality Critical. New Perspectives on Organizational Change. London; New York: Routledge, S. 127-155.
Murphy, Clare (2007): Death of the Doctor's White Coat . In: BBC News, 17.11.2007.
Nakao, Keiko (1992): Occupational Prestige. In: Borgatta, Edgar F.; Marie L. Borgatta (Hg.): Encyclopedia of Sociology, Bd. 3. New York: MacMillan, S. 1388-1391.
Natale, Samuel; Thomas Diamante (2005): The Five Stages of Executive Coaching: Better Process Makes Better Practice. In: Journal of Business Ethics, Jg. 59, S. 361-374.
Nau, Ekkehard (1983): Gruppendynamik in Deutschland – Ein Überblick. In: Neidhardt, Friedhelm (Hg.): Gruppensoziologie. Perspektiven und Materialien. Sonderheft 25 der Kölner Zeitschrift für Soziologie und Sozialpsychologie. Opladen: WDV, S. 126-143.
Nedelmann, Brigitta (1983): Georg Simmel – Emotion und Wechselwirkung in intimen Gruppen. In: Neidhardt, Friedhelm (Hg.): Gruppensoziologie. Perspektiven und Ma-

terialien. Sonderheft 25 der Kölner Zeitschrift für Soziologie und Sozialpsychologie. Opladen: WDV, S. 174-209.

Neidhardt, Friedhelm (1979): Das innere System sozialer Gruppen. In: Kölner Zeitschrift für Soziologie und Sozialpsychologie, Jg. 31, S. 639-660.

Neidhardt, Friedhelm (1983): Themen und Thesen zur Gruppensoziologie. In: Neidhardt, Friedhelm (Hg.): Gruppensoziologie. Perspektiven und Materialien. Sonderheft 25 der Kölner Zeitschrift für Soziologie und Sozialpsychologie. Opladen: WDV, S. 12-34.

Neuberger, Oswald (1990): Der Witz der Arbeit. Bemerkungen zur Lache in den Betrieben. In: Kunkel, Klaus (Hg.): Nichts zu lachen? Des Wohlstands süß-saure Gemütslage. Köln: Informedia, S. 51-130.

Neuberger, Oswald (1991): Personalentwicklung. Stuttgart: Enke.

Niehoff, Katharina; Marius Werth; Jürgen Deller (2006): Was ist Personalentwicklung wert? Trainingsevaluation in Theorie und Praxis. Saarbrücken: VDM Verlag.

Nittel, Dieter (2002): Professionalität ohne Profession? In: Kraul, Margret; Winfried Marotzki; Cornelia Schweppe (Hrsg.): Biographie und Profession. Bad Heilbrunn: Klinkhardt. S. 253-286.

Nork, Manuela E. (1989): Management Training. Evaluation, Probleme, Lösungsansätze. München; Mering: Hampp.

Oevermann, Ulrich (1983): Hermeneutische Sinnrekonstruktion. In: Garz, Detlef; Klaus Kraimer (Hg.): Brauchen wir andere Forschungsmethoden? Frankfurt a.M.: Scriptor Verlag, S. 113-155.

Oevermann, Ulrich (1993): Sturktureigenschaften supervisorischer Praxis. Exemplarische Sequenzanalyse des Sitzungsprotokolls der Supervision eines psychoanalytisch orientierten Therapie-Teams im Methodenmodell der objektiven Hermeneutik. In: Bardé, Benjamin; Dankwart Mattke (Hg.): Therapeutische Teams. Göttingen: Vandenhoek & Ruprecht, S. 149-269.

Oevermann, Ulrich (1996): Theoretische Skizze einer revidierten Theorie professionalisierten Handelns. Iin: Combe, Arno; Werner Helsper (Hg.), Pädagogische Professionalität. Untersuchungen zum Typus pädagogischen Handelns. Frankfurt a.M.: Suhrkamp, S. 70-182.

Oevermann, Ulrich (1997): Die Architektonik einer revidierten Professionalisierungstheorie und die Professionalisierung rechtspflegerischen Handelns. In: Wernet, Andreas (Hg.): Professioneller Habitus im Recht. Berlin: Sigma, S. 9-19.

Oevermann, Ulrich (2001): Strukturprobleme supervisorischer Praxis. Eine objektiv hermeneutische Sequenzanalyse zur Überprüfung der Professionalisierungstheorie. Frankfurt a.M.: Humanities Online.

Oevermann, Ulrich (2002): Professionalisierungsbedürftigkeit und Professionalisiertheit pädagogischen Handelns. In: Kraul, Margret; Winfried Marotzki; Cornelia Schweppe (Hrsg.): Biographie und Profession. Bad Heilbrunn: Klinkhardt. S. 19-63.

Olmsted, Michael S. (1959): The Small Group. New York: Random House.

Otto, Volker et al. (1997): Professionalität ohne Profession: Kursleiterinnen und Kursleiter an Volkshochschulen: Fachtagung des Deutschen Volkshochschul-Verbandes in Verbindung mit dem hvv-Institut. Bonn: Deutscher Volkshochschulverband.
Parry, Scott (1997): Evaluating the Impact of Training : A Collection of Tools and Techniques. Alexandria, VA: American Society for Training & Development.
Parsons, Talcott (1939): The Professions and Social Structure. In: Social Forces, Jg. 17, S. 457-467.
Parsons, Talcott (1964): Die akademischen Berufe und die Sozialstruktur. In: Parsons, Talcott (Hg.): Beiträge zur soziologische Theorie, Jg. 15, S. 160-179.
Parsons, Talcott (1968): Professions. In: International Encyclopedia of the Social Sciences, Jg. 12, S. 536-547.
Peters, Helge (1973): Die mißlungene Professionalisierung der Sozialarbeit. In: Otto, Hans-Uwe; Kurt Utermann (Hg.): Sozialarbeit als Beruf. Auf dem Weg zur Professionalisierung? München: Juventa, S. 99-124.
Petzold, Hilarion G. (1998): Integrative Supervision, Meta Consulting & Organisationsentwicklung. Modelle und Methoden reflexiver Praxis. Paderborn: Junfermann.
Petzold, Hilarion G. et al. (2003): Supervision auf dem Prüfstand. Wirksamkeit, Forschung, Anwendungsfelder, Innovation. Opladen: Leske und Budrich.
Pfadenhauer, Michaela (1998): Innenpolitik und/oder Außenpolitik. Professionelles Territorialverhalten am Beispiel der Humangenetik. In: Corsten, Michael (Hg.): Professionspolitik. Berlin: MPI für Bildungsforschung Eigendruck, S. 19-30.
Pfadenhauer, Michaela (1999): Rollenkompetenz. Träger, Spieler und Professionelle als Akteure für die hermeneutische Wissenssoziologie. In: Hitzler, Ronald; Jo Reichertz; Norbert Schröer (Hg.): Hermeneutische Wissenssoziologie. Standpunkte zur Theorie der Interpretation. Konstanz: UVK, S. 267-285.
Pfadenhauer, Michaela (2003): Professionalität. Opladen: Leske + Budrich.
Phillips, Jack J. (1984): Evaluation of HRD Programs: Quantitative. In: Nadler, Leonard (Hg.): The Handbook of Human Ressource Development. New York et al.: McGraw-Hill, S. 12.1.-12.32.
Phillips, Jack J. (1996). ROI: The Search for Best Practices. In: Training and Development, Jg. 50, S. 42-47.
Phillips, Jack J. (2000): The Consultant´s Scorecard. New York; NY: McGraw-Hill.
Phillips, Jack J.; Margaret Marston (2005): Measuring ROI in Executive Coaching. In: Business Management, H. 3/2005, S. 150.
Pichler, Martin (2005): Vom guten zum besseren Coach. In: wirtschaft & weiterbildung, H. Juli/2005, S. 44-45.
Pinault, Lewis (2001): Consulting Demons: Inside the Unscrupulous World of Global Corporate Consulting. New York: Harper Business.
Pollmeyer, Nils (2007): Der Bedeutungszuwachs von Evaluationsmodellen in der Personalentwicklungspraxis. Ein neo-institutionalistischer Erklärungsversuch. Bielefeld: unveröff. Ms.

Pomerantz, Anita (1978): Compliment Responses: Notes on the Co-operation of Multiple Constraints. In: Schenkein, Jim (Hg.): Studies in the Organization of Conversational Interaction. New York: Academic Press, S. 79-112.
Pongratz, Hans J. (2004): Der Typus „Arbeitskraftunternehmer" und sein Reflexionsbedarf. In: Buer, Ferdinand; Gertrud Siller (Hg.): Die flexible Supervision. Herausforderungen – Konzepte – Perspektiven. Wiesbaden: VS-Verlag, S. 17-34.
Porter, Theodore M. (1995): Trust in Numbers: The Pursuit of Objectivity in Science and Public Life. Princeton, N.J.: Princeton University Press
Postel, Gert (2001): Doktorspiele. Geständnisse eines Hochstaplers. Frankfurt a.M.: Eichborn.
Power, Michael (1994): The Audit Explosion. London. Demos
Power, Michael (1997): The Audit Society: Rituals of Verification. Oxford: Oxford University Press.
Prottas, Jeffrey Manditch (1979), People Processing: The Street-Level Bureaucrats in Public Service Bureaucracies. Lexington, MA: Lexington Books.
Rappe-Giesecke, Kornelia (1990): Theorie und Praxis der Gruppen- und Teamsupervision. Berlin: Springer.
Rau, Hartmut R.; Franz Trauth (2000): Business as Unusual. Coaching in Echtzeit. In: Organisationsberatung – Supervision – Coaching, Jg. 7, S. 9-32.
Rauen, Christopher (2000): Glossar. In: Rauen, Christopher (Hg.): Handbuch Coaching. Göttingen: Verlag für Angewandte Psychologie, S. 303-308.
Rauen, Christopher (2002): Pro & Contra. Supervision versus Coaching. In: management & training, H. 10/2002, S. 20.
Rauen, Christopher (2003a): Schwerpunkt Beratung und Qualifzierung. In: management & training, H. 7/2003, S. 22-25.
Rauen, Christopher (2003b): Unterschiede zwischen Coaching und Psychotherapie. In: Organisationsberatung Supervision Coaching, Jg. 10, S. 289-292.
Reiners, Felix (2004): Spannungsfelder im Coaching. Strukturelle Konflikte erfolgreich bewältigen. Düsseldorf: VDM.
Reiter, Ludwig; Egbert Steiner (1996): Psychotherapie und Wissenschaft. Beobachtungen einer Profession. In: Pritz, Alfred (Hg.): Psychotherapie – eine neue Wissenschaft vom Menschen. Springer, Wien, New York, S 159-203.
Richter, Horst-Eberhard (1972): Die Gruppe. Reinbek: Rowohlt.
Rühmkorf, Peter (2004): Tabu II. Tagebücher 1971-1972. Reinbek: Rowohlt.
Saam, Nicole J. (2007): Organisation und Beratung. Ein Lehrbuch zu Grundlagen und Theorien. Münster: Lit.
Salas, Eduardo; Janis A. Cannon-Bowers (2001): The Science of Training: A Decade of Progress. In: Annual Review of Psychology, Jg. 52, 471-499.
Sattelberger, Thomas (1990): Coaching: Alter Wein in neuen Schläuchen. In: Personalführung, Jg. 6, S. 346-374.
Scherr, Albert (2001): Soziale Arbeit als organisierte Hilfe in der funktional differenzierten Gesellschaft. In: Tacke, Veronika (Hg.): Organisation und gesellschaftliche Differenzierung. Opladen: WDV, S. 215-235.

Scherr, Albert (2004): Beratung als Form wohlfahrtsstaatlicher Hilfe. In: Schützeichel, Rainer; Thomas Brüsemeister, Thomas (Hg.): Die beratene Gesellschaft. Zur gesellschaftlichen Bedeutung von Beratung. Wiesbaden: VS Verlag, S. 95-110.

Schimank, Uwe (1986): Technik, Subjektivität und Kontrolle in formalen Organisationen. Eine Theorieperspektive. In: Seltz, Rüdiger; Ulrich Mill (Hg.): Organisationen als soziales System. Kontrolle und Kommunikationstechnologie in Arbeitsorganisationen. Berlin: Sigma, S. 71-92.

Schindler, Klaus (1979): Wirkung und Erfolg der Weiterbildung. Zu Fragen der Effizienzmessung. Köln: Deutscher Instituts-Verlag.

Schlegel, Cris (2003): Strategien des Konfliktmanagement. Coaching, Supervision und Organisationsentwicklung im Vergleich. In: Organisationsberatung, Supervision, Coaching, Jg. 10, S. 199-217.

Schmid, Bernd (2003): Systemische Professionalität und Transaktionsanalyse. Bergisch-Gladbach: EHP.

Schmidt, Johannes F.K. (2000): Die Differenzierung persönlicher Beziehungen: Das Verhältnis von Liebe, Freundschaft und Partnerschaft. In: Hahn, Kornelia; Günter Burkart (Hg.) (2000): Grenzen und Grenzüberschreitungen der Liebe. Studien zur Soziologie intimer Beziehungen II. Opladen: Leske + Budrich, S. 95-123.

Schneider, Karl (2007): Zwischen allen Stühlen. Der Bremer Kaufmann Hans Hespe im Reserve-Polizeibataillon 105. Bremen: Verlag Edition Temmen.

Schober, Herbert (1991): Irritation und Bestätigung – Die Provokation der systemischen Beratung oder: Wer macht eigentlich die Veränderung? In: Hofmann, Michael (Hg.): Theorie und Praxis der Unternehmensberatung. Bestandsaufnahme und Entwicklungsperspektiven. Heidelberg: Physica, S. 345-370.

Schreyögg, Astrid (1991): Organisationsanalytisches Wissen in der Supervision sozialer Arbeitsfelder, in: Gruppendynamik 22, S. 5-18.

Schreyögg, Astrid (1992): Supervision. Ein integratives Modell. Lehrbuch zu Theorie und Praxis. 2. Aufl. Paderborn: Junfermann.

Schreyögg, Astrid (2002): Konfliktcoaching. Anleitung für den Coach. Frankfurt a.M.; New York: Campus.

Schreyögg, Astrid (2003): Die Differenzen zwischen Supervision und Coaching. In: Organisationsberatung Supervision Coaching, Jg. 10, S. 217-226.

Schreyögg, Astrid (2004): Der Coach als Dialogpartner von Führungskräften. In: Buer, Ferdinand; Gertrud Siller (Hg.): Die flexible Supervision. Herausforderungen – Konzepte – Perspektiven. Wiesbaden: VS Verlag, S. 101-120.

Schreyögg, Astrid (2005): Coaching. In: Mohe, Michael (Hg.): Innovative Beratungskonzepte. Ansätze, Fallbeispiele, Reflexionen. Leonberg: Rosenberg, S. 159-178.

Schreyögg, Astrid (2007): Coaching bei Konflikten. In: Strikker, Frank (Hg.): Coaching im 21. Jahrhundert. Augsburg: Ziel, S. 134-146.

Schreyögg, Astrid (2008): Coaching der neu ernannten Führungskraft. Wiesbaden: VS Verlag.

Schütze, Fritz (1984): Professionelles Handeln, wissenschaftliche Forschung und Supervision. Versuch einer systematischen Überlegung. Lippenmeier, Norbert (Hg.): Beiträge zur Supervision. Kassel: Gesamthochschule Kassel, S. 262-389.

Schütze, Fritz (1992): Sozialarbeit als „bescheidene" Profession. Dewe, Bernd; Wilfried Ferchhoff; Frank Olaf-Radtke (Hg.): Erziehen als Profession. Zur Logik professionellen Handelns in pädagogischen Feldern. Opladen: Leske + Buderich, S. 132-170.

Schützeichel, Rainer (2004): Skizzen zu einer Soziologie der Beratung. In: Schützeichel, Rainer; Thomas Brüsemeister (Hg.): Die beratene Gesellschaft. Zur gesellschaftlichen Bedeutung von Beratung. Wiesbaden: VS Verlag, S. 273-285.

Schützeichel, Rainer (2007): Laien, Experten, Professionen. In: Schützeichel, Rainer (Hg.): Handbuch Wissenssoziologie und Wissensforschung. Konstanz: UVK, S. 546-578.

Schützeichel, Rainer; Thomas Brüsemeister (2004): Einleitung. In: Rainer Schützeichel; Thomas Brüsemeister (Hg.): Die beratene Gesellschaft. Zur gesellschaftlichen Bedeutung von Beratung. Wiesbaden: VS Verlag, S. 7-18.

Schwertfeger, Bärbel (2003): Schwarze Schafe erkennen. In: Die Welt, 29.11.2003, S. 60.

Schwertfeger, Bärbel (2004): Die Verband-Flut. In: Management & Training, H. 5/2004, S. 42-43.

Seeber, Susan (2000): Stand und Perspektiven von Bildungscontrolling. In. Seeber, Susan; Elisabeth M. Krekel; Jürgen von Buer (Hg.) Bildungscontrolling. Ansätze und kritische Diskussionen zur Effizienzsteigerung von Bildungsarbeit. Frankfurt a.M. et al.: Peter Lang GmbH, S. 19-50.

Shewhart, Walter A. (1939): Statistical Method from the Viewpoint of Quality Control. Lancaster, Pa.: Lancaster Press.

Sievers, Burkard (1977): Organisationsentwicklung als Problem. In: Sievers, Burkard (Hg.): Organisationsentwicklung als Problem. Stuttgart: Klett-Cotta, S. 10-32.

Siller, Gertrud; Ferdinand Buer (2004): Einführung. In: Buer, Ferdinand; Gertrud Siller (Hg.): Die flexible Supervision. Herausforderungen – Konzepte – Perspektiven. Wiesbaden: VS Verlag, S. 7-16.

Simmel, Georg (1992): Soziologie. Untersuchungen über die Formen der Vergesellschaftung. Frankfurt a.M.: Suhrkamp.

Simon, Fritz B. (2005): Analysing Forms of Organization and Management: Stock Companies versus Family Businesses. In: Becker, Kai Helge; David Seidl (Hg.): Niklas Luhmann and Organization Studies. Philadelphia; Amsterdam: John Benjamins, S. 307-323.

Simon, Herbert A. (1973): The Structure of Ill-Structured Problems. In: Artifical Intelligence, Jg. 4, S. 181-201.

Slater, Philip E. (1963): On Social Regression. In: American Sociological Review, Jg. 28, S. 339-364.

Slater, Philip E. (1966): Microcosm. Structural, Psychological and Religious Evolution in Groups. New York; London; Sidney: Wiley & Sons.

Smither, James W. et al. (2003) Can Working with an Executive Coach Improve Multisource Feedback Ratings over Time? A Quasi-experimental Field Study. In: Personnel Psychology, Jg. 56, S. 23-44.

Snow, David A; Cherylon Robinson, Patrica L. McCall (1991): „Cooling Out" Men in Singles Bars and Nightclubs. In: Journal of Contemporary Ethnography, Jg. 19, S. 423-449.

Staehle, Wolfgang H. (1987): Management. Eine verhaltenswissenschaftliche Einführung. 3. Aufl. München: Vahlen.

Staute, Jörg (1996): Der Consulting-Report. Vom Versagen der Manager zum Reibach der Berater. Frankfurt a.M.; New York: Campus.

Steppan, Rainer (2003): Versager im Dreiteiler. Wie Unternehmensberater die Wirtschaft ruinieren. Frankfurt a.M.: Eichborn.

Stichweh, Rudolf (1992): Professionalisierung, Ausdifferenzierung von Funktionssystemen, Inklusion: Betrachtungen aus systemtheoretischer Sicht. In: Dewe, Bernd; Wilfried Ferchhoff; Frank-Olaf Radtke (Hg.): Erziehen als Profession: Zur Logik professionellen Handlens in pädagogischer Feldern. Opladen: Leske & Budrich, S. 132-170.

Stichweh, Rudolf (1996): Professionen in einer funktional differenzierten Gesellschaft. In: Combe, Arno; Werner Helsper (Hg.): Pädagogische Professionalität. Untersuchungen zum Typus pädagogischen Handelns. Frankfurt a.M.: Suhrkamp, S. 49-69.

Stichweh, Rudolf (2008): Professionen in einer funktional differenzierten Gesellschaft. In: Vogd, Wener; Irmhild Saake (Hg.): Moderne Mythen der Medizin. Studien zur organisierten Krankenbehandlung. Opladen: VS Verlag, S. 329-344.

Stiefel, Rolf Th. (1974): Grundfragen der Evaluierung in der Managementschulung. Frankfurt a.M.: RKW-Reihe Lernen und Leistung.

Stiefel, Rolf Th. (1989): Strategieumsetzedes Lernen im Management. St. Gallen: Mao.

Strikker, Frank (2007): Coaching zwischen Populismus und Professionalität. Thesen zur Bilanz eines erfolgreichen Konzepts. In: Strikker, Frank (Hg.): Coaching im 21. Jahrhundert. Augsburg: Ziel, S. 10-26.

Tacke, Veronika (1997): Systemrationalisierung an ihren Grenzen – Organisationsgrenzen und Funktionen von Grenzstellen in Wirtschaftsorganisationen. In: Schreyögg, Georg; Jörg Sydow (Hg.): Managementforschung 7. Berlin; New York: Walter de Gruyter, S. 1-44.

Tacke, Veronika (2000): Netzwerk und Adresse. In: Soziale Systeme, Jg. 6, S. 291-320.

Tacke, Veronika (2005): Schulreform als aktive Deprofessionalisierung? Zur Semantik der Lernenden Organistion im Kontext der Erziehung. In: Klatetzki, Thomas; Veronika Tacke (Hg.): Organisation und Profession. Wiesbaden: VS Verlag, S. 165-198.

Taffertshofer, Andreas (2007): Das Coaching der Organisation. Wozu Organisationen Coaching nutzen. Saarbrücken: VDM.

Taylor, Frederick W. (1967): The Principles of Scientific Management. New York; London: Norton & Company.

Tedeschi, James T. (1981): Impression Management Theory and Social Psycholocial Research. New York, NY: Academic Press.

Tenbruck, Friedrich H. (1972): Die moderne Gesellschaft. Freiburg, Basel, Wien: Herder.

Thommen, Jean-Paul (2005): Coaching: Modewort oder modernes Managementinstrument. In: Zeitschrift Führung und Organisation, H. 2/2006, S. 64-70.

Thompson, James D. (1967): Organizations in Action. New York et al.: McGraw-Hill.

Torres, David L. (1991): What, if Anything, is Professionalism?: Institutions and the Problem of Change. In: Research in the Sociology of Organizations, Jg. 8, S. 43-68.

Trebesch, Karsten (1982): 50 Definitionen der Organisationsentwicklung – und kein Ende. Oder: Würde Einigkeit stark machen? In: Organisationsentwicklung, H. 1/1982, S. 37-62.

Tyrell, Hartmann (1983): Zwischen Interaktion und Organisation I: Gruppe als Systemtyp. In: Neidhardt, Friedhelm (Hg.): Gruppensoziologie. Perspektiven und Materialien. Sonderheft 25 der Kölner Zeitschrift für Soziologie und Sozialpsychologie. Opladen: WDV, S. 75-87.

Uhlendorff; Harald; Hans Oswald (2003): Freundeskreise und Cliquen im frühen Jugendalter. In: Berliner Journal für Soziologie, Jg. 13, S. 197-212.

Utz, Richard (1997): Soziologie der Intrige. Berlin: Duncker und Humblot.

Veiel, Andreas; Jan Tilman Schade (2002): Black Box BRD. Film.

Voß, G. Günter; Hans J. Pongratz (1998a): Der Arbeitskraftunternehmer. Eine neue Grundform der Ware Arbeitskraft? In: Kölner Zeitschrift für Soziologie und Sozialpsychologie, Jg. 50, S. 131-158.

Wacker, Gerold (2002): Transformation von Organisationen durch lernorientierte Organisationssupervision als prozessbegleitende Beratungsform. Münster: Lit.

Wall, James A.; Ann Lynn (1993): Mediation. A Current Review In: The Journal of Conflict Resolution, Jg. 37, S. 160-194.

Wallraff, Günther (1985): Ganz unten. Köln: Kiepenheuer & Witsch.

Weber, Max (1972): Wirtschaft und Gesellschaft. Grundriß der verstehenden Soziologie. Köln:Kiepenheuer & Witsch.

Weick, Karl E. (1985): Der Prozeß des Organisierens. Frankfurt a.M.: Suhrkamp.

Weidner, C. Ken; Orisha A. Kulick (1999): The Professionalization of Organization Development. A Status Report and Look to the Future. In: Research in Organizational Change and Development, Jg. 12, S. 319-371.

Weigand, Wolfgang (1987): Zur beruflichen Identität des Supervisors. In: Supervision, H. 11/9187, S. 19-35.Whyte, William H. (1956): The Organization Man. New York: Simon and Schuster.

Weigand, Wolfgang (2000): Supervision und Gruppendynamik. In: Gruppendynamik und Organisationsberatung, Jg. 31, S. 91-102.

Weigand, Wolfgang (2002): Coaching: eine Methode – Supervision: ein Konzept. In: Kessel, Louis van; Jörg Fellermann (Hg.): Supervision und Coaching in europäischer Perspektive. Beiträge der ANSE-Konferenz 2000. Köln: AS Agentur für Supervision GmbH, S. 45-54

Weltz, Friedrich (1986): Aus Schaden dumm werden. Zur Lernschwäche von Verwaltungen. In: Office Management, Hg. 34, S. 532-534.

Werle, Klaus (2007): Die Stunde der Scharlatane. Coaching: Horrende Berechnungen für miese Psychotricks. In: Managermagazin, H. 3/2007, S. 152-158.
Wetzel, Joachim (1998): Problemlösen in Gruppen: Miteinander ist besser als gegeneinander. In: Ardelt-Gattinger, Elisabeth; Hans Lechner; Walter Schlögl (Hg.): Gruppendynamik. Anspruch und Wirklichkeit der Arbeit in Gruppen. Göttingen: Verlag für Angewandte Psychologie, S. 113-126.
Whitmore, John (1994): Coaching für die Praxis. Eine klare, prägnante und praktische Anleitung für Manager, Trainer, Eltern und Gruppenleiter. Frankfurt a.M.; New York: Campus.
Whyte, William Foote (1943): The Street Corner Society. Chicago: The University of Chicago Press.
Whyte, William H. (1949). The Social Structure of the Restaurant. In: American Journal of Sociology, Jg. 54, S. 302-310.
Whyte, William H. (1956): The Organization Man. New York: Simon and Schuster.
Wiese, Leopold von (1966): System der Allgemeinen Soziologie als Lehre von den sozialen Prozessen und den sozialen Gebilden der Menschen. 4. Aufl. Berlin: Duncker und Humblot.
Wiese, Leopold von; Howard Becker (1932): Systematic Sociology. New York: Wiley.
Wilensky, Harold L. (1972): Jeder Beruf eine Profession? In: Luckmann, Thomas; Michael Sprondel (1972): Berufssoziologie. Köln: Kiepenheuer & Witsch, S. 198-215.
Wilkening, Otto S. (1986): Bildungs-Controlling – Instrumente zur Effizienzsteigerung der Personalentwicklung. In: Riekhof, Hans-Christian (Hg.): Strategien der Personalentwicklung. Wiesbaden: Gabler, S. 141-153.
Willke, Helmut (1992): Ironie des Staates. Grundlinien einer Staatstheorie polyzentrischer Gesellschaft. Frankfurt a.M.: Suhrkamp.
Willke, Helmut (1997): Supervision des Staates. Frankfurt a.M.: Suhrkamp.
Wimmer, Rudolf (1992): Was kann Beratung leisten? Zum Interventionsrepertoire und Interventionsverständnis der systemischen Organisationsberatung. In: Wimmer, Rudolf (Hg.): Organisationsberatung. Neue Wege und Konzepte. Wiesbaden: Gabler, S. 59-111.
Wittel, Andreas (1997): Belegschaftskultur im Schatten der Firmenideologie – Eine ethnographische Studie. Berlin: Edition Sigma.
Xueguang, Zhou (2005): The Institutional Logic of Occupational Prestige Ranking: Reconceptualization and Reanalyses. In: The American Journal of Sociology, Jg. 111, S. 90-140.
Zuckmayer, Carl (1995): Der Hauptmann von Köpenick. 74. Aufl. Frankfurt a.M.: Fischer.

GPSR Compliance

The European Union's (EU) General Product Safety Regulation (GPSR) is a set of rules that requires consumer products to be safe and our obligations to ensure this.

If you have any concerns about our products, you can contact us on ProductSafety@springernature.com

In case Publisher is established outside the EU, the EU authorized representative is:

Springer Nature Customer Service Center GmbH
Europaplatz 3
69115 Heidelberg, Germany

Batch number: 10809466

Printed by Printforce, the Netherlands